C PROGRAMING

4가지 정서로 배우는 C언어

김태현 지음

교문사

본서의 목표

본서는 다음과 같은 목표를 가지고 있다.

보이는 씨 2010 전문가용
(visual C 2010 professional)을 사용해서

새 정서, 최소 정서, 주함수 정서, 사용자 정의 함수 정서를

1) 어떻게 만드는지
2) 어떻게 실행하는지
3) 실행이 잘 되면 뭐가 보이는지
4) 실행이 안 되면 잘 되도록 바꾸기 위해서 뭐를 바꾸어야 하는지

를 공부한다.

개정판에 즈음하여

본서가 지난 번 책과 달라진 내용은 크게 다음과 같습니다.

1. 다른 교수님들의 요청에 따라 2권이었던 책을 1권으로 합쳤습니다.

2. 각 장 0절에 학습 목표를 추가하여, 목표를 알고 공부할 수 있게 개선했습니다.

3. 지난 책 '제1장 실행'을 다음과 같이 3개의 장으로 나누어서 이해를 더 쉽게 바꾸었습니다.

   3－1) 제0장 새 정서 실행
   3－2) 제1장 최소 정서 실행
   3－3) 제2장 기본 출력

본서의 제목

본서의 제목을 '4가지 정서로 배우는 C 언어'라 정한 이유는 다음과 같습니다.

본서의 본문 – 부록을 제외한 부분 – 은 보이는 C 2020 전문가용으로 C 정서를 다음과 같이 4가지로 나누어 체계적으로 공부할 수 있도록 했기 때문입니다.

1) 새 정서
이는 보이는 C 2010 전문가용에서 제공하는 가장 쉬운 정서이다.
'제0장 새 정서'에서 가장 먼저 공부한다.

2) 최소 정서
이는 새 정서에서 필요 없는 부분을 삭제해서 말 그대로 최소로 줄인 정서이다.
'제1장 최소 정서'에서 공부한다.

3) 주함수 정서
이는 최소 정서에서 주함수 안에 내용을 추가한 정서로서 본서의 대부분을 차지한다.
'제2장 기본 출력'~'제9장 지시자'에서 공부한다.

4) 사용자 정의 함수 정서
이는 최소 정서에서 주함수 안과 주함수 밖 전부에 내용을 추가한 정서이다.
'제10장 함수'에서 공부한다.

이상 설명한 내용을 바탕으로 본문을 표로 보이면 다음과 같습니다.

<table>
<tr><th>장</th><th>장 제목</th><th>4가지 정서</th></tr>
<tr><td>0</td><td>새 정서</td><td>새 정서</td></tr>
<tr><td>1</td><td>최소 정서</td><td>최소 정서</td></tr>
<tr><td>2
3
4
5
6
7
8
9</td><td>기본 출력
상수
변수
입력
연산자
흐름 변화
배열
지시자</td><td>주함수 정서</td></tr>
<tr><td>10</td><td>함수</td><td>사용자 함수 정서</td></tr>
</table>

장의 변화

1. 본서는 'C 언어 1 (이후 [1])'과 'C 언어 2 (이후 [2])'의 개정판이다.

2. 따라서 많은 장이 [1] 또는 [2]와 비슷하다.

3. [1] 또는 [2]에 해당되는 정서는 다음과 같다. 왼쪽이 본서, 오른쪽이 [1] 또는 [2]의 장이다. 제목이 같은 장은 생략했다.

본서	[1] 또는 [2]
제0장 새 정서 제1장 최소 정서 제2장 출력	제1장 실행 제1장 실행 제1장 실행+제2장 출력
부록 A 소개 부록 B 오류 수정 부록 C 미국 표준 부호 부록 D 구성 요소	[1]의 부록 B 소개 제1장 실행 부록 A 미국 표준 부호 제1장 실행

4. [1]의 제1장 실행이 많은 부분으로 나누어졌다. [1]의 어떤 부분이 본서에 해당되는지 각 장에서 알아본다.

C 언어 1_머리말

이 책을 쓴 이유는 다음과 같다.

정서는 시대에 따라 바뀐다. 보이는 C도 예외가 아니라서 6.0이 많이 쓰였으나 창문 판(window version)이 바뀜에 따라 앞으로는 2010 전문가용이 많이 쓰일 것으로 예상된다.

그런데, 시중에 2010 전문가용으로 쓰인 책이 너무 적어서 이 책을 쓰게 되었다. 큰 차이는 아니나 강의할 때마다 차이를 설명하는 것보다 창문 새 판에 맞는 개정판을 만들어 강의하는 것이 저자는 물론이고 배우는 학생, 보고 공부하는 모든 사람에게 좋다고 생각해서 쓰게 되었다.

C 언어는 1972년 운영 체제 UNIX를 만들기 위해 개발된 이후 오랫동안 가장 널리 애용된 언어 중의 하나이다.

C++ 언어와 JAVA가 개발된 이후 이들 언어에 밀리는 적도 있었으나, C 언어의 장점이 부각되며 임베디드 시스템을 중심으로 다시 그 중요성이 부각되고 있다.

그리고, 이들 언어의 기초는 C 언어이므로 C++ 언어나 JAVA가 필요하더라도 C 언어를 공부하는 것이 도움이 많이 된다.

그러므로, C 언어는 현재 전뇌 관련 교육 기관과 대학의 전뇌 관련 학과의 정서 분야에서 가장 우선적으로 공부해야 하는 언어이다

C 언어는 결코 쉬운 언어가 아니다. 시중에 많은 책이 나와 있으나, 정서가 너무 길어서 근원 정서를 만들다 지치고, 설명이 너무 장황해서 설명을 읽다가 지치는 경향이 있다. 저자는 이 점을 안타깝게 생각해서 정서를 최대 짧게 만들고, 설명을 간략하게 하여 이런 점을 없애도록 하였다.

간략한 설명을 빨리 읽고 짧은 실행할 정서를 빠짐없이 실행하고 관련된 문제를 풀다 보면 자동적으로 C 언어의 기본적인 사항을 전부 알 수 있도록 하였다.

본서는 C 언어를 처음 접하는 사람이 읽도록 쉽게 만들어서 입력까지만 썼다. 내용이 너무 적다고 불평하는 독자가 있을 수도 있다. 너무 두꺼우면 가지고 다니는데 불편하여 얇게 만들었다.

"2010전문가용으로 배우는 C 언어 2- 지시자까지"는 연산자, 흐름 변화, 함수, 배열, 지시자(pointer) 등의 내용으로 다음 편을 출판할 예정이므로 계속된 관심을 부탁한다.

이 책이 출판되기까지 수고해 주신 교문사 출판사 여러분에게 감사드린다.

C 언어 2_머리말

본서는 저자의 저서 '2010 전문가용으로 배우는 C 언어 1 – 입력까지' 다음으로 공부하는 학생들을 위한 저서입니다. (이후 그 책이라고 하겠습니다)

그 책은 아주 기초적인 것이었는데 본서는 약간 그보다 어려운 내용입니다. 대부분의 C 언어를 배우는 전문대학, 대학의 1학기 교재로 그 책과 본서의 2권의 책이면 충분하다고 생각합니다.

그 책과 다른 점은 '정서 만들기'를 새로 추가했다는 점입니다. 실제 산업계에서는 문제가 주어지면 그 문제를 해결하는 정서를 만들어야 하는데 이것이 바로 '정서 만들기'입니다.

장별 특징은 다음과 같습니다.

6장 연산자 (operator)

– 연산자를 우선 순위대로 썼습니다.
  우선 순위가 제일 높은 연산자를 제일 앞에, 우선 순위가 제일 낮은 연산자를 제일 뒤에 써서 자동적으로 연산자의 우선 순위를 알도록 했습니다.

7장 흐름 변화 (flow change)

– switch case 문
  1) default 없는 경우
  2) default 있는 경우
     를 순차적으로 공부해 default 유무에 따르는 차이를 알 수 있게 했습니다.
  그 이후
  1) break 있는 경우
  2) break 없는 경우
     를 순차적으로 공부해 break 유무에 따르는 차이를 알 수 있게 했습니다.
– 3가지 반복문 – while, do~while, for
  1) 같은 기능을 가지는 정서를 만들어 3가지 반복문의 차이를 알도록 했습니다.
  2) 초기식, 조건식, 증감식을 바꾸어서 각 식들이 어떤 의미를 갖는지 알 수 있도록 했습니다.
– break
  다음 4가지 경우로 구분해서 이해가 쉽게 했습니다
  1) switch case 문 (default 없음)
  2) switch case 문 (default 있음)

3) 반복문에서 조건식 대신

4) 반복문에서 조건식과 같이 있을 때

8장 함수 (function)

– 보이는 C 6.0과 2010 전문가용의 차이에 대해서 상세히 설명했습니다. 본서는 2010 전문가용으로 정서가 만들어져 있으나 6.0을 사용하는 독자들도 조금 수정하여 본서를 볼 수 있게 했습니다.

– 고교 수준의 쉬운 수학 문제를 정서 만들기에 수록함으로서 수학과 C 언어를 동시에 알 수 있도록 했습니다.

9장 배열 (array)

– 다음 2가지 경우를 비교해서 배열의 필요성을 이해할 수 있도록 했습니다.

1) 배열을 사용하지 않은 경우

2) 배열을 사용한 경우

10장 지시자, 주소 변수, 포인터 (pointer)

– 본 장은 좀 어려운 부분이라서 안 넣으려고 했는데, 옆 교수님들께서 넣으라고 해서 넣었습니다. 혹시 이해 안 되더라도 실망하지 말고 정서 실행해보고, 본서 읽고, 생각해 보고 등의 방법으로 이해하도록 노력하기 바랍니다.

만일 C 언어가 2학기로 늘어난다면 다음 저서는 구조체(struct), 형정의(typedef), 공용체(union), 묶음철(file), 선처리기(preprocessor) 등의 내용으로 쓸 예정입니다.

이 책이 출판되기까지 수고해 주신 교문사 출판사 여러분께 감사드립니다.

2016년 5월

차례

제2장 출력 (printf)

제3장 상수 (constant)

제4장 변수 (variable)

제5장 입력 (scan)

제8장 배열 (array)

제9장 지시자, 주소 변수, 포인터 (pointer)

제10장 함수 (function)

부록 A. 미국 표준 부호

부록 B. 소개 (introduction)

부록 C. 오류 수정 (error correction)

부록 D. 구성 요소 (components)

부록 E. 구두점 (putctuation)

0

새 정서 (the new project)

0-0) 학습 목표

1) 정서란 무엇인지 안다.

2) 본서에서 새 정서가 뭔지 안다.

3) 새 정서를 제일 먼저 공부하는 이유를 안다.

4) 정서 실행 과정을 안다.

5) 새 정서 실행 과정을 안다.

6) 문제 없는 새 정서이나 건설 실패시 해결 방법을 안다.

7) 예약어를 다 외운다.

0-1) 정서 (project)

보이는 씨 실행을 위해서 정서(project)를 만들어야 한다.

네이버 사전에는 다음과 같이 3가지로 정의되어 있다.

1) (연구 생산 개선을 위한) 계획[기획](된 일)
2) 과제, 연구(학교에서 한 주제에 대해 어느 정도 기간에 걸쳐 세심히 해야 하는 것)
3) 계획

본서에서는 project를 정서(程序)라 하기로 한다.

0-2) 4가지 정서 (the four kinds of the projects)

본서에서는 4가지 정서를 공부한다.

제일 쉬운 정서에서 점점 어려운 정서로 바뀐다 생각하면 된다.

'제0장 새 정서'와 '제1장 최소 정서'로서는 실행이 잘 되는지 확인하기만 할 뿐 정서가 하는 일이 거의 없다고 볼 수 있다.

따라서, 실제로 무언가 하는 것은 '제2장 기본 출력'부터라 생각하면 된다.

0-2-1) 새 정서 (the new project)

본 장, 즉 '제0장 새 정서'에서 공부하는 정서이다.

보이는 씨에는 초보자가 쉽게 실행할 수 있도록 새 정서가 준비되어 있다. 몇 번 쥐(mouse)를 누르면 쉽게 실행할 수 있다.

본 장에서는 어떻게 새 정서를 실행할 수 있는지 공부한다. 새 정서 실행은 모든 정서 중가장 쉽게 실행할 수 있는 정서이다. 그러므로, 가장 먼저 공부한다.

0-2-2) 최소 정서 (the minimum project)

'제1장 최소 정서'에서 공부한다.

새 정서에서 4가지 부분을 삭제한 정서이다.

더 짧게 하면 건설 실패하므로 말 그대로 최소, 즉 제일 짧은 정서이다.

짧을수록 좋은 점이 많으므로 제일 짧게 바꾸어 실행한다.

0-2-3) 주 함수 정서 (the project with the only main function)

이 책의 대부분, 즉

'제2장 기본 출력'

'제3장 상수' 　'제4장 변수'

'제5장 입력' 　'제6장 연산자'

'제7장 흐름 변화' 　'제8장 배열'

'제9장 지시자'

에서 실행하는 정서이다.

제일 짧은 정서에 무언가 추가한 정서이다. 그런데 추가하는 부분이 전부 주 함수 안에 있으므로 주 함수 정서라 부르기로 한다.

0-2-4) 사용자 정의 함수 정서 (the project with a user defined function)

'제10장 함수'에서 실행하는 정서이다.

주 함수의 위 또는 아래에 사용자 정의 함수를 추가한 정서이므로 사용자 정의 함수 정서라 부르기로 한다.

0-3) 정서 실행 과정 (the procedure to execute a project)

보이는 씨 2010 전문가 (visual C 2010 professional) 정서 실행 과정은 다음과 같이 5단계로 이루어진다.

1단계) 보이는 씨 실행
2단계) 정서 만들다
3단계) 저장
4단계) 건설
5단계) 최적화

이하 5가지 단계에 대해서 자세히 설명한다.

0-3-1) 1단계) 보이는 씨 실행

보이는 씨 실행을 위해서는 보이는 씨가 설치되어 있어야 한다. 본서에서는 설치되어 있다고 가정한다.

1) Microsoft Visual Studio 2010 한 번 누른다.

0-3-2) 2단계) 정서 만들다

뭔가 추가하거나 삭제하면 된다.
4가지 종류의 정서에 따라 삭제, 추가가 다음과 같이 다르다.

1) 새 정서
 추가, 삭제가 없다.

2) 최소 정서

새 정서에서 4가지 부분을 삭제한다.

3) 주 함수 정서

최소 정서에서 주 함수 안에 무언가 추가한다.

4) 사용자 정의 함수 정서

최소 정서에서 주 함수 안과 주 함수 밖에 무언가 추가한다.

글자가 작아서 잘 안 보일 때는, 100% 오른쪽에 있는 ▼를 눌러서 현재 100%를 150%, 200%, 400% 등으로 확대하면 잘 보인다.

0-3-3) 3단계) 저장

1) 파일(F) 누른다.
2) q.cpp 저장(S) 또는 Ctrl+S 누른다.

참고) 파일 이름이 q일 때이다.

1)과 2) 대신 diskette 아이콘 눌러도 된다.

0-3-4) 4단계) 건설

1) 빌드(B) 누른다.
2) 솔류션 빌드 또는 F7 누른다.

성공 1, 실패 0 보일 것이다.

본서에서는 이를 건설 성공이라 부른다.

0-3-5) 5단계) 최적화

1) 빌드(B) 누른다.
2) 프로필 기반 최적화(P) 누른다.
3) 계측된/최적화된 응용 프로그램 실행(R) 누른다.

   계속하려면 아무 키나 누르십시오...

   보일 것이다.

   본서에서는 이를 최적화 성공이라 부른다.

0-4) 새 정서 실행 과정 (the procedure to execute a new project)

정서가 바뀌면 2단계만 바뀐다.

2단계) 새 프로젝트 만들다.

다음과 같이 하면 새 프로젝트를 만들 수 있다.

1) 새 프로젝트 누른다.
2) Win32 콘솔 응용 프로그램 누른다.
3) 〈이름 입력〉에 이름 입력한다. 이름은 아무거나, 여기서는 q라고 가정한다.
4) 확인 누른다.
5) 마침 누른다.

새 정서 실행이 모든 정서 중 가장 쉽다.
그 이유는 위에서 보면 알 수 있듯이 정서에서 추가나 삭제가 없고, 오로지 보이는 씨에 지정된 부분만 5번 누르면 되기 때문이다.

화면에 다음이 보인다. 다음을 프로젝트라 한다. 본서에서는 프로젝트를 정서라 한다.

```
정서 시작
// q.cpp : 콘솔 응용 프로그램에 대한 진입점을 정의합니다
//
# include "stdafx.h"
int _tmain(int argc, _TCHAR* argv[])
{
      return 0:
}
정서 끝
```

실행할 정서 0-1)

다음 순서대로 실행하시오.

1) 보이는 씨 실행하자.

1-1) Microsoft Visual Studio 2010 한 번 누른다.

2) 새 프로젝트 만들자.

2-1) 새 프로젝트 누른다.

2-2) Win32 콘솔 응용 프로그램 누른다.

2-3) 〈이름 입력〉에 이름 입력한다.

이름은 q 누른다.

2-4) 확인 누른다.

2-5) 마침 누른다.

2-6) 화면에 보이는 정서를 쓰시오.

2-7) 위에 있는 것과 같은가?

3) 저장하자.

3-1) 파일(F) 누른다.

3-2) q.cpp 저장(S) 또는 Ctrl+S 누른다.

4) 건설하자.

4-1) 빌드(B) 누른다.

4-2) 솔류션 빌드 또는 F7 누른다.

4-3) 건설 성공인가?

5) 실행하자.

5-1) 빌드(B) 누른다.

5-2) 솔류션 빌드 또는 F7 누른다.

5-3) 실행 성공인가?

0-5) 문제없는 정서이나 건설 실패시 (when build failure of a program without problem)

보통 정서에 문제가 있을 때 건설 실패한다. 그런데, 가끔 정서에 문제가 없을 때도 건설 실패한다.

이럴 때는 다음 2가지 방법 중 1개 안 되면 2개 다 해 보면 보통 건설 성공으로 바뀐다.

0-5-1) 네이버 지식in에 있는 방법

정서의 이름을 q라 가정한다.

프로젝트(P) 누른다
→ q 속성(P) 또는 Alt+F7 누른다.
→ 구성 속성 누른다.
→ 매니페스트 도구 두 번 누른다
→ 입력 및 출력 누른다.
→ 메니페스트 포함 오른쪽에서
아니오를 예로 바꾸자

0-5-2) 서비스 팩 설치

아래와 같이 Microsoft Visual Studio 서비스 팩 1을 받아서 설치하자.

http://www.microsoft.com/ko-kr/download/details.aspx?id=23691

0-6) 색깔들 (colors)

C 정서에서는 색으로 어떤 부분인지 알 수 있다. 본 절에서는 이에 대해서 공부한다.

0-6-1) 초록색은 주석 (comment)

다음 부분이 주석이다.

```
주석 시작
// 1223wed.cpp : 콘솔 응용 프로그램에 대한 진입점을 정의한다.
//
주석 끝
```

이 부분은 번역되지 않으므로 정서의 실행에 영향을 끼치지 않는다.

0-6-2) 파란색은 정서 중 예약어 (the reserved words)

다음 단어들이 예약어이므로 파란색이다.

```
# include, int, main
```

이 부분들은 C 정서를 만들 때 정해놓은 단어로서 식별자 – 상수명, 변수명, 함수명 – 으로 쓸 수 없다.

0-6-3) 검은색은 정서 (program)

이 부분들은 예약어를 제외한 정서이다. 파란색과 검은색이 정서의 실행에 영향을 끼친다.

위를 요약해서 표로 만들면 다음 표 0-1과 같다.

순번	색	명칭	실행 여부
1	초록	주석	X
2	파랑	예약어	O
3	검정	정서	O

표 0-1 3가지 색깔들

0-7) 예약어 (the reserved words)

0-7-0) '0장 새 정서'에서 사용되는 예약어

새 정서에는 include, int, main, return이라는 단어들이 보인다. 이 단어들은 C 언어에서 특수한 의미로 쓰이는 말로서 예약어라 한다. 예약어들의 의미를 아는 것은 C 언어를 공부할 때 대단히 중요하다.

'제0장 새 정서'에서 사용되는 예약어들을 표로 보이면 다음 표 0-2과 같다.

예약어	번역	종류
include	포함하다	선처리기
int	정수	변수형
main	주된	함수 관련
return	돌아가다	"

표 0-2 '제0장 새 정서'에서 사용되는 예약어

int는 integer의 준말이다.

0-7-1) 본 절의 순서

C 언어에는 30개 이상의 예약어가 있다. '제0장 새 정서'에는 4개의 예약어만 나와 있으나, 그 외에서 많은 예약어가 있다. 본 절에서는 본서에서 공부하는 예약어 24개를 알아본다.

본 절에서는 다음 순서로 공부한다.

1. '제0장 새 정서'에서 사용되는 예약어들 - include, int, main, return - 의 뜻을 안다.

2. 예약어의 기초 지식을 공부한다.

3. 24개 예약어를 5가지로 분류한다.

4. 5가지로 분류한 24개 예약어에 대해서 다음 3가지를 알아본다.
   4−1) 뜻
   4−2) 준말인 경우 원래 말
   4−3) 공부하는 장
   을 알아본다.

0−7−2) 기초 지식

0-7-2-1) 예약어의 정의

C 언어에서 특수한 의미로 사용하고 있는 단어를 예약어라 한다. 본 절에서는 본서에서 사용하는 24개의 예약어를 공부한다. 예약어의 뜻을 아는 것이 중요하다.

본서에서 공부하지 않는 예약어도 10여개 있으나 사용 빈도가 낮으므로 생략한다.

0-7-2-2) 예약어의 특징

예약어는 본래의 뜻으로만 사용해야 한다. 변수명, 함수명으로 사용될 수 없다.

0-7-2-3) 본 절에서 공부하는 것

본 절에서는 다음 3가지를 공부한다.

1. 예약어를 몇 장에서 공부하나? (2개 이상의 장에서 나올 때는 자세히 설명하는 장을 보였다)
2. 예약어를 한글로 번역하면 뭐인가?
3. 예약어 중 일부는 준말이 있다. 그렇다면 본래 말은 뭐인가?

0-7-2-4) 예약어의 종류

다음 5가지로 나눌 수 있고 각각의 숫자는 다음과 같다. 다 합치면 24개이다.

1) 선처리기 – 2개
2) 변수형 – 7개
3) 함수 관련 – 3개
4) 변수 수식 – 2개
5) 흐름 변화 – 10개

0–7–3) 선처리기 예약어 2개

선처리기는 ‘가장 먼저 처리한다’는 뜻이다. #로 시작한다.

이 밖에서 많이 있으나 다른 것들은 사용 빈도가 적으므로 본서에서는 가장 많이 쓰이는 다음 2가지만을 공부한다.

‘예약어 – 장 – 뜻’의 순서로 보인다.
1) include – 11장 – 포함하다
2) define – 10장 – 정의하다

– include는 다른 장에서도 나오나 11장에서 자세히 설명하므로 11장이라 한다.

영어 문제 0-1

다음은 한국어로 뭔지 쓰시오.
1) include
2) define

영어 문제 0-2

> 다음은 영어로 뭔지 쓰시오.
> 1) 포함하다.
> 2) 정의하다.

0-7-4) 변수형 예약어 7개

변수형에 의해서 변수가 어떤 종류인지 정한다.
변수를 선언할 때 변수명 왼쪽에 쓴다.

함수형에서도 쓰인다.

1) char – 5장 – 문자
2) unsigned – 5장 – 양의, 0 이상의
3) short – 5장 – 짧은
4) int – 5장 – 정수
5) long – 5장 – 긴
6) float – 5장 – 뜨다
7) double – 5장 – 2배의

– char는 character의 준말이다.
– int는 integer의 준말이다.

– int는 다른 장에서도 보이나, 5장에서 자세히 설명하므로 5장이라 적었다.

영어 문제 0-3

다음은 한국어로 뭔지 쓰시오

1) character
2) unsigned
3) short
4) int
5) long
6) float
7) double

영어 문제 0-4

다음은 영어로 뭔지 쓰시오.

1) 문자
2) 0 이상의
3) 짧은
4) 정수
5) 긴
6) 뜨다
7) 2배의

영어 문제 0-5

다음을 뭐라 줄여 예약어로 쓰나?

1) character
2) integer

0-7-5) 함수 관련 예약어 2개

C 언어는 함수 단위로 일을 시킨다.

함수 관련 예약어는 다음 3개가 있다.

1) main – 0장 – 주된
2) return – 0장 – 돌아가다
3) void – 11장 – 텅 빈

영어 문제 0-6

> 다음은 한국어로 뭔지 쓰시오.
> 1) main
> 2) return
> 3) void

영어 문제 0-7

> 다음은 영어로 뭔지 쓰시오.
> 1) 주된
> 2) 돌아가다
> 3) 텅 빈

0-7-6) 변수 관련 예약어 2개

변수형은 아니나 변수와 관련 있는 예약어를 변수 관련 예약어라 했다. 본서에서 공부하는 예약어는 다음 2개가 있다.

1) sizeof – 3장 – 크기

2) const – 3장 – 상수

- sizeof는 size of를 붙여 썼다.
- const는 constant의 준말이다.
- sizeof는 3장 이외에도 많은 장에서 나온다.

영어 문제 0-8

다음은 한국어로 뭔지 쓰시오.

1) size

2) of

3) constant

영어 문제 0-9

다음은 영어로 뭔지 쓰시오.

1) 크기

2) 의

3) 상수

영어 문제 0-10

constant를 뭐라 줄여 예약어로 쓰나?

영어 문제 0-11

sizeof는 뭐와 뭐를 붙여 쓴 것인가?

0-7-7) 흐름 변화 예약어 10개

흐름을 변화시키므로 흐름 변화 예약어라 했다.

1) if – 7장 – 만일
2) else – 7장 – 아니면
3) switch – 7장 – 개폐기
4) case – 7장 – 경우
5) default – 7장 – 초기 설정

6) while – 7장 – 동안
7) do – 7장 – 하다
8) for – 7장 – 대하여

9) break – 7장 – 휴식
10) continue – 7장 – 계속하다

영어 문제 0-12

다음은 한국어로 뭔지 쓰시오.

1) if
2) else
3) switch
4) case
5) default

6) while
7) do
8) for

9) break
10) continue

영어 문제 0-13

다음은 영어로 뭔지 쓰시오.

1) 만일
2) 아니면
3) 개폐기
4) 경우
5) 초기 설정
6) 동안
7) 하다
8) 대하여
9) 휴식
10) 계속하다

0-7-8) 표 0-3) 예약어 24개

본 절에서 공부한 예약어 24개를 다음 표 0-3과 같이 표로 다 보였다. 반드시 외우기 바란다.

분류	종류	개수	예약어	뜻	장
1	선처리기	2	include define	포함하다 정의하다	include 1장 define 부록 D
2	변수형	7	char unsigned short int long float double	문자 양의 짧은 정수 긴 뜨다 2배의	5 5 5 5 5 5 5
3	함수 관련	3	main return void	주된 돌아가다 텅 빈	main 1장 return 1장 void 10장
4	변수 수식	2	sizeof const	크기 상수	const 4장
5	흐름 변화	10	if else switch case default while do for break continue	만일 아니면 개폐기 경우 초기 설정 동안 하다 대하여 휴식 계속하다	8장 8장 8장 8장 8장 8장 8장 8장 8장 8장

표 0-3 예약어 24개

0-y) 절의 변화 (change of paragraph)

본 절에서는 [1]의 어떤 부분이 본서와 비슷한지 알아본다.

새롭게 추가된 부분은 신설이라 쓰고, [1]에서 비슷한 부분이 있으면 '본서 ← [1]의 부분'이라 쓴다.

0-0) 학습 목표 : 신설

0-1) 정서 : 신설

0-2) 4가지 정서 : 신설

0-3) 정서 실행 과정 ← 1-1 과정

0-4) 새 정서 실행 과정 ← 1-1 과정

0-5) 문제 없는 정서이나 건설 실패시 ← 1-2 건설 실패시

0-6) 색깔들 ← 1-4

0-7) 예약어 : 신설

0-z) 개념 문제

1) 정서

1-1) 네이버 사전에 나온 정서의 3가지 정의를 쓰시오.

1)

2)

3)

1-2) 본서에서는 project를 무엇이라 하기로 하나?

2) 4가지 종류의 정서

2-1) 본서에서 공부하는 4가지 종류의 정서를 쓰시오.

1)

2)

3)

4)

2-2) 새 정서

2-2-1) 실행하는 방법은 몇 장에서 공부하나?

2-2-2) 실행하는 방법은 제일 먼저 공부하는 이유는 뭔가?

2-3) 최소 정서

2-3-1) 실행하는 방법은 몇 장에서 공부하나?

2-3-2) 뭐에서 삭제한 정서인가?

2-4) 주 함수 정서

2-4-2) 실행하는 방법은 몇 장에서 공부하나?

2-4-3) 최소 정서의 어디에 추가하나?

2-5) 사용자 정의 함수 정서

2-5-1) 몇 장에서 공부하나?

2-5-2) 최소 정서의 어디에 추가하나?

3) 정서 실행 과정

3-1) 정서 실행 과정은 크게 5단계로 나눌 수 있다. 이를 쓰시오.

1) 1단계

2) 2단계

3) 3단계

4) 4단계

5) 5단계

4) 새 정서 실행 과정

4-1) 정서가 바뀌면 3-1)의 답 중 몇 단계만 바뀌나?

4-2) 새 정서를 만드는 5단계를 쓰시오.

1)

2)

3)

4)

5)

4-3) 새 정서 실행이 가장 쉬운 이유를 쓰시오.

4-4) 만들어진 새 정서를 쓰시오.

5) 문제없는 정서이나 건설 실패시

5-1) 문제 없는 정서이나 건설 실패시 네이버 지식in에 있는 방법으로 보통 해결 가능하다. 이를 쓰시오.

최소 정서 (the minimum project) 1

1-0) 학습 목표 (learning objective)

'제1장 최소 정서'는 다음과 같은 학습 목표를 가지고 있다.

1) 왜 정서를 짧게 만드는 것이 좋은지 안다.

2) 새 정서에서 생략 가능한 4가지 부분이 어디인지 안다.

3) 지우는 3가지 방법을 안다.

4) 새 정서에서 생략 가능한 4가지 부분을 지워서 최소 정서로 바꾼다.

5) 최소 정서가 뭐와 뭐의 2가지 부분으로 이루어짐을 안다.

6) 최소 정서에 나온 단어들이 어떤 뜻인지 안다.

7) 최소 정서를 성공적으로 실행한다.

8) 최소 정서에서 줄 늘이기와 줄 줄이기가 가능한 부분과 불가능한 부분이 어디인지 안다.

1-1) 짧은 정서의 장점 (the merits of the short project)

정서는 짧으면 짧을수록 좋다.
짧은 정서의 장점은 다음과 같다.

1. 만드는 데 시간이 적게 걸린다.
2. 이해하기 쉽다.
3. 잘못 있을 때 찾기 쉽다.
4. 잘못 있을 때 그 잘못을 고치기 쉽다.

그런데, 너무 짧으면 건설 실패 또는 최적화 실패일 수 있다.
그래서 건설 성공, 최적화 성공인 범위에서 새 정서를 최소로 줄이려고 한다.

1-2) 생략 가능한 4가지 부분 (the omittable four parts)

새 정서에서 다음 4가지 부분이 생략 가능하다.
생략 가능한 부분을 '와'로 둘렀다.

1. 주석(comments)

```
// q.cpp    콘솔 응용 프로그램에 대한 진입점을 정의한다.
//
```

참고1) 위 정서의 이름이 q이다.
cpp 왼쪽에 정서 이름이 보인다.

2. 주함수(main function) 왼쪽에 있는

```
_t
```

– 이 부분이 없어도 되는데 왜 있는지 의문이다.

3. 주함수의 인수 2개(the two parameters of the main function)

```
int argc, _TCHAR* argv[]
```

– 위 주함수의 인수 2개는 사용하는 일이 거의 없다.
– 만일 주함수의 인수 2개 중 1개라도 사용한다면 있어야 한다.
– 본서에서는 주함수의 인수를 전혀 사용하지 않는다.

4. 주함수명의 값 0을 주고 주함수를 끝내는(giving the value of the name of the main function and finishing the main function)

```
return 0;
```

- 주함수명의 값을 안 쓰므로 줄 필요 없다.
- 주함수명의 값을 쓴다면 필요하다.
- 본서에서는 주함수명의 값을 전혀 쓰지 않는다.

1-3) 지우는 방법 (methods of erasing)

새 정서를 최소 정서로 바꾸려면 생략 가능한 부분을 지워야 한다. 다음과 같이 3가지 방법을 소개한다.

정해진 위치에 깜박이(cursor) 놓고 정해진 자판(keyboard)을 눌러야 한다.

1.과 2.는 한 글자씩 지우는 방법이고 3.은 여러 글자를 한꺼번에 지울 수 있다.

이 외에도 지우는 방법이 더 있으나 이 정도 활용하면 충분할 것 같다.

1. 자판의 삭제(delete) 사용하여 한 글자 삭제

   1－1) 지우려고 하는 문자 왼쪽에 깜박이(cursor)를 놓는다.

   1－2) 자판의 삭제(delete)를 누른다.

2. 자판의 후진(backspace) 사용하여 한 글자 삭제

   ←라고 쓰여 있는 자판도 있다.

   2－1) 지우려고 하는 문자 오른쪽에 깜박이(cursor)를 놓는다.

   2－2) 자판의 후진(backspace)을 누른다.

   2－3) 한 글자가 지워진다.

3. 여러 글자를 한꺼번에 지울 경우

   구역 설정해서 지우는 방법

   이 경우는 2단계로 지운다.

   1단계) 구역 설정한다.

   3－1) 쥐(mouse)로 지우고자 하는 여러 글자 중 제일 왼쪽 글자의 왼쪽에 놓는다.

   3－2) 쥐를 누른 상태에서 지우고자 하는 부분의 제일 오른쪽 글자의 오른쪽으로 옮긴다.

   3－3) 구역 설정된 곳이 흰색에서 검은색으로 바뀐다.

2단계) 자판 누른다.

3−4) 삭제 또는 후진 문자 누른다.

1. 2. 3. 세 가지 중 어떤 방법이라도 좋다.

새 정서에서 생략 가능한 4부분을 전부 지워서 최소 정서로 바꾸자.

1-4) 최소 정서 (the minimum project)

새 정서에서 '1－2) 새 정서에서 생략 가능한 4가지 부분'에 나온 부분을 '1－3) 지우는 방법'에 의해서 줄이면 다음과 같이 최소 정서가 된다.

최소 정서라는 용어에서 알 수 있듯이 더 줄이면 건설 실패다.

```
최소 정서 시작
# include "stdafx.h"
int main()
{
}
최소 정서 끝
```

위 최소 정서는 2개의 부분 － 선처리기와 주함수로 나눌 수 있다.
이하 이에 대해 자세히 설명한다.

1-4-1) 선처리기, 전처리기, 선행 처리기 (preprocessor)

```
# include "stdafx.h"
```

1. 의미

processor는 처리기이고 pre는 먼저이므로 먼저 처리한다는 뜻이다.

2. 특징

－ 제일 위에 온다.

－ #로 시작한다.

- 끝에 ;은 필요없다.
- 한 줄에 써야 한다.
- 주함수 위에 보통 있다.
- 대부분 # include "stdafx.h"가 있다.

3. 단어들의 뜻
   - include는 포함하다라는 뜻이다.
     따라서 위 선처리기는 stdafx.h라는 서류철을 포함하라는 뜻이다.

   - stdafx.h에서
     std는 standard의 준말
     afx는 application frameworks의 준말
     frameworks에 x라는 철자는 없으나 발음이 x 소리가 나므로 x가 있다.
     h는 header의 준말

1-4-2) 주함수 (main function)

```
int main()
{
}
```

1. 의미
   - 이름이 주(main)인데 함수이므로 주함수
   라 번역했다.

2. 특징
   - 주함수는 자동적으로 실행되므로 씨 정서에서 반드시 있어야 한다.

3. 함수명의 값

- main은 함수명이다.
- int는 main의 형이 int(정수)형이란 뜻이다.
- int 이외에 다음과 같은 10개의 단어들이 올 수 있다. 반드시 외우자.

1) void

2) char

3) unsinged char

4) short

5) unsigned short

6) unsigned

7) long

8) float

9) double

10) long double

4. 인수, 매개 변수 (parameter)

- 함수에는 () 사이에 주함수의 인수, 매개변수(parameter)가 올 수 있다. int argc, _TCHAR* argv[]가 인수가 될 수 있는데, 보통 안 쓰므로 삭제했다.

5. 시작과 끝

- {는 주함수가 시작함을 의미한다.
- }는 주함수가 끝남을 의미한다.

6. 주함수에서 하는 일

- {와 } 사이에 주함수에서 하는 일, 즉 문장이 올 수 있다. 본 정서에서는 아무 일도 하지 않으므로 문장이 없다.
- '제2장 기본 출력'에서부터 {와 } 사이에 문장이 들어가 여러 가지 일을 시키게 된다.

1-5) 최소 정서 실행 (executing the minimum project)

'0-3) 정서 실행 과정'에서 '2단계) 정서 만들다'를 다음과 같이 바꾸고 '0-3) 정서 실행 과정'과 같이 실행하면 된다.

1. '0-4) 새 정서 실행 과정'에서 보인 대로 새 정서를 만든다.

2. '1-3) 새 정서에서 생략 가능한 4가지 부분'을 지워서 최소 정서를 만든다.

실행할 정서 1-1) 최소 정서 실행

1) 새 정서에서 지워서 다음과 같이 최소 정서로 바꾼다.

```
# include "stdafx.h"
int main()
{
}
```

2) 실행하시오.
   "계속하려면 아무 키나 누르십시오"가 보이는가?

3) 만일 "계속하려면 아무 키나 누르십시오"가 보이는가? 안 보이면 보이도록 수정하시오.

실행할 정서 1-2) int 대신 다른 단어로

1) 최소 정서는 다음과 같다.

```
# include "stdafx.h"
int main()
{
}
```

위 최소 정서에서 int를 다음 단어로 바꾸고 다시 실행하시오. 잘 실행되나?

(1) char

(2) unsinged char

(3) short

(4) unsigned short

(5) unsigned

(6) long

(7) float

(8) double

(9) long double

(10) void

1-6) 줄 줄이기와 줄 늘리기 (decreasing and increasing the lines)

선처리기는 반드시 1줄에 써야 하나, 주함수는 줄 수가 제한이 없다.

실행할 정서 1-3) 선처리기 줄 늘리기

1) 다음과 같이 선처리기를 2줄로 늘이고 실행하자. 잘 실행되지 않는다. 잘 실행되지 않는 이유는 뭔가?

```
# include
"stdafx.h"
int main()
{
}
```

실행할 정서 1-4) 주함수 줄 늘리기

1) 다음과 같이 주함수를 6줄로 늘이고 실행하자. 잘 실행된다. 잘 실행되는 이유는 뭔가?

```
# include "stdafx.h"
int
main
()
{
}
```

실행할 정서 1-5) 주함수 줄 줄이기

1) 다음과 같이 주함수를 1줄로 줄이고 실행하자. 잘 실행된다. 잘 실행되는 이유는 뭔가?

```
# include "stdafx.h"
int main(){}
```

1-y) 절 변화 (change of paragraph)

1-1) 짧은 정서의 장점 : 신설

1-2) 새 정서에서 생략 가능한 부분 ← 1-3 생략 가능한 부분

1-3) 지우는 방법 : 신설

1-4) 최소 정서 ← 실행할 정서 1-1

1-5) 최소 정서 실행 ← 실행할 정서 1-1

1-6) 줄 늘리기와 줄 줄이기 : 신설

1-z) 개념 문제 (concept problem)

1) 짧은 정서의 장점

1-1) 짧은 정서의 장점 4가지를 쓰시오.

1)

2)

3)

4)

1-2) 다음 2가지 성공인 범위에서 새 정서를 줄여야 한다. 무엇인가?

1)

2)

2) 생략 가능한 4가지 부분

2-1) 새 정서에서 생략 가능한 4가지 부분을 쓰시오.

1)

2)

3)

4)

2-2) 새 정서에서 주함수의 인수 2개를 쓰시오.

2-3) 본서에서 주함수의 인수를 사용하나?

2-4) 새 정서에서 주함수명의 값을 주는 문장을 쓰시오.

2-5) 새 정서에서 주함수를 끝내는 문장을 쓰시오.

2-6) 본서에서 주함수명의 값을 쓰나?

3) 지우는 방법

3-1) 본서에서 지우는 방법을 몇 가지 소개하나?

3-2) 지우려고 하는 문자 왼쪽에 깜박이 놓고 무엇을 누르면 한 글자 지워지나?

3-3) 지우려고 하는 문자 오른쪽에 깜박이 놓고 무엇을 누르면 한 글자 지워지나?

3-4) 여러 문자를 한꺼번에 지우려고 한다. 2단계로 나눌 수 있다. 2단계가 뭔지 쓰시오.

1)

2)

3-5) 구역은 뭐로 지정하나?

3-6) 구역 설정하면 흰색이 어떤 색으로 바뀌나?

3-7) 구역 설정한 후 뭐 누르면 지워지나?

4) 최소 정서

4-1) 최소 정서를 쓰시오.

4-2) 최소 정서는 2가지 부분으로 나눌 수 있다. 뭐와 뭐인가?

4-3) preprocessor에서

1) pre는 무슨 뜻인가?

2) processor는 무슨 뜻인가?

4-4) 선처리기는 뭐로 시작하나?

4-5) 선처리기는 몇 줄인가?

4-6) include의 뜻은 뭔가?

4-7) stdafx.h에서

1) std는 뭐의 준말인가?

2) afx는 뭐의 준말인가?

3) h는 뭐의 준말인가?

4-8) 씨 정서에서 반드시 있어야 하는 함수는 뭔가?

4-9) int 대신 올 수 있는 단어 10개를 쓰시오.

1)

2)

3)

4)

5)

6)

7)

8)

9)

10)

4-11) 주함수가 시작함을 알리는 것은 뭔가?

4-12) 주함수가 끝남을 알리는 것은 뭔가?

4-13) 최소 정서에서 주함수에서 하는 일이 없는 것을 뭘 보고 알 수 있나?

5) 최소 정서 실행

5-1) 최소 정서 실행하기 위해서는 '0-3) 정서 실행 과정'에서 뭘 바꾸면 되나?

5-2) 최소 정서 실행하기 위해서는 '2단계 정서 만들다'를 2가지 하면 된다. 2가지가 뭔지 쓰시오.

1)

2)

6) 줄 줄이기와 줄 늘리기

6-1) 선처리기는 몇 줄에 써야 하나?

6-2) 주함수는 줄을 늘려도 되나?

6-3) 주함수는 줄을 줄여도 되나?

2 출력 (printf)

2-0) 학습 목표 (learning objective)

1) 주함수 정서와 사용자 함수 정서의 정서가 추가되는 위치를 안다.

2) 정서를 추가하는 3가지 방법을 안다.

3) 본서에서 공부하는 3개의 출력 함수를 안다.

4) 형식화된 출력을 사용하여 그대로 출력하는 방법을 안다.

5) 형식화된 출력의 2가지 예외 – 제어 문자와 형식 지정자 – 를 안다.

6) 2가지 주석의 사용법을 안다.

7) 단일 문자 전용 출력 함수의 사용법을 안다.

8) 문자열 전용 출력 함수의 사용법을 안다.

2-1) 정서를 추가하는 위치 (the places for adding a project)

최소 정서는 다음과 같다.

```
# include "stdafx.h"
②
int main()
{
①
}
③
```

본서에서는 ①, ②, ③ 위치에 정서를 추가한다.
①, ②, ③ 중 어디에 추가하는지는 정서의 종류에 따라 다르다.
본 절에서는 정서의 종류에 따라 ①, ②, ③ 중 어디에 추가하는지를 알아본다.

2-1-1) 주함수 정서 (main function project)

①에 정서를 추가한다.
본서에서 '제2장 기본 출력 ~ 제9장 지시자'가 해당한다.

2-1-2) 사용자 정의 함수 정서 (user defined function project)

①, ② 또는 ①, ②, ③에 정서를 추가한다.

'제11장 함수'가 해당한다.

이를 표로 정리하면 다음 '표 2-1 정서를 추가하는 위치'와 같다.

순번	정서의 종류	추가하는 위치	장
1	주함수	①	제2장 기본 출력 ~ 제9장 지시자
2	사용자 정의 함수	①, ② 또는 ①, ②, ③	제10장 함수

표 2-1 정서를 추가하는 위치

2-2) 정서를 추가하는 방법 (the methods for adding a project)

본 장은 주 함수 정서이므로 ① 위치에 적당한 내용을 추가하여 가장 간단한 출력을 해 본다. 본 절에서는 최소 정서의 ① 위치에 정서를 추가하는 2가지 방법을 소개한다.

2-2-1) 사전 작업

정서를 추가하기 전에 일단 사전 작업이 필요하다. 다음과 같이 일단 최소 정서를 만들어야 한다.

1. 보이는 씨를 실행한다.

2. 새 정서를 필요 없는 4가지 부분을 지워서 최소 정서로 만든다.

2-2-2) 정서를 추가하는 2가지 방법

2-2-2-1) 보이는 씨 편집기를 이용하는 방법

다음 2가지 순서로 하면 된다.

1. 최소 정서에서 쥐를 ① 부분에 누르면 깜박이가 ① 부분에 오게 된다.

2. 필요한 내용을 입력한다.

2-2-2-2) 메모장을 이용하는 방법

메모장은 창문(window)에 내장되어 있는 편집기다. 따라서 이를 이용하면 편리하게 내용을 추가할 수 있다.

다음 5가지 순서로 하면 된다.

1. 메모장을 실행한다.

2. 추가할 내용을 다 입력한다.

3. 모두 선택한다. 모두 선택은 다음 3가지 방법이 있다.
   모두 선택되면 하얀 색 바탕에 검은 색 글자가 파란색 바탕에 흰 글자로 바뀐다.
   3-1) 편집(E) → 모두 선택 누른다
   3-2) Ctrl-A 누른다.
   3-3) 쥐를 처음부터 끝 또는 끝부터 처음 이동한다.

4. 최소 정서에서 쥐를 ① 부분에 누르면 깜박이가 ① 부분에 오게 된다.

5. ① 부분에 모두 선택한 내용을 복사한다.
   다음과 같은 2가지 복사하는 방법이 있다.
   5-1) Ctrl-V 누른다
   5-2) 편집 → 붙여넣기 누른다.

저자는 이 방법을 좋아한다.

2-3) 3개의 출력 함수 (three print functions)

2-3-1) 본서에서 공부하는 출력 함수

본서에서는 표준 출력 – 화면 출력 –을 위해 stdafx.h에 정의되어 있는 3개의 함수에 대해서 공부한다.

2-3-2) 3개 출력 함수의 차이

2-3-2-1) 형식화된 출력 (printf : print format의 약어)

2-3-2-1-1) 장점

(1) 문자, 정수, 실수, 문자열 모두 출력 가능

(2) 출력 위치와 폭도 지정 가능

2-3-2-1-2) 단점

(3) 사용법이 putchar와 puts보다 복잡

2-3-2-1-3) 해당 절

'2 – 4 그대로 출력 ~ 2 – 7 2가지 주석'에서 공부한다.

2-3-2-2) 단일 문자 전용 출력 함수 (putchar : put character의 약어)

2-3-2-2-1) 장점

(1) printf보다 사용법 간단

2-3-2-2-2) 단점

(1) 단일 문자만 출력 가능

2-3-2-2-3) 해당 절

'2－8) 단일 문자 전용 출력 함수'에서 공부한다.

2-3-2-3) 문자열 전용 출력 함수 (puts : put string의 약어)

2-3-2-3-1) 장점

(1) printf보다 사용법 간단

2-3-2-3-2) 단점

(1) 문자열만 출력 가능

2-3-2-3-3) 해당 절

'2－9) 문자열 전용 출력 함수'에서 공부한다.

3개의 출력 함수를 비교하여 표로 보이면 다음 표 '2－2 3개의 출력 함수 비교'와 같다.

순번	출력 함수	번역	가능한 출력	해당 절
1	printf	형식화된 출력	문자, 정수, 실수, 문자열	2-4 그대로 출력 ~ 2-7 그대로 출력
2	putchar	단일 문자 전용 출력 함수	문자	2-8 단일 문자 전용 출력 함수
3	puts	문자열 전용 출력 함수	문자열	2-9 문자열 전용 출력 함수

표 2-2 3개의 출력 함수 비교

2-4) 그대로 출력 (print as it is)

본 절에서는 가장 간단한 출력인 그대로 출력하는 정서를 만들어서 실행한다.

2-4-1) 1개의 printf 문장 사용

string을 출력하고 싶다면 printf("string");를 실행하면 된다.

실행할 정서 2-1)

```
# include "stdafx.h"
int main()
{
      printf("string");
}
```

1) 위 정서를 실행하자. 출력은 뭔가?

실행할 정서 2-2)

1개의 printf 문장으로 c language가 출력되는 정서를 만들어서 실행하시오.

2-4-2) 2개의 printf 문장 사용

2개의 printf 문장을 사용할 수 있다.

실행할 정서 2-3)

```
# include "stdafx.h"
int main()
{
      printf("st");
      printf("ring");
}
```

1) 위 정서를 실행하자. 출력은 뭔가?

실행할 정서 2-4)

2개의 printf 문장으로 string이 출력되는 정서를 만들어서 실행하시오. 단 실행할 정서 2－3)과 다르게 만드시오.

2-4-3) 3개 이상의 printf 문장 사용

3개의 printf 문장을 사용할 수 있다.

실행할 정서 2-5)

```
# include "stdafx.h"
int main()
{
      printf("st");
      printf("r");
      printf("ing");
}
```

1) 위 정서를 실행하자. 출력은 뭔가?

실행할 정서 2-6)

3개의 printf 문장으로 string이 출력되는 정서를 만들어서 실행하시오. 단 실행할 정서 2－5)와 다르게 만드시오.

2-4-3) 4개 이상의 printf 문장 사용

4개 이상의 printf 문장을 사용할 수 있다.
자세한 설명은 생략한다.

2-5) 예외 1 - 제어 문자 (exception one - escape sequence backslash)

printf("string");을 실행하면 string이 출력되는 것이 보통이나 string이 출력되지 않는 중요한 2가지 예외 – 제어 문자와 형식 지정자 – 가 있다.

본 절에서는 중요한 예외 2가지 중 첫 번째인 제어 문자를 공부한다.

2-5-1) 제어 문자의 구성

'\과 한 문자'로 구성된다.

2-5-2) 제어 문자의 역할

1) 출력되는 위치 바꿈
2) 특수 문자 출력
3) 종소리

등의 역할을 한다.

2-5-3) 제어 문자의 종류

본서에서 공부하는 제어 문자는 다음 표 2-3과 같이 9개이다.

값	표기	의미	영어
0	\0	문자열의 끝	end of string
7	\a	종소리	bell sound
8	\b	한 글자 지움	backspace
9	\t	다음 지정 위치로 이동	tab
10	\n	줄 바꿈	new line
13	\r	현재 줄의 시작 위치로 이동	carriage return
34	\"	" 출력	print quotation
39	\'	' 출력	print apostrophe
92	\\	\ 출력	print backslash

표 2-3 본서에서 공부하는 제어 문자 9개

그 중, \n이 제일 많이 쓰이고, 그 다음 \t가 많이 쓰인다.

실행할 정서 2-7) 제어 문자만 출력

```
# include "stdafx.h"
int main()
{
      printf("\n");
}
```

1) 위 정서를 실행하자. 출력은 뭔가?

2) \n을 다음과 같이 바꾸어 실행하자. 출력은 뭔가?

2－1) \0

2－2) \a

2－3) \b

2－4) \t

2－5) \n

2－6) \r

2－7) \"

2－8) \\

2-5-4) 분리 금지

\와 한 글자를 분리하면 건설 실패이다.

실행할 정서 2-8) \와 한 글자 분리

```
# include "stdafx.h"
int main()
{
	printf("\");
	printf("n"):
}
```

1) 위 정서를 실행하자. 건설 실패한다. 이유는 뭔가?

2) n을 다음과 같이 바꾸어 실행하자. 건설 실패한다. 이유는 뭔가?

2−1) 0	2−2) a
2−3) b	2−4) t
2−5) n	2−6) r
2−7) "	2−8) \

실행할 정서 2-9)

```
printf("pro제어 문자gram");
다른 문자의 중간에 제어 문자 출력
이렇게 하면 제어 문자의 역할을 알기 쉽다.
# include "stdafx.h"
int main()
{
	printf("pro\ngram");
}
```

1) 위 정서를 실행하자. 출력은 뭔가?

2) \n을 다음과 같이 바꾸어 실행하자. 출력은 뭔가?

2-1) \0

2-2) \a

2-3) \b

2-4) \t

2-5) \n

2-6) \r

2-7) \"

2-8) \\

실행할 정서 2-10)

```
printf("pro");
printf("제어 문자");
printf("gram");
```

이렇게 3개의 출력문으로 바꾸어 한 출력문과의 차이가 있는지 없는지 알아보자.

```
.
# include "stdafx.h"
int main()
{
      printf("pro");
      printf("\n"):
      printf("gram");
}
```

1) 위 정서를 실행하자. 출력은 뭔가?

2) \n을 다음과 같이 바꾸어 실행하자. 출력은 뭔가?

2-1) \0

2-2) \a

2-3) \b

2-4) \t

2-5) \n

2-6) \r

2-7) \"

2-8) \\

2-5-5) 값을 이용한 방법

표 2-1의 제일 왼쪽 칸에 값이 있다. 이 값을 이용해서 \와 한 문자 대신 다른 방법이 있다.

```
printf( " \한 문자 " );
대신
char q=값;
printf("%c",q);
```

실행할 정서 2-11) 값을 이용한 방법

```
char q=값;
printf("pro");
printf("%c",q);
printf("gram");
```

을 이용해서 출력하자.

```
# include "stdafx.h"
int main()
{
      char q=10;
      printf("pro");
      printf("%c",q):
      printf("gram");
}
```

1) 위 정서를 실행하자. 출력은 뭔가?

2) \n을 다음과 같이 바꾸어 실행하자. 출력은 뭔가?

2－1) 0

2－2) 7

2－3) 8

2－4) 9

2－5) 13

2－6) 34

2－7) 39

2－8) 92

2-6) 예외 2 - 형식 지정자 % (exception two - form indicator percent)

본 절은 두 번째 예외 형식 지정자 %이다.

원래 뒤에 상수 또는 변수가 와야 하나, 본 절에서는 상수 또는 변수를 생략하고 출력되는 형태만을 본다.

2-6-1) 역할

형식 지정자의 역할은 뒤에 지정하는 상수 또는 변수의 출력되는 형식을 지정한다.

2-6-2) 모양

%와 한 문자로 구성되어 있다.

2-6-3) 원래 사용 형식

printf("형식 지정자",상수 또는 변수);

2-6-4) 본 절의 사용 형식

printf("형식 지정자");

2-6-5) 출력 형식

a 문자

%c	한 문자 출력

b 정수

%d	10진수 정수 출력
%o	8진수 정수 출력
%x	16진수 정수 출력
%u	양의 정수 출력

c 실수

%f	소수점 실수 출력
%e	지수형 실수 출력

d 문자열

%s	문자열 출력

e 특수 문자 출력

%%	% 출력

실행할 정서 2-12)

```
# include "stdafx.h"
int main()
{
      printf("%");
}
```

1) 위 정서를 실행하자. 뭐가 출력되나?

2) %c를 다음과 같이 바꾸고 실행하자.
   뭐가 출력되나?
   2-1) %c
   2-2) %d
   2-3) %o
   2-4) %x
   2-5) %u
   2-6) %f
   2-7) %e
   2-8) %s
   2-9) %%

2-7) 2가지 주석 (two kinds of comments)

정서의 실행에 전혀 영향을 끼치지 않는 부분을 주석이라 한다.
주석은 2가지가 있다.

2-7-1) 주석의 역할

본 절에서는 a만 공부한다.
a 이해를 하기 쉽게 하기 위함이 주된 역할이다.
b 오류 수정을 할 때도 이용할 수 있다.

2-7-2) 2가지 종류

1줄과 여러 줄의 2가지 종류가 있다.

a 1줄
'// 내용'을 쓰면 된다.

b 여러 줄
'/* 내용 */'을 쓰면 된다.

참고) 여러줄 주석을 1줄로 하면 안 되는 것은 아니다.
다만, 주석을 1줄로 할 때는 // 2개만 쓰는 것이 /* */ 4개 쓰는 것보다 쉬우므로 굳이 2개 쓰면 쉽게 끝나는 것을 4개 쓸 필요가 없기 때문이다.

2-7-3) 위치

실행에 영향을 끼치지 않으므로 정서의 어느 부분에 와도 가능하다.

실행할 정서 2-13) 1줄 주석

```
# include "stdafx.h"
int main()
{
    printf("c program");
    // 1줄 주석
}
```

1) 위 정서를 실행하자. 잘 실행되나?

2) '// 1줄 주석'이 없을 때와 출력이 같나?

3) '// 1줄 주석'을 '// 기본 출력'으로 바꾸어 실행하자. 출력이 같나?

4) '// 1줄 주석'을 2줄, 즉 다음과 같이 바꾸어 실행하자. 잘 실행되나?
   ' //1줄
   주석'

5) '//1줄 주석'을 다음 위치로 바꾸어 실행하자. 잘 실행되나?
   5-1) 제일 위
   5-2) # include "stdafx.h"와 int main() 사이
   5-3) int main()와 { 사이
   5-4) {와 printf("c program"); 사이
   5-5) 제일 아래

실행할 정서 2-14) 여러줄 주석

```
# include "stdafx.h"
int main()
{
      printf("c program");
      /* 여러줄
       주석*/
}
```

1) 위 정서를 실행하자. 잘 실행되나?

2) '/*여러줄
   주석*/'이 없을 때와 출력이 같나?

3) '/* 여러줄
   주석*/'을
   '/* 기본
   출력*/'으로 바꾸어 실행하자. 출력이 같나?

4) '/*여러줄
   주석'을 1줄 즉 다음과 같이 바꾸어
   실행하자. 잘 실행되나?
   '/*여러줄 주석*/'

5) '/*여러줄
   주석*/'을 다음 위치로 바꾸어 실행하자. 잘 실행되나?
   5-1) 제일 위
   5-2) # include "stdafx.h"와 int main() 사이
   5-3) int main()과 { 사이
   5-4) {와 printf("c program"); 사이
   5-5) 제일 아래

2-8) 단일 문자 전용 출력 함수 (putchar)

지난 절까지는 printf를 이용하여 여러 가지 자료형을 출력하는 방법을 공부했다.

본 절과 다음 절에서는 printf가 아니라 문자 전용 함수인 putchar과 puts 함수를 이용하여 문자를 출력하는 방법을 공부한다.

본 절에서 putchar을 공부하고, 다음 절에서는 puts를 공부한다.

물론 이들 함수 – putchar과 puts – 대신 printf를 이용하여 출력할 수도 있지만 이들 함수들이 printf보다 좋은 점이 있으므로 자주 이용된다.

putchar은 put character의 준말이다.

2-8-1) 역할

단일 문자 – 한 개의 문자 – 를 출력할 때 이용한다.

2-8-2) printf와 비교했을 때의 장점

2-8-2-1)

서식 지정자 %c를 사용할 필요가 없으므로 사용법이 간단하여 사용하기가 쉽다.

2-8-2-2)

속도가 빠르다.

2-8-3) printf와 비교했을 때의 단점

2-8-3-1)

서식 지정을 할 수 없다.

2-8-3-2)

단일 문자 외에 정수, 실수, 문자열을 출력할 수 없다.

2-8-4) printf와의 비교

같은 기능을 하는 printf를 알아본다.

2-8-4-1) '와 "

putchar에서는 '와 '를 이용하지만, printf에서는 "와 "를 이용한다.

2-8-4-2) \와 %

printf에서 "와 " 사이의 \와 %는 특수한 역할을 한다.

putchar에서 \는 특수한 역할을 하지만 %는 특수한 역할을 하지 않고 다른 문자와 같게 취급된다.

2-8-4-1) 문자 상수 출력

2-8-4-1-1) 단일 문자인 경우

```
putchar('a');=printf("a");
```

a의 미국 표준 부호가 97이므로 putchar(97);도 같다.

%를 출력하기 위해서

```
putchar('%');=printf("%%");
```

2-8-4-1-2) 여러 개의 문자인 경우

putchar에서 '와 ' 사이에 여러 개의 문자를 쓰면 제일 끝 문자만 출력된다.

문자가 2개인 경우

```
putchar('ab');=printf("b");
putchar('abc');=printf("c");
```

끝 문자가 %인 경우 예를 들면

```
putchar('d%');=printf("%%");
```

2-8-4-2) 제어 문자

```
putchar('\n');=printf("\n");
```

2-8-4-3) 변수 또는 수식인 경우

이 경우 putchar 함수와 같은 역할을 하려면 printf에서는 %c로 서식 지정자를 정해 주어야 한다.

2-8-4-3-1) 변수

char h='a';로 char형 변수 h를 'a'로 초기화한 경우 예를 들어

```
putchar(h);=printf("%c",h);
```

2-8-4-3-2) 수식

변수와 비슷하다. 예를 들어

```
putchar('a'+1);=printf("%c",'a'+1);
```

'a'+1의 미국 표준 부호는 98이므로 putchar(98);, printf("%c",98);도 같다.

실행할 정서 2-15) 문자 상수 자체 - 1개

```
# include "stdafx.h"
int main()
{
     putchar('a');
}
```

1) 위 정서를 실행해 보자. 출력은 무엇인가?

2) putchar('a');를 없애고 대신 printf 함수를 이용하여 같은 내용이 출력되도록 바꾸시오.

3) 'a'의 미국 표준 부호가 몇인가?

4) putchar('a');에서 'a'를 없애고 대신 'a'의 미국 표준 부호를 쓰고 실행하자. 출력이 같은가?

실행할 정서 2-16) 문자 상수 자체 - 2개 이상

```
# include "stdafx.h"
int main()
{
     putchar('ab');
     printf("\n");
}
```

1) 위 정서를 실행해 보자. 출력은 무엇인가?

2) putchar('ab');을 없애고 대신 printf 함수를 이용하여 같은 내용이 출력되도록 바꾸시오.

3) putchar('ab'); 대신 putchar('abc');로 바꾸어 출력하시오. 출력은 무엇인가?

실행할 정서 2-17) 문자 상수 자체 - %가 있는 경우

```
# include "stdafx.h"
int main()
{
      putchar('%');
}
```

1) 위 정서를 실행해 보자. 출력은 무엇인가?

2) putchar('%');를 없애고 대신 printf 함수를 이용하여 같은 내용이 출력되도록 바꾸시오.

3) putchar('%');를 putchar('d%');로 바꾸어 다시 실행하시오. 출력이 바뀌는가?

실행할 정서 2-18) 제어 문자만

```
# include "stdafx.h"
int int main()
{
      putchar('\');
}
```

1) 위 정서를 실행하자. 건설 실패다. 이유는 뭔가?

2) \ 뒤에 문자 한 개를 추가하면 건설 성공한다. 무슨 문자인가?

실행할 정서 2-19) 제어 문자 - 뒤에 추가

```
# include "stdafx.h"
int main()
{
	printf("pro");
	putchar('\n');
	printf("gram\n");
}
```

1) 위 정서를 실행해 보자. 출력은 무엇인가?

2) putchar('\n');을 없애고 같은 출력이 되도록 printf 함수를 이용하여 바꾸시오.

3) putchar('\n');에서 '\n'을 다음으로 바꾸어 실행하시오.

(1) '\t'　　(2) '\b'　　(3) '\\'

(4) '\a'　　(5) '\\'　　(6) '\"'

실행할 정서 2-20) 변수

```
# include "stdafx.h"
int main()
{
	char h='b';
	putchar(h);
	printf("\n");
}
```

1) 위 정서를 실행해 보자. 출력은 무엇인가?

2) putchar(h);을 없애고 같은 출력이 되도록 printf 함수를 이용하여 바꾸시오.

3) 'b'의 미국 표준 부호가 몇인가?

4) 'b' 대신 'b'의 미국 표준 부호를 이용하여 초기화하여 같은 출력이 되도록 위 정서를 수정하시오.

실행할 정서 2-21) 수식

```
# include "stdafx.h"

int main()
{
      putchar('a'+2);
      printf("\n");
}
```

1) 위 정서를 실행해 보자. 출력은 무엇인가?

2) putchar('a'+2);을 없애고 같은 출력이 되도록 printf 함수를 이용하여 바꾸시오.

3) 'a'+2의 미국 표준 부호는 몇인가?

4) 'a'+2 대신 'a'+2의 미국 표준 부호를 이용하여 같은 출력이 되도록 위 정서를 수정하시오.

2-9) 문자열 전용 출력 함수 (puts)

앞 절에서 단일 문자 전용 함수인 putchar을 공부하였다.

본 절에서는 문자열 전용 출력 함수인 puts를 공부한다.

물론 이들 함수 – putchar과 puts – 대신 printf를 이용하여 출력할 수도 있지만 이들 함수들이 printf보다 좋은 점이 있으므로 자주 이용된다.

puts는 put string의 준말이다.

2-9-1) 역할

문자열 – 여러 문자 – 를 출력할 때 이용한다.

2-9-2) printf와 비교했을 때의 장점

2-9-2-1)

서식 지정자 %s를 쓸 필요가 없으므로 사용법이 간단하여 사용하기가 쉽다.

2-9-2-2)

속도가 빠르다.

2-9-3) printf와 비교했을 때의 단점

2-9-3-1)

서식 지정을 할 수 없다.

2-9-3-2)

문자열 외에 정수, 실수, 단일 문자를 출력할 수 없다.

2-9-4) printf와의 비교

같은 기능을 하는 printf를 알아본다.

putchar은 단일 문자이므로 '와 '를 사용했으나 puts는 문자열 출력 함수이므로 printf와 같이 "와 "를 사용한다.

puts는 줄 바꿈이 포함되어 있다. 즉 puts("문자열");은 printf("문자열\n");과 같다.

2-9-4-1) 문자열 상수

제어 문자와 비슷하게 puts는 줄 바꿈이 포함되어 있다는 점을 제외하면 문자열 상수의 경우 printf와 차이가 없다.

예를 들면

```
puts("ab");=printf("ab\n");
```

2-9-4-2) 제어 문자

puts는 줄 바꿈이 포함되어 있다는 점을 제외하면 제어 문자의 경우 printf와 차이가 없다.

예를 들면

```
puts("\n");=printf("\n\n");
```

2-9-4-3) 서식 지정자

printf는 "와 " 사이의 %가 특수한 의미를 가지고 이를 서식 지정자라 하나 puts에서 "와 " 사이의 %는 특수한 의미를 가지지 않는다.

예를 들면

```
puts("%");=printf("%%\n");
```

2-9-4-4) 변수 (지시자 이용)

이 경우 puts 함수와 같은 역할을 하려면 printf에서는 %s로 서식 지정자를 정해 주어야 한다.

예를 들면 char *h="program";로 pointer char형 변수 h를 "program"로 초기화한 경우(초기화가 아니라 할당해도 같다.)

예를 들어

```
puts(h);=printf("%s\n",h);
```

실행할 정서 2-22) 문자열 상수

```
# include "stdafx.h"
int main()
{
      puts("program");
}
```

1) 위 정서를 실행하자. 출력되는 것은 무엇인가?

2) puts("program");을 없애고 한 개의 printf 문장을 사용하여 같은 출력이 되도록 printf 문장을 바꾸시오.

3) puts("program");을 없애고 한 개의 printf 문장과 printf("\n");을 사용하여 같은 출력이 되도록 printf 문장을 바꾸시오.

실행할 정서 2-23) 제어 문자

```
# include "stdafx.h"
int main()
{
      printf("pro");
      puts("\'");
      printf("gram\n");
}
```

1) \'는 무슨 역할을 하는 제어 문자인가?

2) 위 정서를 실행하자. 출력은 무엇인가?

3) puts("\'");를 없애고 같은 역할을 하는 한 개의 prinf로 바꾸시오.

4) puts("\'");를 다음으로 바꾸어 실행하시오. 출력은 무엇인가?

(1) puts("\n"); (2) puts("\t");

(3) puts("\b"); (4) puts("\\");

(5) puts("\a"); (6) puts("\");

실행할 정서 2-24) 형식 지정자

```
# include "stdafx.h"

int main()
{
      puts("%");
}
```

1) 위 정서를 실행하자. 출력되는 것은 무엇인가?

2) puts("%");를 없애고 같은 출력이 되도록 한 개의 printf 함수를

이용하여 바꾸시오.

3) puts("%");를 다음으로 바꾸시오. 오류가 발생하는 경우와 잘 출력되는 경우가 있다. 위 두 가지를 구분하여 쓰시오.

(1) puts("\");　　　　(2) puts(");

(3) puts("""");

실행할 정서 2-25) 변수 (지시자 이용)

```
# include "stdafx.h"
int main()
{
      char *l="program";
      puts(l);
}
```

1) 위 정서를 실행하자. 출력되는 것은 무엇인가?

2) puts(l);를 없애고 같은 출력이 되도록 한 개의 printf 함수를 이용하여 바꾸시오.

3) char *l="program";는 선언과 동시에 초기화하는 문장이다. 초기화를 할당으로 바꾸시오. 출력값은 같은가?

2-y) 절의 변화 (change of paragraph)

본서의 2장은 [1]의 '제1장 실행'의 일부와 '제4장 출력' 전체를 합쳐서 만들었다.

2-1) 정서를 추가하는 위치 ← 신설

2-2) 정서를 추가하는 방법 ← 신설

2-3) 3개의 출력 함수 ← 4-1) 3개의 출력 함수

2-4) 그대로 출력 ← 1-5) 그대로 출력

2-5) 예외 1 - 제어 문자 ← 1-7) 예외 1 - 제어 문자

2-6) 예외 2 - 형식 지정자 ← 1-8) 예외 2 - 형식 지정자

2-7) 2가지 주석 ← 1-10) 구성 요소의 일부

2-8) 단일 문자 전용 출력 함수 ← 4-2) 단일 문자 전용 출력 함수

2-9) 문자열 전용 출력 함수 ← 4-3) 문자열 전용 출력 함수

2-z) 개념 문제

1) 정서를 추가하는 위치 (the place for adding a project)

```
# include "stdafx.h"
②
int main()
{
①
}
③
```

1-1) 주함수 정서에서는 ①, ②, ③ 중 어디에 정서를 추가하나?

1-2) 사용자함수 정서에서는 ①, ②, ③ 중 어디에 정서를 추가하나?

2) 정서를 추가하는 방법 (the methods for adding a project)

2-1) 정서를 추가하는 3가지 방법을 쓰시오.

1)

2)

3)

3) 3개의 출력 함수 (three print functions)

3-1) 정수와 실수를 출력할 수 있는 함수는 무엇인가?

3-2) 오로지 문자만을 출력할 수 있는 함수는 무엇인가?

3-3) 오로지 문자열만을 출력할 수 있는 함수는 무엇인가?

4) 그대로 출력 (print as it is)

4-1) string을 printf를 사용하여 출력하려면 어떤 문장을 써야 되는지 쓰시오.

5) 예외 1 - 제어 문자 (exception one - escape sequence backslash)

5-1) printf("string");를 실행하면 보통 string가 출력된다. 그러나 출력되지 않는 2가지 중요한 문자 2개를 쓰시오.

1)

2)

5-2) 다음 표의 빈칸을 채우시오.

값	표기	의미	영어
		문자열의 끝	
		종소리	
		한 글자 지움	
		다음 지정 위치로 이동	
		줄 바꿈	
		현재 줄의 시작 위치로 이동	
		" 출력	
		' 출력	
		\ 출력	

표 2-4 본서에서 공부하는 제어 문자 9개

6) 예외 2 - 형식 지정자 %

8) 단일 문자 전용 출력 함수 (putchar)

8-1) putchar는 뭐를 출력할 때 사용되나?

8-2) printf와 비교했을 때 putchar의 장점 2개를 쓰시오.

(1)

(2)

8-3) printf와 비교했을 때 putchar의 단점 2개를 쓰시오.

(1)

(2)

8-4) putchar('\')는 빌드 성공인가? 실패인가?

8-5) putchar('%');는 빌드 성공인가? 실패인가?

8-6) putchar에서 '와 ' 사이에 여러 개의 문자를 쓰면 어느 문자가 출력되나?

8-7) 다음 putchar('string');를 같은 출력인 printf("string");로 바꾸시오.

1) purchar('a');

2) putchar('%');

3) putchar('ab');

4) putchar('abc');

5) putchar('d%');

6) putchar('\n');

7) putchar('a'+1);

9) 문자열 전용 출력 함수 (puts)

9-1) puts는 뭐를 출력할 때 사용되나?

9-2) printf와 비교했을 때 puts의 장점 2개를 쓰시오.

(1)

(2)

9-3) printf와 비교했을 때 puts의 단점 2개를 쓰시오.

(1)

(2)

9-4) putchar("string");는 printf("string"); +printf("두 문자");와 같다.
두 문자는 뭐인가?

9-5) puts("\")는 빌드 성공인가? 실패인가?

9-6) puts("%");는 빌드 성공인가? 실패인가?

9-7) 다음 puts("string");를 같은 출력인 printf("string\n");로 바꾸시오.

(1) puts("ab");

(2) puts("\n");

(3) puts("%");

상수 (constant) 3

3-0) 학습 목표

1) 상수의 정의를 안다.

2) 4가지 종류의 상수를 안다.

3) 상수를 출력하기 위한 형식 지정자 8개를 안다.

4) printf를 이용해 1개의 상수를 출력하는 방법과 2개의 상수를 출력하는 방법을 안다.

5) 문자 상수와 문자열 상수의 차이를 안다.

6) 문자 상수가 뭐로 둘러싸여 있는지를 안다.

7) 문자 상수 출력을 위한 형식 지정자를 안다.

8) 문자와 숫자가 뭐로 1대1 대응되었다는 사실을 안다.

9) 문자 상수 폭 변경 방법을 안다.

10) 정수 상수와 실수 상수의 차이를 안다.

11) printf 안에서 정수 상수 입력시 3가지 진수로 표현할 수 있음을 안다.

12) 정수 상수를 출력하기 위한 3가지 형식 지정자를 안다.

13) 정수 상수에서 여러 가지 진수 변환 방법을 안다.

14) 정수 상수 폭 지정 방법을 안다.

15) 실수 상수의 2가지 표현법을 안다.

16) 실수 상수 출력을 위한 2가지 형식 지정자를 안다.

17) 실수 상수 폭 지정 방법을 안다.

18) 문자열 상수는 뭐로 둘러싸는지 안다.

19) 문자열 상수 제일 뒤에 추가되는 문자를 안다.

20) 문자열 상수 출력을 위한 형식지정자를 안다.

21) 문자열 상수 폭 지정 방법을 안다.

22) 상수 크기를 알기 위한 연산자를 안다.

23) 1byte로 표현할 수 있는 가짓수를 안다.

24) 여러 가지 상수 크기를 안다.

3-1) 기초 (basics)

3-1-0) 상수의 정의

값이 한 번 정해지면 그 값을 변화할 수 없는 항상 고정된 값을 갖는 자료를 말한다.

3-1-1) 상수의 종류

본 장에서는 다음 4가지 종류의 상수에 대해서 공부한다.

(1) 문자 상수 (character constant)

(2) 정수 상수 (integer constant)

(3) 실수 상수 (floating point constant)

(4) 문자열 상수 (string constant)

3-2) 형식 지정자 % (escape character percent)

상수를 출력하기 위해서는 형식 지정자로 출력 형식을 지정해야 한다.

```
printf("%한문자");
```

위 문장과 같이 printf 함수의 "와 " 사이의 %와 다음 한 문자를 형식 지정자라 한다. 본 장에서 공부하는 상수의 종류와 형식지정자는 다음 표 3-1과 같다.

절	종류	형식 지정자	내용
3절	문자	%c	한 개의 문자
4절	정수	%d	10진수
		%o	8진수
		%x	16진수
		%u	양수
5절	실수	%f	소수점 표현
		%e	지수형 표현
6절	문자열	%s	여러 개의 문자

표 3-1 상수의 종류와 형식 지정자

3-3) 출력 방법 (print method)

상수를 출력하기 위해서는 출력하고자 하는 상수와 같은 수의 적당한 형식지정자를 써야 한다. 출력 방법은 다음과 같다.

3-3-1) 1개의 상수 출력시

```
printf("형식지정자",상수);
```

상수를 형식지정자 형식으로 출력하라는 뜻이다.

실행할 정서 3-1)

```
# include "stdafx.h"
int main()
{
    printf("%c", ‘c');
}
```

1) 위 정서를 실행하자. 출력은 뭔가?

2) 형식지정자는 뭔가?

3) 상수는 뭔가?

3-3-2) 2개의 상수 출력시

```
printf("형식지정자1형식지정자2",상수1,상수2);
```

상수1을 형식지정자1 형식으로 출력하고

상수2를 형식지정자2 형식으로 출력하라는 뜻이다.

실행할 정서 3-2)

```
# include "stdafx.h"
int main()
{
      printf("%c%c",'c','d');
}
```

1) 위 정서를 실행하자. 출력은 뭔가?

2) 형식지정자1은 뭔가?

3) 형식지정자2는 뭔가?

4) 상수1은 뭔가?

5) 상수2는 뭔가?

실행할 정서 3-3)

```
# include "stdafx.h"
int main()
{
      printf("%c",'c','d');
}
```

1) 위 정서를 실행하자. 출력은 뭔가?

2) 형식지정자1은 뭔가?

3) 형식지정자2는 뭔가?

4) 상수1은 뭔가?

5) 상수2는 뭔가?

실행할 정서 3-4)

```
# include "stdafx.h"
int main()
{
      printf("%c%c",'c');
}
```

1) 위 정서를 실행하자. 출력은 뭔가?

2) 형식지정자1은 뭔가?

3) 형식지정자2는 뭔가?

4) 상수1은 뭔가?

5) 상수2는 뭔가?

3-4) 문자 상수 (character constant)

3-4-1) 문자의 정의

한 개의 문자를 의미한다. 여러 개의 문자는 문자열이라고 하며, 문자와 표현 방법이 다르다.

3-4-2) 표현

'와 ' 사이에 원하는 문자를 쓴다. 예를 들어 'a'로 나타낸다.

3-4-3) 형식 지정자

```
%c
```

3-4-4) 숫자와의 대응

C 언어에서 모든 문자를 숫자와 1대1로 대응시키고 있다. 이를 미국 표준 부호(ASCII: American Standard Code for Information Interchange)라고 하며 부록에 있다. 모든 문자의 미국 표준 부호를 외우기는 불가능에 가깝고 그럴 필요도 없지만 다음 표의 값은 특히 중요하니 외우기 바란다.

다음 표 3-2과 같이 ()안에 있는 형식지정자에 따라 출력되는 것이 달라진다.

문자 (%c)	10진수 (%d)	16진수 (%x)
0	48	30
9	57	39
A	65	41
Z	90	5A
a	97	61
z	122	7A

표 3-2 문자의 미국 표준 부호

실행할 정서 3-5)

```
# include "stdafx.h"
int main()
{
    printf("%c\n",'a');
}
```

1) 위 정서를 실행하자. 무엇이 출력되는가?

2) 'a'의 미국 표준 부호는 무엇인가?

3) 'a'를 'a'의 미국표준부호로 바꾸고 다시 실행하자. 출력되는 값이 같은가? 다른가?

실행할 정서 3-6)

```
# include "stdafx.h"
int main()
{
    printf("%c\n",'a'+1);
}
```

1) 위 정서를 실행하자. 무엇이 출력되는가?

2) 'a'+1를 다음으로 바꾸어 보자. 무엇이 출력되는가?

2-1) 'a'+2

2-2) 'a'-1

2-3) 'a'-2

3) 2)에서의 같은 출력이 되는 수는 무엇인가?

2-1) 'a'+1

2-2) 'a'+2

2-3) 'a'-1

2-4) 'a'-2

3-4-5) 폭 변경

형식지정자를 %전체 폭c라 쓰면 된다. 이렇게 쓰면 전체 폭을 잡고 그 칸의 오른쪽에 문자를 쓴다.

실행할 정서 3-7)

```
# include "stdafx.h"
int main()
{
	printf("%2c\n",'a');
	printf("1234567890\n");
}
```

1) 위 정서를 실행하자. a는 어느 숫자 위에 출력되는가?

2) %2c를 다음과 같이 바꾸자. 그 경우 a는 어느 숫자 위에 출력되나?

2-1) %3c

2-2) %4c

3-5) 정수 상수 (integer constant)

C 언어에서 수는 정수와 실수의 2가지가 있다. 형식지정자, 출력되는 방법 등이 다르므로 구분해서 공부하는 것이 좋다.

3-5-1) 정수의 정의

소수점이 없는 수를 정수라 한다. 소수점이 있는 수는 실수라 한다.

3-5-2) 여러 가지 진수 입력시

printf("형식지정자",'상수');에서 '상수'를 입력시라 표현했다.

C 언어에서 다음과 같이 3가지의 진수가 사용된다.

3-5-2-1) 10진수

앞에 0이 없으면 10진수로 간주한다.

3-5-2-2) 8진수

앞에 0이 있고, 0 다음에 x가 없으면 8진수로 간주한다. 8진수이므로 0,1,2,3,4,5,6,7의 8개의 수로 구성되고, 8,9는 없다.

3-5-2-3) 16진수

앞에 0x가 있으면 16진수로 간주한다. 16진수이므로 0,1,2,3,4,5,6,7,8,9로는 부족해서 a,b,c,d,e,f의 6개가 추가로 사용된다. a는 10, b는 11, c는 12, d는 13, e는 14, f는 15를 의미한다.

3-5-3) 형식 지정자

다음과 같이 4가지가 이용된다.

%d : 10진수

%o : 8진수

%x : 16진수

%u : 양수

따라서 적절히 사용하면 진수 변환 문제를 풀 수 있다.

다음 표 3-3에서 0부터 15까지 8진수와 16진수로 바꿨다.

10진수	8진수	16진수
%d	%o	%x
0	0	0x0
1	01	0x1
2	02	0x2
3	03	0x3
4	04	0x4
5	05	0x5
6	06	0x6
7	07	0x7
8	010	0x8
9	011	0x9
10	012	0xa
11	013	0xb
12	014	0xc
13	015	0xd
14	016	0xe
15	020	0xf

표 3-3 0~15까지의 8진수와 16진수

실행할 정서 3-8) 소숫점 있을 때

```
# include "stdafx.h"
int main()
{
    printf("%d\n",1.);
}
```

1) 위 정서를 실행하자. 무엇이 출력되나?

2) 1.은 C 언어에서 정수와 실수 중 무엇으로 인식되나?

4) 한 문자를 없애면 1이 출력된다. 어느 문자인가?

실행할 정서 3-9) 정수 상수의 최솟값과 최댓값

```
# include "stdafx.h"
int main()
{
    printf("%d\n",1);
}
```

1) 1은 C 언어에서 정수와 실수 중 무엇으로 인식되나?

2) 1을 다음 값으로 바꾸고 출력하자.

   2−1) 2147483647

   2−2) 2147483648

   2−3) −2147483648

   2−4) −2147483649

3) 위 출력 결과로 보아 %d 출력시 최솟값은 얼마인가?

4) 위 출력 결과로 보아 %d 출력시 최댓값은 얼마인가?

실행할 정서 3-10) 여러 개 상수 출력

```
# include "stdafx.h"
int main()
{
	printf("%c%d\n",97,2);
}
```

1) 위 정서에는 형식 지정자가 2개 있다. 뭐와 뭐인가?

2) 위 정서에는 상수가 2개 있다. 뭐와 뭐인가?

3) 위 정서를 실행하자. 뭐가 출력되나?

4) 출력이 2a가 되게 위 정서를 바꾸려고 한다. 뭘 어떻게 바꾸면 되나?

실행할 정서 3-11) %d, %o, %x 차이

```
# include "stdafx.h"
int main()
{
	printf("%d\n",10);
	printf("%o\n",10);
	printf("%x\n",10);
}
```

1) 위 정서를 실행하자. 같은 숫자 10이 무엇으로 출력되나?

   1−1) %d

   1−2) %o

   1−3) %x

2) 다음 형식지정자는 몇 진수인가?

2-1) %d

2-2) %o

2-3) %x

실행할 정서 3-12) %d, %u 차이

```
# include "stdafx.h"
int main()
{
      printf("%d\n",-1);
      printf("%u\n",-1);
}
```

1) 위 정서를 실행하자. 뭐가 출력되나?

1-1) %d

1-2) %u

2) %u에서 -1이 출력되지 않는 이유는 무엇인가?

실행할 정서 3-13) %u의 최솟값과 최댓값

```
# include "stdafx.h"
int main()
{
      printf("%u\n",-1);
}
```

1) 위 정서를 실행하자. 출력되는 값은 -1이 아니고 얼마인가?

2) -1을 다음 값으로 바꾸고 출력하자.

2-1) 0

2－2) 4294967295

2－3) 4294967296

3) 위 출력 결과로 보아 %u 출력시 최솟값은 얼마인가?

4) 위 출력 결과로 보아 %u 출력시 최댓값은 얼마인가?

표 3－3에 있는 숫자를 대상으로 실행할 정서 3－10)~3－15)에서 6가지 진수 변환을 다음 표 3－4와 같이 한다.

	실행할 정서	입력 printf의 오른쪽	출력 감시기 화면
1	3-10)	10	8
2	3-11)	10	16
3	3-12)	8	10
4	3-13)	8	16
5	3-14)	16	10
6	3-15)	16	8

표 3-4 6가지 진수 변환

실행할 정서 3-14) 10진수를 8진수로 변환

```
# include "stdafx.h"
int main()
{
    printf("%o\n",8);
}
```

1) 위 정서에 %o가 있다. %o는 몇 진수인가?

2) 위 정서를 실행하자. 뭐가 출력되나? 출력되는 것이 8이 아닌 이유는 무엇인가?

3) 위 정서에서 8을 다음 표의 중간 열의 수로 바꾸어 실행하고 출

력되는 수를 오른쪽 열에 쓰시오.

순번	10진수	8진수
1	8	
2	9	
3	10	
4	11	
5	12	
6	13	
7	14	
8	15	
9	16	

실행할 정서 3-15) 10진수를 16진수로 변환

```
# include "stdafx.h"
int main()
{
    printf("%x\n",10);
}
```

1) 위 정서에 보면 %x가 있다. %x는 몇 진수인가?

2) 위 정서를 실행하자. 뭐가 출력되나? 출력되는 것이 10이 아닌 이유는 무엇인가?

3) 위 정서에서 10을 다음 표의 중간 열의 수로 바꾸어 실행하고 출력되는 수를 오른쪽 열에 쓰시오.

순번	10진수	16진수
1	10	
2	11	
3	12	
4	13	
5	14	
6	15	
7	16	

실행할 정서 3-16) 8진수를 10진수로 변환

```
# include "stdafx.h"
int main()
{
      printf("%d\n",010);
}
```

1) 위 정서에 010이 있다. 010은 앞에 0이 있으므로 몇 진수인가?

2) 위 정서를 실행하자. 뭐가 출력되나?

3) 위 정서에서 010을 다음 표의 중간 열에 있는 값으로 바꾸어 실행하고 출력되는 수를 오른쪽 열에 쓰시오.

순번	8진수(앞에 0)	10진수
1	010	
2	011	
3	012	
4	013	
5	014	
6	015	
7	016	
8	017	
9	020	

실행할 정서 3-17) 8진수를 16진수로 변환

```
# include "stdafx.h"
int main()
{
      printf("%x\n",010);
}
```

1) 위 정서를 실행하자. 뭐가 출력되나? 출력되는 값이 010이 아닌 이유는 무엇인가?

2) 위 정서에서 010을 다음 표의 중간 열에 있는 값으로 바꾸어 실행하고 출력되는 수를 오른쪽 열에 쓰시오.

순번	8진수(앞에 0)	16진수
1	010	
2	011	
3	012	
4	013	
5	014	
6	015	
7	016	
8	017	
9	020	

실행할 정서 3-18) 16진수를 10진수로 변환

```
# include "stdafx.h"
int main()
{
      printf("%d\n",0xa);
}
```

1) 위 정서에 0xa가 있다. 0xa는 앞에 0x가 있으므로 몇 진수인가?

2) 위 정서를 실행하자. 뭐가 출력되나?

3) 위 정서에서 0xa를 다음 표의 왼쪽 열의 값으로 바꾸어 실행하고 출력되는 수를 오른쪽 열에 쓰시오.

순번	16진수(앞에 0x)	10진수
1	0xa	
2	0xb	
3	0xc	
4	0xd	
5	0xe	
6	0xf	
7	020	

실행할 정서 3-19) 16진수를 8진수로 변환

```
# include "stdafx.h"
int main()
{
    printf("%o\n",0xa);
}
```

1) 위 정서를 실행하자. 뭐가 출력되나?

2) 위 정서에서 0xa를 다음 표의 왼쪽 열에 있는 값으로 바꾸어 실행하고 출력되는 수를 오른쪽 열에 쓰시오.

순번	16진수(앞에 0x)	8진수
1	0xa	
2	0xb	
3	0xc	
4	0xd	
5	0xe	
6	0xf	
7	020	

3-5-4) 폭 지정

형식지정자를 %전체 폭d라 쓰면 된다. 이렇게 쓰면 그 수에 해당하는 칸의 오른쪽에 정수를 출력한다. 단, 정수의 길이보다 자연수가 작으면 정수의 길이로 출력된다.

실행할 정서 3-20)

```
# include "stdafx.h"
int main()
{
      printf("%2d\n",98);
      printf("1234567890\n");
}
```

1) 위 정서를 실행하자. 98이 어느 수 위에 출력되나?

2) %2d를 %1d로 바꾸어 실행하자. 98이 출력되는 위치가 바뀌나?

3) %2d를 다음으로 바꾸어 실행하자. 98이 출력되는 위치가 바뀌나?

   3－1) %3d

   3－2) %4d

3-6) 실수 상수 (floating point constant)

3-6-1) 실수의 정의

소수점이 있는 수를 실수라 한다. 소수점이 없는 수를 정수라 한다.

3-6-2) 2가지 표현법

모든 실수는 다음과 같이 2가지 표현법 – 소수점 표현과 지수형 표현–으로 출력과 입력이 모두 가능하다.

3-6-2-1) 소수점 표현

소수점을 써서 실수를 표현하는 방법이다. C 언어에서 특별히 지정하지 않으면 소수점 이하 6자리가 출력된다.

이 2가지 표현의 상호 변환 – 소수점에서 지수형으로, 지수형에서 소수점으로 –을 알아야 한다. 예제 문제가 있으니 풀어보기 바란다.

3-6-2-2) 지수형 표현

a×10^b로 표현하는 방법이다.

1<=a<10인 실수이고 소수점 이하 6자리
b는 정수이고 부호 제외하고 3자리

예제 3-1 다음 소수점 표현을 지수형 표현으로 바꾸시오.

1) 1.

2) 23.

3) 450.

4) 0.67

5) 0.089

예제 3-2 다음 지수형 표현을 소수점 표현으로 바꾸시오.

1) 1.e0

2) 2.3e1

3) 4.5e2

4) 6.7e－1

5) 8.9e－2

3-6-3) 형식 지정자

본 절에서는 다음 2가지를 공부한다.

%f : 소수점 표현

%e : 지수형 표현

실행할 정서 3-21) 정수를 실수 형식지정자 %f로 출력하려고 한 경우

```
# include "stdafx.h"
int main()
{
    printf("%f\n",1);
}
```

1) 위 정서를 실행하자. 무엇이 출력되나?

2) 출력되는 수는 소수점 표현과 지수형 표현 중 무엇인가?

3) 출력되는 수는 소수점 이하 몇 자리인가?

4) 1은 C 언어에서 정수와 실수 중 무엇으로 인식되나?

5) 왜 1이 출력되지 않나?

6) 한 문자만 추가하면 1.000000이 출력된다. 어디에 무엇을 추가해야 하나?

실행할 정서 3-22) 정수를 실수 형식지정자 %e로 출력하려고 한 경우

```
# include "stdafx.h"
int main()
{
    printf("%e\n",1);
}
```

1) 위 정서를 실행하자. 무엇이 출력되나?

2) 출력되는 수는 소수점 표현과 지수형 표현 중 무엇인가?

3) e 앞에 출력되는 수는 소수점 이하 몇 자리인가?

4) e 뒤에 출력되는 수는 부호 이하 몇 자리인가?

5) 1은 C 언어에서 정수와 실수 중 무엇으로 인식되나?

6) 왜 1이 출력되지 않나?

7) 한 문자만 추가하면 1.000000e+000이 출력된다. 어디에 무엇을 추가해야 하나?

실행할 정서 3-23) 소수점 표현을 지수형 표현으로 변환

```
# include "stdafx.h"
int main()
{
    printf("%e\n",1.);
}
```

1) 무엇이 출력되나?

2) 1.을 다음으로 바꾸어 실행하자. 무엇이 출력되나?

2−1) 23

2−2) 450

2−3) 0.67

2−4) 0.089

실행할 정서 3-24) 지수형 표현을 소수점 표현으로 변환

```
# include "stdafx.h"
int main()
{
    printf("%f\n",1.e0);
}
```

1) 무엇이 출력되나?

2) 1.e0을 다음으로 바꾸어 실행하자. 무엇이 출력되나?

2−1) 2.3e1

2−2) 4.5e2

2−3) 6.7e−1

2−4) 8.9e−2

3-6-4) 폭 지정 1 - %f 전체 폭

형식지정자 %f인 경우 2가지 폭 지정이 가능하다.

전체 폭은 형식 지정자를 %전체 폭f라 쓰면 된다.

3-6-4-1) 지정한 폭 <= 출력될 최소칸인 경우

지정한 폭이 무시되고 출력될 최소칸으로 출력된다.

3-6-4-2) 지정한 폭 > 출력된 최소칸인 경우

지정한 폭대로 출력된다.

실행할 정서 3-25) %f 전체 폭

```
# include "stdafx.h"
int main()
{
	printf("%8f\n",1.2);
	printf("1234567890\n");
}
```

1) 위 정서를 실행하자. 8.9는 어느 수 위에 출력되나?

2) 8.9가 출력될 최소칸은 얼마인가?

3) 위 정서에서 %8f를 다음과 같이 바꾸고 실행하자. 8.9는 어느 수 위에 출력되나?

3-1) %7f 3-2) %6f

이 경우 지정한 폭(부등호3)출력될 최소 칸 부등호3은 무엇인가?

4) 위 정서에서 %8f를 다음과 같이 바꾸고 실행하자. 8.9는 어느 수 위에 출력되나?

3－1) %9f　　　　　　　3－2) %10f

이 경우 지정한 폭(부등호4)출력될 최소 칸

부등호4는 무엇인가?

3-6-5) 폭 지정 2 - %f 소숫점 이하 폭

.과 f% 사이에 자연수를 쓰면 그 수만큼 소숫점 이하가 출력된다. 출력되지 않는 수는 반올림된다.

실행할 정서 3-26) %f 소숫점 이하 폭

```
# include "stdafx.h"
int main()
{
	printf("%.1f\n",0.79);
	printf("123456789\n");
}
```

1) 위 정서를 실행하자. 소숫점 이하 몇 자리가 출력되나?

2) %.1f를 다음과 같이 바꾸자. 이 경우 소수점 이하 몇 자리가 출력되나?

2－1) %.2f

2－2) %.3f

3-6-6) 폭 지정 3

－ %f 전체 폭과 소숫점 이하 폭 둘 다 지정

전체 폭과 소숫점 이하 폭을 전부 지정할 수 있다. %전체 폭.소숫점 이하 폭f라 쓰면 된다.

실행할 정서 3-27) %f 전체 폭과 소숫점 이하 폭 둘 다 지정

```
# include "stdafx.h"
int main()
{
    printf("%4.1f\n",2.3);
    printf("123456789\n");
}
```

1) 위 정서를 실행하자. 전체 폭은 얼마인가?

2) 위 정서를 실행하자. 소숫점 이하 몇 자리가 출력되나?

3) %4.1f를 다음과 같이 바꾸자. 이 경우 출력은 뭔가?

3－1) %5.1f　　3－2) %4.2f

3-7) 문자열 상수 (string constant)

3-7-1) 문자열의 정의

여러 개의 문자를 문자열이라 한다. 한 개의 문자일 수도 있지만 보통 두 개 이상의 문자다.

3-7-2) 표현

"와 "로 둘러싼다. 예를 들어 "bc"로 나타낸다.

3-7-3) 추가되는 문자

null 문자가 제일 뒤에 추가된다.

3-7-4) 형식지정자

%s

3-7-5) 문자와의 차이

문자와 문자열은 다음 표 3-5와 같은 차이가 있다.

	문자	문자열
문자의 개수	한 개	한 개일 수도 있으나 보통 여러 개
둘러싸는 것	'와 '	"와 "
추가되는 문자	없다	null 문자
크기	1byte	(문자수+1)byte
형식 지정자	%c	%s

표 3-5 문자와 문자열의 차이

실행할 정서 3-28)

```
# include "stdafx.h"
int main()
{
      printf("%s\n","a");
}
```

1) 위 정서를 실행하자. 출력되는 것은 무엇인가?

2) "a"를 다음으로 바꾸고 출력하자. 무엇이 출력되나?

2-1) "bc"　　　　2-2) "d e"

3-7-6) 폭 지정

%과 s 사이에 정수를 써서 출력되는 위치를 바꿀 수 있다.
이하 간단히 수라고 하기로 한다.

3-7-6-1) 수<=문자의 수인 경우

수에 관계없이 출력된다.

3-7-6-2) 수>문자의 수인 경우

수의 넓이의 폭의 오른쪽에 출력된다.

실행할 정서 3-29)

```
# include "stdafx.h"
int main()
{
      printf("%2s\n","bc");
      printf("1234567890\n");
}
```

1) 위 정서를 실행하자. bc가 출력된다. 어느 수 위에 출력되나?

2) %2s를 %1s로 바꾸고 실행하자. bc가 출력되는 위치가 1)과 같은가? 다른가?

3) %2s를 다음과 같이 바꾸자. bc는 어느 수 위에 출력되는가?
   3－1) %3s
   3－2) %4s

3-8) 크기 (size=byte)

영어 문제 3-1

다음 영어 단어들의 뜻을 쓰시오.

1) size
2) of

3-8-1) 크기의 정의 - 바이트 (byte)

C 언어에서 크기(size)는 보통 바이트(byte)를 의미하며, 1byte 단위로 정보를 처리하는 것이 보통이다.

1byte는 보통 8bit이다.

3-8-2) 1byte로 표현할 수 있는 가짓수

1bit는 2가지만을 표현할 수 있는데, 1byte는 8bit이므로 2^8=256가지이다.

3-8-3) 크기를 알 수 있는 연산자 sizeof

sizeof 연산자에 의해서 상수, 변수, 수식 등의 크기를 알 수 있다.

3-8-4) 2가지 sizeof 사용 방법

1) sizeof 상수, 변수, 수식
2) sizeof (상수, 변수, 수식)

3-8-4) 상수 종류에 따르는 크기

상수 종류에 따른 크기는 다음 표 3-6와 같다.

상수 종류	예	크기
문자	'a'	1
정수	5	4
실수	5.	8
문자열1 - 영어	"bc"	문자 수+1
문자열2 - 한글	"한"	문자 수*2+1

표 3-6 상수 종류에 따른 크기

다음 정서 3-30)와 3-31)으로 확인하자.

실행할 정서 3-30) sizeof 상수

```
# include "stdafx.h"
int main()
{
      printf("문자상수의크기는");
      printf("%dbyte\n",sizeof 'a' );
}
```

1) 위 정서를 실행하자. 문자는 몇 byte인가?

2) sizeof 뒤의 ()안을 다음과 같이 바꾸어 실행하자. 몇 byte인가?

2-1) 5

2-2) 5.

2-3) "bc"

2-4) "한"

2-5) "한글"

실행할 정서 3-31) sizeof (상수)

```
# include "stdafx.h"
int main()
{
      printf("문자상수의크기는");
      printf("%dbyte\n",sizeof('a'));
}
```

1) 위 정서를 실행하자. 문자는 몇 byte인가?

2) sizeof 뒤의 ()안을 다음과 같이 바꾸어 실행하자. 몇 byte인가?

   2－1) 5

   2－2) 5.

   2－3) "bc"

   2－4) "한"

   2－5) "한글"

3-8-5) 정수 상수의 경우

최댓값, 최솟값과 크기의 관계

최댓값, 최솟값을 알 때 크기=log2(최댓값－최솟값+1)/8로 알 수 있다.

참고) 정수 상수의 최댓값, 최솟값은 변수 int, unsinged, long, unsigned long과 같다.

3-8-5-1) %d 정수 상수의 경우

최솟값=－2147483648=－2^31

최댓값=2147483628=2^31－1이다.

3-8-5-2) %u 정수 상수의 경우

최솟값=0

최댓값=4294967295=2^32−1

3-z) 개념 문제 (concept problem)

1) 기초

1-1) 상수의 종류 4가지를 쓰시오.

(1)

(2)

(3)

(4)

2) 형식 지정자

2-1) printf 함수의 a와 b 사이의 c와 다음 한 문자를 형식 지정자라 한다.

a　　　　　　　　　　b　　　　　　　　　　c

2-2) 다음 형식 지정자를 쓰시오.

(1) 문자

(2) 10진수 정수

(3) 8진수 정수

(4) 16진수 정수

(5) 자연수

(6) 소수점 표현의 실수

(7) 지수형 표현의 실수

(8) 문자열

2-3) 상수를 내용에 따라 4가지로 나눌 수 있다. 무엇인가?

(1) (2)

(3) (4)

3) 출력 방법

3-1) 1개의 상수 출력시

```
printf("a",b);
a
b
```

3-2) 2개의 상수 출력시

```
printf("a1a2",b1,b2);
a1
a2
b1
b2
```

4) 문자 상수

4-1) 문자는 몇 개의 문자를 의미하나?

4-2) 문자 표현은 a와 b 사이에 원하는 문자를 쓴다.

a b

4-3) 문자를 숫자와 1대 1로 대응시키는 것을 무엇이라고 하나?

4-4) 다음 문자들의 미국표준부호를 10진수로 쓰시오.

(1) 0 (2) 9

(3) A (4) Z

(5) a (6) z

4-5) 문자의 폭은 원래 1칸인데 이 칸을 변경해서 오른쪽에 출력하려면 a와 b 사이에 c를 쓰면 된다.

a b c

5) 정수 상수

5-1) 뭐가 없는 수를 정수라고 하나?

5-2) 소수점이 없는 수를 뭐라고 하나?

5-3) 정수 입력시 앞에 0이 있고 다음에 x 없으면 몇진수인가?

5-4) 정수 입력시 8진수는 앞에 뭐가 있나?

5-5) 8진수는 0,1,2,3,4,5,6,7,8,9중 2개가 없다. 뭐인가?

5-6) 정수 입력시 앞에 0x가 있으면 몇진수인가?

5-7) 정수 입력시 16진수는 앞에 뭐가 있나?

5-8) 16진수에서 다음 수는 뭐라고 쓰나?

(1) 10 (2) 11 (3) 12

(4) 13 (5) 14 (6) 15

5-9) 10진수 정수 출력시 a와 b 사이에 c를 쓰면 오른쪽에 출력된다.

a b c

6) 실수 상수

6-1) 뭐가 있는 수를 실수라고 하나?

6-2) 소수점이 있는 수를 뭐라고 하나?

6-3) 실수를 소수점 표현으로 출력하면 소수점 이하 몇 자리가 출력되나?

6-4) 지수형 표현은 a*10^b

c<=a<d이고 소수점 이하 e자리

b는 f이고 부호 제외하고 g자리

c d e f g

6-5) %f로 실수 출력시 전체 폭은 a와 b 사이에 c 쓰면 된다.

a b c

6-6) %f로 실수 출력시 소수점 이하 자리수를 바꾸려면 a와 b 사이에 c 쓰면 된다.

a b c

7) 문자열 상수

7-1) 몇 개의 문자를 문자열이라 하나?

7-2) 문자열은 a와 b 사이에 원하는 문자열은 쓰면 된다.

a

b

7-3) 문자열은 제일 뒤에 뭐가 추가되나?

7-4) %s로 문자열 출력시 전체 폭은 a와 b 사이에 c를 쓰면 된다.

a

b

c

8) 크기

8-1) 1byte는 몇 bit인가?

8-2) 1byte는 몇 가지 수를 표현할 수 있나?

8-3) 크기 즉 byte 수는 무슨 연산자로 알 수 있나?

8-4) 다음 상수의 byte 수는 얼마인가?

(1) 문자 상수

(2) 정수 상수

(3) 실수 상수

(4) 문자수 n인 영어 문자열 상수

(5) 문자수 n인 한글 문자열 상수

8-5) %d 정수 상수

(1) 최댓값 (2) 최솟값

8-6) %u 정수 상수

(1) 최댓값 (2) 최솟값

8-7) 최댓값, 최솟값을 알 때 크기를 구하는 식을 쓰시오.

8-8) 7-7)에서 구한 식으로 %d 정수 상수의 크기를 구하시오.

8-9) 7-7)에서 구한 식으로 %u 정수 상수의 크기를 구하시오.

4

변수 (variable)

4-0) 학습 목표 (learning objective)

1) 변수의 정의를 안다.

2) 변수에서 2가지 – 변수형과 변수명 – 가 필요함을 안다.

3) 11가지 변수형을 외운다.

4) 사용 전 2가지 과정 – 선언과 초깃값 주기 – 가 필요함을 안다.

5) 관련 예약어 7개를 외운다.

6) 8가지 변수형의 크기, 최솟값, 최댓값, 유효 숫자를 외운다.

7) 선언의 2가지 형식을 안다.

8) 초깃값을 주는 3가지 방법을 안다.

9) 변수형의 크기와 변수명의 크기를 아는 방법을 안다.

10) 형 변환은 2가지 방법 – 할당, 묵시적과 강제, 명시적 – 이 있음을 안다.

4-1) 기초 (basics)

4-1-1) 변수의 정의

정서 실행 중 변할 수 있는 값이 저장된 기억 공간이다.

4-1-2) 변수의 특징

변수형과 변수명이 있어야 한다.
정서 실행 중 원하는 만큼 여러 번 바뀔 수 있다.

4-1-3) 변수형

다음 11가지가 있는데 다 외우기 바란다.

(1) char
(2) unsigned char
(3) short
(4) unsigned short
(5) int
(6) unsigned
(7) long
(8) unsigned long
(9) float
(10) double
(11) long double

4-1-3) 변수명

그 기억 공간의 이름

4-1-4) 사용전 과정 1 - 선언

사용 전 첫 번째 과정으로서 변수형과 변수명을 정하는 것

4-1-5) 사용전 과정 2 - 초깃값 주기

사용 전 두 번째 과정으로서 초깃값을 준다.

선언과 초깃값 주기를 한꺼번에 한 문장으로 할 수 있고, 두 문장으로 각각 할 수도 있다.

4-2) 관련 예약어 (related reserved words)

변수형은 예약어로 구성되어 있으므로 예약어를 공부한 후에 변수형을 알아 보자.

영어 문제 4-1

다음 단어들을 영어로 번역하시오.

1) 문자
2) 짧은
3) 정수
4) 긴
5) 부호 없는
6) 뜨는
7) 2배

영어 문제 4-2

다음 단어들을 한글로 번역하시오.

1) character
2) short
3) integer
4) long
5) unsigned
6) float
7) double

1)과 3) 이외의 단어들이 예약어이다.

1)과 3) 2개의 단어는 너무 길어서 줄여서 쓴다.

참고 1) character는 너무 길어서 char로 줄여 쓴다.

참고 2) integer은 너무 길어서 int로 줄여 쓴다.

본 장에서 쓰이는 예약어는 다음 표 4-1과 같다.

순번	예약어	뜻
1	char	문자
2	short	짧은 정수
3	int	정수
4	long	긴 정수
5	unsigned	부호 없는
6	float	짧은 실수
7	double	긴 실수

표 4-1 4장에서 쓰이는 예약어

참고 3) unsigned는 양수라는 뜻으로서, 1부터 5 즉 char, short, int, long 앞에는 쓰이나, 6과 7, 즉 float, double 앞에는 쓰이지 않는다.

4-3) 변수형의 종류 (kinds of variable types)

4-3-1) 변수형의 종류

변수 종류, 변수형, 형식지정자, 크기, 최솟값, 최댓값들은 다음 표 4-2와 같다.

순번	변수 종류	변수형	형식지정자	크기	최솟값	최댓값
1	문자	char	%d	1	-128 $=-2^{7}$	127 $=2^{7}-1$
2	〃	unsigned char	%d	1	0	255 $=2^{8}-1$
3	정수	short	%d	2	-32768 $=-2^{15}$	32767 $=2^{15}-1$
4	〃	unsigned short	%d	2	0	65535 $=2^{16}-1$
5	〃	int	%d	4	-2147483648 $=-2^{31}$ =-약 21.5억	2147483647 $=2^{31}-1$ =약 21.5억
6	〃	int	%u	4	0	4294967295 $=2^{32}-1$
7	실수	float	%f	4	유효 숫자	약 7~8자리
8	〃	double	%f	8	유효 숫자	약 15자리

표 4-2 변수형의 종류

실수 자료형은 최솟값, 최댓값보다는 유효 숫자가 중요해서 최솟값, 최댓값 열에 유효 숫자를 적었다.

4-3-2) 비슷한 자료형

다음은 비슷해서 적지 않은 자료형들이다. 번역기가 보이는 씨라서 비슷하고, 아닌 경우 비슷하지 않고 달라질 수 있다.

4-3-2-1) int

다음 3개의 자료형

(1) unsigned

(2) long

(3) unsigned long

은 int와 거의 비슷해서 적지 않았다.

참고) unsigned, short, long 3가지 단어 중 최소 1개 있으면 int는 생략 가능하다. 따라서 다음 자료형들은 같다.

1) short = short int

2) unsigned short = unsigned short int

4) unsigned = unsigned int

5) long = long int

6) unsigned long = unsigned long int

저자는 짧은 것을 좋아하므로 int가 생략한 왼쪽의 자료형을 사용하기로 한다.

4-3-2-2) double

long double은 double과 거의 비슷해서 적지 않았다.

4-3-3) 형식지정자

위 표에 있는 형식지정자 외에도 다른 형식지정자가 가능하며 다음과 같다.

4-3-3-1) 문자형 char, unsigned char

%c를 쓰면 문자 출력도 가능하다.

4-3-3-2) 정수형 short, unsigned short, int 등

%d를 가장 많이 쓰나 다음 3가지도 가능하다.

(1) %o 8진수

(2) %x 16진수

(3) %u 부호없는 수(양의 수)

4-3-3-3) 실수형

%e를 쓰면 지수형 표현 가능하다.

4-4) 사용 전 과정 1 - 선언 (procedure one before usage - declaration)

4-4-1) 사용 전 필요한 2가지

사용하기 전 과정 필요없는 상수와 달리 변수를 사용하기 전에 다음 2가지 과정이 필요하다.

(1) 선언

(2) 초깃값 주기

4-4-2) 선언의 정의

본 절에서는 선언에 대해서 설명한다. 선언은 변수형과 변수명을 정하는 것을 의미한다.

4-4-3) 선언의 형식

선언은 다음과 같이 2가지 형식 중 하나로 이루어진다.

4-4-3-1) 변수형 변수명

선언만 하고 초깃값 주지 않는 경우이다.

예를 들어 int s;이면 변수형은 char이고 변수명은 s이다. 초깃값은 주지 않았다.

4-4-3-1) 변수형 변수명=초깃값

선언와 동시에 초깃값 주는 경우이다. 초기화라고도 한다.

예를 들어 int s=3;이면 변수형은 char이고 변수명은 s이다. 초깃값은 3으로 주었다.

4-4-4) 선언만 하고 초깃값 안 준 경우

변수 선언만 하고 초깃값을 주지 않으면 벌레잡기 오류(debug error)가 발생하므로, 초깃값을 주는 것이 좋다.

실행할 정서 4-1) 선언만 하고 초깃값 안 준 경우

```
# include "stdafx.h"
int main()
{
      char s;
      printf("s=%d\n",s);
}
```

1) 위 정서에는 변수를 선언하는 문장 1개가 있다. 무엇인가?

2) 변수형은 무엇인가?

3) 변수명은 무엇인가?

4) 벌레잡기 오류(debug error)가 발생한다. 이유는 무엇인가?

실행할 정서 4-2) 선언과 동시에 초깃값 준 경우

```
# include "stdafx.h"
int main()
{
      int s=3;
      printf("s=%d\n",s);
}
```

1) 위 정서에는 변수를 선언하는 문장 1개가 있다. 무엇인가?

2) 변수형은 무엇인가?

3) 변수명은 무엇인가?

4) 위 정서를 '실행할 정서 4-1'와 비교하면 추가된 부분이 있다. 이를 쓰시오.

5) 벌레잡기 오류(debug error)가 발생하지 않는다. 이유는 무엇인가?

4-5) 사용전 과정 2 - 초깃값 주기 (procedure two before usage - giving an initial value)

4-5-1) 초깃값 주기의 필요성

변수를 선언한 후에 값을 줘야 한다. 만일 값을 주지 않음 벌레 잡기 오류(debug error)가 발생한다.

4-5-2) 초깃값 주는 방법

초깃값을 주는 방법은 초기화, 할당, 입력의 3가지가 있다. 초기화와 할당은 다음 절 '4-6) 문자 변수'에서 실행할 정서로 알아볼 예정이다. 입력은 '제5장. 입력'에 나와 있다.

4-5-2-1) 초기화 (initialization)

한 문장으로 선언과 동시에 값을 주는 것을 초기화라 한다. 형식은 다음과 같다.

```
변수형 변수명=초깃값;
```

4-5-2-2) 할당 (assignment)

선언한 후에 값을 주는 문장으로 초깃값을 주는 것을 의미한다. 형식은 다음과 같다.

```
변수명=초깃값;
```

4-5-2-3) 입력 (input)

자판으로 값을 입력하는 것을 의미한다.

형식은 다음과 같다.

```
scanf("형식지정자",&변수명);
```

4-6) 문자 변수 (character variable)

4-6-1) 문자 변수의 종류, 크기, 최솟값, 최댓값

문자 변수는 다음과 같이 2가지 변수형이 있으며, 크기, 최솟값, 최댓값은 다음 표 4-3과 같다.

	종류	크기	최솟값	최댓값
1	char	1	$-2^7=-128$	$2^7-1=127$
2	unsigned char	1	0	$2^8-1=255$

표 4-3 문자 변수의 종류, 크기, 최솟값, 최댓값

4-6-2) 형식 지정자

다음과 같이 2가지가 쓰인다.

%c: 문자

%d: 숫자

4-6-3) 초깃값 주기

초깃값 주는 방법은 다음 3가지가 있다.

(1) 초기화

(2) 할당

(3) 입력

입력은 5장에서 공부하고, 본 장에서는 초기화와 할당에 대해서 알아보자.

실행할 정서 4-3) 초기화

```
# include "stdafx.h"
int main()
{
      char s=97;
      printf("%c\n",s);
}
```

1) 위 정서에서 초기화하는 문장은 무엇인가?

2) 위 정서를 실행하자. 출력되는 값은 무엇인가?

실행할 정서 4-4) 할당

```
# include "stdafx.h"
int main()
{
      char s;
      s=98;
      printf("s=%c\n",s);
}
```

1) 위 정서를 실행하자. 할당하는 문장은 무엇인가?

2) 위 정서를 실행하자. 출력되는 값은 무엇인가?

표 4-3에 있는 값들을 다음 정서들(3-4~3-7)에서 확인하자.

다음 정서들에서 s--;는 s에서 1을 빼는 연산이고, s++;는 s에서 1을 더하는 연산이다.

실행할 정서 4-5) char의 최솟값

```
# include "stdafx.h"
int main()
{
      char s=-128;
      printf(-128=%d\n",s);
      s--;
      printf(-129=%d\n,s);
}
```

1) 위 정서를 실행하자.

   s가 다음 값일 때 출력값도 같은가?

   1−1) s = −128

   1−2) s = −129

2) 위 정서의 출력값으로 보아 char의 최솟값은 얼마인가?

실행할 정서 4-6) char의 최댓값

```
# include "stdafx.h"
int main()
{
      char s=127;
      printf("127=%d\n",s);
      s++;
      printf("128=%d\n",s);
}
```

1) 위 정서를 실행하자.

   s가 다음 값일 때 출력값도 같은가?

   1−1) 127

1－2) 128

2) 위 정서의 출력값으로 보아 char의 최댓값은 얼마인가?

실행할 정서 4-7) unsigned char의 최솟값

```
# include "stdafx.h"
int main()
{
      unsigned char s=0;
      printf("0=%d\n",s);
      s--;
      printf("-1=%d\n",s);
}
```

1) 위 정서를 실행하자.

s가 다음 값일 때 출력값도 같은가?

1－1) s＝0

1－2) s＝－1

2) 위 정서의 출력값으로 보아 unsigned char의 최솟값은 얼마인가?

실행할 정서 4-8) unsigned char의 최댓값

```
# include "stdafx.h"
int main()
{
      unsigned char s=255;
      printf("255=%d\n",s);
      s++;
      printf("256=%d\n",s);
}
```

1) 위 정서를 실행하자.

s가 다음 값일 때 출력값도 같은가?

1－1) s＝255

1－2) s＝256

2) 위 정서의 출력값으로 보아 unsigned char의 최댓값은 얼마인가?

4-7) 정수 변수 (integer variable)

4-7-1) 정수 변수의 종류, 크기, 최솟값, 최댓값

unsigned, long, unsigned long 3가지는 int와 같으므로 정수 변수는 다음과 같이 4가지가 있다. int는 %d와 %u일 때의 최솟값, 최댓값이 다르므로 2가지로 보았다.

순번	변수형	크기	형식 지정자	최솟값	최댓값
1	short	2	%d	-2^{15} =-32768	$2^{15}-1$ =32767
2	unsigned short	2	%d	0	$2^{16}-1$ =65535
3	int	4	%d	-2^{31} =-약 21.5억	$2^{31}-1$ =약 21.5억
4	int	4	%u	0	$2^{32}-1$ =약 43억

표 4-4 정수 변수의 종류, 크기, 최솟값, 최댓값

칸이 좁아서 못 적었는데

1) int %d의 최솟값은 −2147483648

2) int %d의 최댓값은 2147483647

3) int %u의 최댓값은 4294967295

4-7-2) 형식지정자의 종류

다음과 같이 4가지가 있다.

%d : 10진수

%o : 8진수

%x : 16진수

%u : 양의 정수=자연수

위 형식지정자 중 %o와 %x는 많이 안 쓰므로 2장의 내용으로 끝내기로 하고, 본 절에서는 %d와 %u에 대해서만 공부하기로 한다.

unsigned, long, unsinged long 3가지 변수는 int와 최솟값과 최댓값이 같으므로 쓰지 않았다. int의 경우 – unsigned, long, unsigned long도 같다 – %d와 %u에 따라 최솟값과 최댓값이 달라진다는 사실에 유의하자.

실행할 정서 4-9) short의 최솟값

```
# include "stdafx.h"
int main()
{
      short u=-32768;
      printf("-32768=%d\n",u);
      u--;
      printf("-32769=%d\n",u);
}
```

1) 위 정서를 실행하자.

   1–1) u=–32768인 경우 뭐가 출력되나?

   1–2) u=– –32769인 경우 뭐가 출력되나?

2)

   1)의 출력값을 보면 short의 최솟값은 얼마인가?

실행할 정서 4-10) short의 최댓값

```
# include "stdafx.h"
int main()
{
	short u=32767;
	printf("32767=%d\n",u);
	u++;
	printf("32768=%d\n",u);
}
```

1) 위 정서를 실행하자.

  1-1) u=32767인 경우 뭐가 출력되나?

  1-2) u=32768인 경우 뭐가 출력되나?

2)

  1)의 출력값을 보면 short의 최댓값은 얼마인가?

실행할 정서 4-11) unsigned short의 최솟값

```
# include "stdafx.h"
int main()
{
	unsigned short v=0;
	printf("0=%d\n",v);
	v--;
	printf("-1=%d\n",v);
}
```

1) 위 정서를 실행하자.

  1-1) v=0인 경우 뭐가 출력되나?

  1-2) v=−1인 경우 뭐가 출력되나?

2)

1)의 출력값을 보면 unsigned short의 최솟값은 얼마인가?

실행할 정서 4-12) unsigned short의 최댓값

```
# include "stdafx.h"
int main()
{
	unsigned short v=65535;
	printf("65535=%d\n",v);
	v++;
	printf("65536=%d\n",v);
}
```

1) 위 정서를 실행하자.

1－1) v＝65535일 때 뭐가 출력되나?

1－2) v＝65536일 때 뭐가 출력되나?

2)

1)의 출력값을 보면 unsigned short의 최댓값은 얼마인가?

실행할 정서 4-13) int %d의 최솟값

```
# include "stdafx.h"
int main()
{
	int w=-2147483648;
	printf("-2147483648=\n");
	printf("%d\n\n",w);
	w--;
	printf("2147483649=\n");
```

```
    printf("%d\n",w);
}
```

1) 위 정서를 실행하자.

1-1) w=-2147483648일 때 뭐가 출력되는가?

1-2) w=-2147483649일 때 뭐가 출력되는가?

2) 1)의 출력값을 보면 int %d일 때 최솟값은 얼마인가?

실행할 정서 4-14) int %d의 최댓값

```
# include "stdafx.h"
int main()
{
    int w=2147483647;
    printf("2147483647=");
    printf("%d\n\n",w);
    w++;
    printf("2147483648=");
    printf("%d\n",w);
}
```

1) 위 정서를 실행하자.

1-1) w=2147483647일 때 뭐가 출력되는가?

1-2) w=2147483648일 때 뭐가 출력되는가?

2) 1)의 출력값을 보면 int %d의 최댓값은 얼마인가?

실행할 정서 4-15) int %u의 최솟값

```
# include "stdafx.h"
int main()
{
    int w=0;
    printf("0=\n");
    printf("%u\n\n",w);
    w--;
    printf("-1=\n");
    printf("%u\n\n",w);
}
```

1) 위 정서를 실행하자.

1-1) w=0일 때 뭐가 출력되나?

1-2) w=-1일 때 뭐가 출력되나?

2) 1)의 출력값을 보면 int %u의 최솟값은 얼마인가?

실행할 정서 4-16) int %u의 최댓값

```
# include "stdafx.h"
int main()
{
    int w=4294967295;
    printf("4294967295=\n");
    printf("%u\n\n",w);
    w++;
    printf("4294967296=\n");
    printf("%u\n",w);
}
```

1) 위 정서를 실행하자.

   1-1) w=4294967295일 때 뭐가 출력되나?

   1-2) w=4294967296일 때 뭐가 출력되나?

2) 1)의 출력값을 보면 int %u의 최댓값은 얼마인가?

4-8) 실수 변수 (floating point number variable)

4-8-1) 실수 변수의 종류, 크기, 유효 숫자

실수 변수는 다음 2가지 종류가 있고 크기, 유효 숫자는 다음 표 4-5와 같다.

실수 변수의 경우 최솟값, 최댓값보다는 유효 숫자가 중요하다. 유효 숫자는 왼쪽에서부터 정확한 값의 수를 말한다. 유효 숫자는 숫자에 정확하지 않고 숫자에 따라 1자리 정도 차이가 날 수도 있다.

순번	변수형	크기	유효 숫자
1	float	4	8
2	double	8	16

표 4-5 실수 변수의 종류, 크기, 유효 숫자

long double의 크기가 double와 같으며, double보다 long double이 길어서 long double를 쓸 필요가 전혀 없다.

따라서, 본 절에서는 float와 double 2가지 변수에 대해서만 알아보기로 한다.

4-8-2) 형식 지정자

다음 2가지가 주로 쓰인다.

%e : 지수형 표현

%f : 소수점 표현

본 절에서는 제일 많이 사용되는 %f만을 사용하기로 한다.

%e는 "2-5) 실수 상수"에 나와 있으므로 참조하면 된다.

실행할 정서 4-17) float의 유효 숫자

```
# include "stdafx.h"
int main()
{
      float u=0.00089;
      printf("%f\n",u);
}
```

1) 위 정서를 실행하자. 0.00089가 출력되나?

2) 위 정서에서 0.00089를 다음 값으로 바꾸자. 출력되는 값은 정서에서 보이는 값과 같은가?

   2－1) 0.00789

   2－2) 0.06789

   2－3) 0.56789

   2－4) 4.56789

   2－5) 34.56789

   2－6) 234.56789

   2－7) 1234.56789

3) 2)의 출력 결과로 보면 float의 유효 숫자는 몇 자리인가?

실행할 정서 4-18) double의 유효 숫자

```
# include "stdafx.h"
int main()
{
      double g=234.56789;
      printf("%17f\n",g);
}
```

1) 위 정서를 실행하자. 234.56789가 출력되나?

2) 234.56789를 다음 값으로 바꾸고 출력되나? 출력되는 값은 정서에서 보이는 값과 같은가?

2－1) 91234.56789

2－2) 901234.56789

2－3) 8901234.56789

2－4) 78901234.56789

2－5) 678901234.56789

2－6) 5678901234.56789

2－7) 45678901234.56789

2－8) 345678901234.56789

3) 2)의 출력 결과로 보면 double의 유효 숫자는 몇 자리인가?

4-9) 문자열 변수 (string variable)

4-9-1) 문자열 변수의 종류

문자열은 보통 문자 배열 또는 지시자를 이용한다.

4-9-1-1) 문자 배열

변수명 뒤에 구두점 [ ]이 있으면 보통 배열이다. 문자 배열을 선언하고 초기화하기 위해서는 char 문자배열명[ ]="문자열";과 같이 하면 된다. 할당과 입력에 대해서는 '9장. 배열'에서 공부할 예정이다.

4-9-2) 지시자 (pointer, 포인터, 주소 변수)

선언시 변수명 앞에 *가 있으면 지시자 변수다. 지시자 변수를 선언하고 초기화하기 위해서는 char *지시자변수명="문자열";과 같이 하면 된다. 할당과 입력에 대해서는 '10장. 지시자'에서 공부할 예정이다.

4-9-2) 형식 지정자

%s

실행할 정서 4-19) 문자 배열

```
# include "stdafx.h"
int main()
{
```

```
    char t[]="abc";
    printf("%s\n",t);
}
```

1) 위 정서에 문자열이 하나 있다. 무엇인가?

2) 위 정서에 []가 있다. 이는 변수 t가 무슨 변수임을 알 수 있나?

3) 위 정서에서 문자열 변수를 저장하기 위해 무슨 변수를 이용했나?

실행할 정서 4-20) 지시자

```
# include "stdafx.h"
int main()
{
    char *t="abc";
    printf("%s\n",t);
}
```

1) 위 정서에 문자열이 하나 있다. 무엇인가?

2) 위 정서에 char 뒤에 *가 있다. 이는 변수 t가 무슨 변수임을 알 수 있나?

3) 위 정서에서 문자열 변수를 저장하기 위해서 무슨 변수를 이용했나?

4-9-3) 배열과 지시자의 차이

4-9-3-1) 선언

실행할 정서 4-19)와 실행할 정서 4-20)을 보면

- 실행할 정서 4－19) 문자 배열　char t[]="abc";
- 실행할 정서 4－20) 지시자　　char *t="abc";

이다.

- 문자 배열은 변수명 뒤에 [ ]
- 지시자는 변수명 앞에 *

라는 차이가 있다.

4-9-3-2) 출력

출력할 때는 문자 배열과 지시자가 같다.

```
printf("%s",변수명);
```

과 같이 하면 된다.

4-10) 상수화된 변수 (const variable)

영어 문제 4-3

constant를 한글로 번역하면 뭐인가?

영어 문제 4-4

상수를 영어로 번역하면 뭐인가?

예약어 const

constant가 너무 길어서 const로 줄여서 예약어로 쓴다.

변수형 왼쪽에 const를 쓰면 상수화된 변수가 되어 값을 바꿀 수 없다.

const가 있을 때와 없을 때의 차이를 알아 보자.

실행할 정서 4-21)

```
# include "stdafx.h"
int main()
{
      int s=2
      printf("s=%d\n",s);
      s++;
      printf("s=%d\n",s);
}
```

1) 위 정서를 실행하자. 출력은 뭔가?

2) 변수 s의 값은 바뀌었다. 얼마에서 얼마로 바뀌었는가?

실행할 정서 4-22)

```
# include "stdafx.h"
int main()
{
      int char s=2
      printf("s=%d\n",s);
      s++;
      printf("s=%d\n",s);
}
```

1) 위 정서를 실행하자. 건설 실패다. 이유는 뭔가?

2) s 아래에 물결 모양의 밑줄이 생기다. 이유는 뭔가?

3) s++;를 삭제하고 실행하자.
건설 성공이다. 건설 실패에서 건설 성공으로 바뀐 이유는 뭔가?

4-11) 크기 (size=byte)

4-11-1) 변수형의 크기

'sizeof(변수형)'으로 쓰면 된다.

실행할 정서 4-23)

```
# include "stdafx.h"
int main()
{
    printf("크기는 %d",sizeof(char));
    printf("byte이다\n");
}
```

1) 다음 변수형의 크기(byte)는 얼마인가? char 대신 변수형으로 바꾸면 된다.

1－ 1) char	1－ 2) unsigned char
1－ 3) short	1－ 4) unsigned short
1－ 5) int	1－ 6) unsigned
1－ 7) long	1－ 8) unsigned long
1－ 9) float	
1－10) double	1－11) long double

2) sizeof(char)를 sizeof char로 바꾸어 실행하자. 잘 출력되나?

4-11-2) 변수명의 크기

sizeof 변수명 또는 sizeof(변수명)으로 쓰면 된다.

실행할 정서 4-24) 문자, 정수, 실수

```
# include "stdafx.h"
int main()
{
      char u=97;
      printf("변수 s의 크기는 %d",sizeof(u));
      printf("byte이다\n",);
}
```

1) 위 정서를 실행하자. u의 크기는 얼마인가?

2) 위 정서에서 char을 다음으로 바꾸고 실행하자. u의 크기는 얼마인가?

   2-1) unsigned char

   2-2) short　　　　2-3) unsigned short

   2-4) int　　　　2-5) unsigned

   2-6) long　　　　2-7) unsigned long

   2-8) float

   2-9) double　　　　2-10) long double

3) sizeof(u)를 sizeof u로 바꾸어 실행하자. 잘 출력되나?

실행할 정서 4-25) 문자열

```
# include "stdafx.h"
int main()
{
      char t[]="abc";
      printf("문자열 변수 t의 크기는")
      printf("%d byte",sizeof(t));
}
```

1) 위 정서를 실행하자. t의 크기는 얼마인가?

2) t[]를 *t로 바꾸어 다시 실행하자. t의 크기는 얼마인가?

3) 1)과 2)의 값이 같은가? 다른가?

4) sizeof(t)를 sizeof t로 바꾸어 실행하자. 잘 출력되나?

4-11-3) 문자 변수와 정수 변수의 경우

최솟값, 최댓값과 크기의 관계
정수 상수와 마찬가지로 최댓값, 최솟값을 알 때

$$\text{크기} = \frac{1}{8}\log 2(\text{최댓값} - \text{최솟값} + 1)$$

로 알 수 있다.

4-12) 형 변환 1 - 할당, 묵시적 (conversion one - assignment, implicit)

실수를 정수 변수에 할당하면 소숫점 이하는 무시되어 정수만 할당된다.

실행할 정서 4-26)

```
# include "stdafx.h"
int main()
{
      char s=1.2;
      printf("s=%d\n",s);
}
```

1) 위 정서를 실행하자. 출력되는 s의 값은 얼마인가?

2) 뒤 정서를 실행하면 'warning'이 보인다. 'warning' 오른쪽에 보이는 글을 쓰시오.

3) char s=1.2;를 다음 값으로 바꾸고 출력하자. 출력되는 값은 얼마인가?

   3-1) char s=2.9;

   3-2) char s=-3.4;

   3-3) char s=-4.8;

4-13) 형 변환 2 - 강제, 명시적 (type conversion two - forced, explicit)

변수 앞에 (자료형)을 써서 강제로 변수형을 바꾸는 방법이다.

가장 필요한 경우는 나눗셈, 즉 / 연산자를 이용할 경우이다.

4-13-1) 나눗셈 연산 / 결과

정수/정수=정수이다. 둘 중 하나라도 실수이면 즉 다음과 같은 경우에는 실수다.

- 실수/정수=실수
- 정수/실수=실수
- 실수/실수=실수

4-13-2) 정수 → 실수 방법 1 - 소숫점 추가 (conversion one - addition of decimal point)

정수에 소숫점을 추가하면 실수가 된다. 다음 정서를 실행하자.

실행할 정서 4-27)

```
# include "stdafx.h"
int main()
{
	printf("7/2=%d\n",7/2);
}
```

1) 위 정서를 실행하자. 7/2는 얼마로 출력되나?

2) 7/2를 다음과 같이 바꾸고 %d를 %f로 바꾸어 실행하자. 출력되는 값은 얼마인가?

2-1) 7./2

2-2) 7/2.

2-3) 7./2.

3) 1)과 2)의 출력되는 값이 다르다. 다른 이유는 무엇인가?

4-13-3) 정수 → 실수 방법 2 - 강제, 명시적 (type conversion two - forced, explicit)

정수 앞에 (실수 자료형)을 추가함 정수가 실수로 바뀐다.

실행할 정서 4-28)

```
# include "stdafx.h"
int main()
{
      char s=7, t=2;
      printf("s/t=%d\n",s/t);
}
```

1) 위 정서를 실행하자. 출력되는 값은 얼마인가?

2) %d를 %f로 바꾸고 s/t를 다음과 같이 바꾸고 실행하자. 출력되는 값은 얼마인가?

2-1) (float) s/ t

2-2) s/(float) t

2-3) (float) s/(float) t

3) 1)과 2)의 출력되는 값이 다르다. 다른 이유는 무엇인가?

4-y) 절의 변화 (change of paragraph)

본 장은 [1]의 '제3장 변수'와 거의 비슷한데, 약간 추가했다.

중요한 추가한 부분은 다음과 같다.

4-0) 학습 목표 (learning objective)

전체

4-4) 사용 전 과정 1 - 선언 (procedure one before usage - declaration)

2가지 경우 - '=초깃값'이 없는 경우와 있는 경우 - 로 나누어 자세히 설명

4-10) 상수화된 변수 (const variable)

전체

4-11) 크기 (size=byte)에서

sizeof 오른쪽에 () 없을 때 추가

4-z) 개념 문제 (concept problem)

1) 기초

1-1) 변수의 정의를 쓰시오.

1-2) 변수는 2가지가 있어야 한다.

1) 2)

1-3) 변수는 정서 실행 중 몇 번 바뀔 수 있나?

1-4) 변수형은 11가지가 있다. 다 쓰시오.

(1) (2)

(3) (4)

(5) (6)

(7) (8)

(9)

(10) (11)

1-5) 변수가 저장된 기억 공간의 이름을 뭐라고 하나?

1-6) 선언은 a와 b를 정하는 것이다.

a b

2) 예약어

2-1) 중간 열에 예약어를 쓰시오.

순번	예약어	뜻
1		문자
2		짧은 정수
3		정수
4		긴 정수 긴 실수
5		부호 없는
6		짧은 실수
7		긴 실수

2-2) 위 예약어 중 너무 길어서 짧게 줄이는 단어가 2개 있다. 무엇과 무엇인가?

2-3) 1-2)에서 원래 단어는 무엇인가?

2-4) 5는 다른 예약어 앞에 쓰일 수도 있고 쓰이지 않을 수도 있다.

(1) 쓰일 수 있는 예약어

(2) 쓰일 수 없는 예약어

3) 변수형의 종류

3-1) 다음 표와 빈 칸을 채우시오.

순번	변수 종류	변수형	형식지정자	크기	최솟값	최댓값
1	문자	char				
2	"	unsigned char				
3	정수	short				
4	"	unsigned short				
5	"	int	%d			
6	"	int	%u			

3-2) 다음 변수형의 유효 숫자를 쓰시오.

(1) float (2) double

3-3) int와 최솟값, 최댓값이 비슷한 자료형이 3개 있다. 쓰시오.

(1) (2) (3)

3-4) 3가지 단어 중 최소 1개 있으면 int 생략 가능하다. 무슨 단어인가?

(1) (2) (3)

4) 사용 전 과정 1 - 선언

4-1) 변수를 사용하기 전에 2가지 과정이 필요하다. 무엇인가?

(1)

(2)

4-2) 선언은 a와 b를 정하는 것을 의미한다.

a

b

4-3) 선언의 형식을 쓰시오.

4-4) 변수형 char 변수명 s로 선언하는 문장을 쓰시오

4-5) 선언만 하고 초깃값 주지 않은 경우 뭐가 발생하나?

5) 사용 전 과정 2 - 초깃값 주기

5-1) 초깃값 주는 방법 3가지를 쓰시오.

1)

2)

3)

5-2) 한 문장으로 선언과 동시에 초깃값을 주는 것은 무엇인가?

5-3) 변수형 char, 변수명 s를 초깃값 97로 초기화하는 문장을 쓰시오.

5-4) 선언한 후에 연산자 =를 사용해서 초깃값을 주는 것은 무엇인가?

5-5) 변수명 t를 초깃값 98로 할당하는 식을 쓰시오.

6) 문자 변수

6-1) 문자 변수 2가지를 쓰시오.

1)

2)

6-2) 문자 변수를 문자로 출력할 때의 형식 지정자는 뭐인가?

6-3) 문자 변수를 숫자로 출력할 때의 형식지정자는 뭐인가?

6-4) 다음 표의 빈 칸을 채우시오.

순번	변수형	최솟값	최댓값
1	char		
2	unsigned char		

7) 정수 변수

7-1) 정수 변수 6가지를 쓰시오.

1) 2)

3) 4)

5) 6)

7-2) int와 최솟값 최댓값이 같은 정수 변수 3가지를 쓰시오.

1) 2) 3)

7-3) 다음 표의 빈 칸을 채우시오.

순번	변수	형식 지정자	최솟값	최댓값
1	short	%d		
2	unsigned short	%d		
3	int	%d		
4	int	%u		

8) 실수 변수

8-1) 실수 변수 3가지를 쓰시오.

1)

2)

3)

8-2) 보이는 씨에서 double과 크기가 같으므로 쓸 필요가 없는 실수 변수는 무엇인가?

8-3) 다음 실수 변수의 유효 숫자는 몇 자리인가?

1) float

2) double

9) 문자열 변수

9-1) 문자열 변수를 보통 2가지를 사용한다. 뭐인가?

1)

2)

9-2) 문자 배열을 이용한 경우 변수명 뒤에 뭐가 있나?

9-3) 변수명 뒤에 [ ] 있으면 보통 뭐인가?

9-4) 문자배열명 d를 "ef"로 초기화하는 문장을 쓰시오.

9-5) 지시자(pointer)를 이용한 경우 변수명 앞에 뭐가 있나?

9-6) 변수명 앞에 *가 있으면 무슨 변수인가?

9-7) 지시자 변수명 g를 "hi"로 초기화하는 문장을 쓰시오.

10) 상수화된 변수

10-1) 변수형 왼쪽에 뭐를 쓰면 변수의 값을 바꿀 수 없나?

11) 크기

11-1) 변수형의 크기를 알고 싶을 때 뭐를 쓰나?

11-2) 다음 변수형들의 크기는 얼마인가?

(1) char
(2) unsigned char
(3) short
(4) unsigned short
(5) int
(6) unsigned
(7) long
(8) unsigned long
(9) float
(10) double
(11) long double

11-3) 변수명의 크기를 알고 싶을 때 뭐를 쓰나?

11-4) 문자 변수와 정수 변수의 경우 최솟값, 최댓값을 알 때 크기를 구하는 식을 쓰시오.

11-5) 최솟값, 최댓값을 알 때 크기를 알 수 있는 변수는 2가지이다. 뭐인가?

1)
2)

11-6) 다음 표의 빈 칸을 채우시오.

순번	변수 종류	변수형	형식지정자	크기	최솟값	최댓값
1	문자	char	%d			
2	"	unsigned char	%d			
3	정수	short	%d			
4	"	unsigned short	%d			
5	"	int	%d			
6	"	int	%u			

11-7) 최솟값과 최댓값을 알 때 크기를 구하는 공식 $\frac{1}{8}\log_2$(최댓값-최솟값+1)에 의해서 다음 변수형들의 크기를 구하시오.

(1) %d char

(2) %d unsigned char

(3) %d short

(4) %d unsigned short

(5) %d int

(6) %u int

12) 형 변환 1 - 할당시

12-1) char s=1.3;으로 초기화한 변수를 %d로 출력되는 값은 무엇인가?

13) 형 변환 2 - 강제

13-1) 다음 나눗셈의 결과는 정수와 실수 중 뭐인가?

1) 정수/정수

2) 정수/실수

3) 실수/정수

4) 실수/실수

13-2) 정수에 뭐를 추가하면 실수가 되나?

13-3) 변수명 s의 변수형이 char일 때 변수형을 float로 바꾸려면 변수명 앞에 뭐 쓰면 되나?

5

입력 (scan)

5-0) 학습 목표 (learning objective)

1) 표준 입력이 뭐인지 안다.

2) 본 장에서 공부하는 입력 함수 3개를 안다.

3) 주소 연산자가 뭐인지 안다.

4) 형식화된 입력 함수에 주소 연산자가 필요함을 안다.

5) 형식화된 입력 함수의 형식 지정자 16개를 전부 안다.

6) 정수 입력에서 정수 변수의 종류에 따라 벌레 잡기 오류가 발생하는 경우와 발생하지 않는 경우가 있음을 안다.

7) 단일 문자 전용 입력 함수와 형식화된 입력 함수의 장점과 단점을 안다.

8) 문자열 전용 입력 함수와 형식화된 입력 함수와 장점과 단점을 안다.

5-1) 입력의 기초 (basic of scan)

5-1-1) 표준 입력

자판(keyboard)로부터 입력받는 것을 표준 입력이라고 한다. 표준 출력과는 반대이다. 본 장은 원하는 표준 입력을 받기 위해서는 어떻게 하는지 공부한다.

참고로, 묶음철(file)로부터의 입력도 가능하다. 그러나, 이는 좀 어려우므로 본서에서는 다루지 않았다. 다음 책에서 이에 대해서 다룰 예정이다.

5-1-2) 본 장에서 공부하는 입력 함수

stdafx.h에는 여러 가지 입력 함수가 있는데 다 공부하기에 시간이 부족하므로 본서에서는 가장 많이 이용되는 다음 3가지의 입력 함수(scanf, getchar, gets)에 대해서만 공부한다.

이 함수들 중 하나라도 사용하기 위해서는

```
# include "stdafx.h"
```

가 주함수 위에 있어야 한다.

5-1-3) 3가지 함수의 차이

3가지 함수 모두 출력을 위한 함수이지만 다음과 같은 차이점이 있다.

a) scanf()

scan format의 약자이다. 문자, 정수, 실수, 문자열 모두 입력 가능하므로 가장 많이 이용되는 입력 함수이다.

b) getchar()

get character의 약자이다. 오로지 단일 문자만을 입력할 수 있는 함수이다.

c) gets()

get string의 약자이다. 문자열, 즉 여러 문자들을 입력할 수 있는 함수이다.

다음 표 5-1로 3가지 입력 함수를 비교했다.

본 장의 대부분은 scanf함수에 대한 것이다.

순번	입력 함수	가능 입력	부분
1	scanf	문자, 정수 실수, 문자열	5-2) ~ 5-10)
2	getchar	문자	5-11)
3	gets	문자열	5-12)

표 5-1 3가지 입력 함수 비교

5-2) 형식화된 입력의 기본적 사용법 (basic usage of scanf)

5-2-1) 가능한 입력

문자, 정수, 실수, 문자열(여러 개의 문자) 등 거의 대부분의 상수와 변수의 입력이 가능한 범용 입력 함수이다. 그러므로 입력 함수 중 가장 많이 이용된다.

단, 단일 문자나 문자열을 입력할 때는 이들의 전용 입력 함수가 더 편리할 수도 있다.

5-2-2) 사용 방법

한 개의 상수나 변수를 입력받는 경우 scanf("%한 문자",상수 또는 변수의 번지)의 형태로 이용한다.

배열명이나 지시자가 아닌 대부분의 경우 번지 연산자(&)를 상수나 변수 앞에 붙여야 한다.

5-2-3) 형식 지정자 (escape character)

"와 " 사이에 %와 한 글자를 형식 지정자라 한다. 뒤의 변수와 잘 맞아야 한다. 맞지 않는 경우 오류나 경고가 발생할 수 있다.

예를 들어 정수를 입력할 경우 정수의 형식 지정자가 %d이므로

```
int n;
scanf("%d",&n);
```

으로서 입력할 수 있다.

5-2-4) 제어 문자 (escape sequence)

printf() 함수에서 \와 \ 다음의 문자를 제어문자라고 한다. 이들은 출력 위치를 조절하거나, 특수 문자를 출력했다. 그러나, scanf() 함수에서는 이런 기능은 없다. 따라서 사용할 필요성은 거의 없다.

그러나, 실수로 이렇게 실행한 경우 정서 수정를 위해서 알아두어야 한다. \를 사용한 경우 다음 3가지 경우가 있다.

1. 아무런 영향이 없다.
2. 오류가 발생한다.
3. 엉뚱한 값이 입력될 수도 있다.

1의 경우는 전혀 문제없다. 그러나, 2나 3의 경우 \와 다음 한 문자를 삭제하여야 한다.

5-2-5) 입력할 수 있는 자료형

출력 함수인 printf와 같이 다음과 같이 4가지 변수가 가능하다.

(1) 문자

(2) 정수

(3) 실수

(4) 문자열

5-2-6) 동작 방식

a) enter를 누를 때까지 계속 입력을 받는다.

b) 단, 아무런 내용을 입력하지 않고 enter만 누를 경우 계속 입력을 받는다.

c) %c를 지정했다면 무조건 한 글자를 읽고 끝낸다.

d) %c가 아닌 다른 형이라면 space가 아닌 첫 문자를 찾기 위해 space를 무시하고 진행한다.

e) 읽도록 지정된 형식이라면 읽고, 다음 글자도 계속 읽는다.

f) space를 만나거나 지정된 형식이 아니면 즉시 끝낸다.

5-3) 주소 연산자 (address operator)

5-3-1) 역할

모든 상수와 변수는 주소를 갖는 기억 장소에 저장된다. 모든 상수와 변수가 저장되는 주소를 알기 위해서 주소 연산자가 사용된다.

5-3-2) 모양

상수나 변수 앞에 &를 붙이면 된다. &를 영어로 ampersand라고 한다. 예를 들어 변수명이 n이라면 &n은 변수 n이 저장되는 주소이다. 단, 배열명이나 지시자처럼 그 자체가 주소인 경우는 필요 없다.

5-3-3) scanf에서 주소 연산자의 필요성

printf와는 달리 scanf에서는 상수나 변수 앞를 입력받기 위해서는 상수나 변수에 주소 연산자 &를 붙여야 된다. 단, 배열명이나 지시자처럼 그 자체가 주소인 경우는 필요 없다.

5-3-4) 두 가지 상수의 차이

5-3-4-1) # define로 정의된 상수

& 연산자로 주소를 알 수 없다.

5-3-4-2) const로 정의된 상수

& 연산자로 주소를 알 수 있다.

5-3-5) 배열과 지시자의 차이

배열의 경우 배열명과 &배열명이 같으나, 지시자의 경우 지시자명과 &지시자명이 다르다. 어떻게 다른지는 실행할 정서 5-5)와 실행할 정서 5-6)를 비교해 보면 알 수 있다.

실행할 정서 5-1) # define 상수

```
# include "stdafx.h"
# define pi 3.14
int main()
{
      printf("&pi=%d\n",&pi);
}
```

1) 위 정서를 실행하자. 오류가 발생한다. 오류를 적고 번역하시오.

2) 오류가 발생하는 이유는 무엇인가?

실행할 정서 5-2) const 상수

```
# include "stdafx.h"
int main()
{
      const double pi=3.14;
      printf("pi=%f\n",pi);
      printf("&pi=%d\n",&pi);}
```

1) 위 정서를 실행하자. 출력은 무엇인가?

2) pi의 값은 얼마인가?

3) &pi의 값은 얼마인가?

4) pi의 주소는 얼마인가?

5) pi 앞에 &가 있을 때와 없을 때의 차이가 있나? 차이가 있다면 무엇인가?

6) 실행할 정서 5-1)과 비교해보자.

실행할 정서 5-3) 문자 변수 (문자로 초기화)

```
# include "stdafx.h"
int main()
{
    char h='a';
    printf("hc=%c\n",h);
    printf("hd=%d\n",h);
    printf("&h=%d\n",&h);
}
```

1) 위 정서를 실행하자. 출력은 무엇인가?

2) h의 주소는 얼마인가? h의 주소가 실행할 정서 5-2)에서 pi의 주소와 같은가?

3) char 앞에 unsigned를 추가해서 다시 실행해보자. 결과는 같은가?

4) 'a'를 'b'로 바꾸어 다시 실행해 보자. 결과는 같은가?

5) 위 정서에는 초기화하는 문장이 있다. 초기화를 할당으로 바꾸어 다시 실행하자. 결과는 같은가?

실행할 정서 5-4) 정수 변수 (초기화)

```
# include "stdafx.h"
int main()
{
	int r=1;
	printf("r=%d\n",r);
	printf("&r=%d\n",&r);
}
```

1) 위 정서를 실행하자. 출력은 무엇인가?

2) r의 주소가 실행할 정서 5−2)에서 pi의 주소와 실행할 정서 5−3)에서 h의 주소 중 하나와 같다. 어느 정서와 같은가?

3) int를 다음으로 바꾸어 실행하자. 결과가 같은가?

(1) short (2) unsigned short (3) unsigned
(4) long (5) unsinged long

실행할 정서 5-5) 실수 변수 (초기화)

```
# include "stdafx.h"
int main()
{
	double r=1.2;
	printf("r=%f\n",r);
	printf("&r=%d\n",&r);
}
```

1) 위 정서를 실행하자. 출력은 무엇인가?

3) r의 번지가 다음 어느 것과 같은가?

(1) 실행할 정서 5−2)에서 pi의 주소

(2) 실행할 정서 5－3)에서 h의 주소

(3) 실행할 정서 5－4)에서 r의 주소

4) double를 float로 바꾸어 실행하자. 경고가 발생한다. 경고를 적고 번역하시오?

실행할 정서 5-6) 배열 (array)

```
# include "stdafx.h"
int main()
{
      char c[]="ab";
      printf("c=%d\n",c);
      printf("&c=%d\n",&c);
}
```

1) 위 정서를 실행하자. 출력은 무엇인가?

2) c의 값은 얼마인가?

3) &c의 값은 얼마인가?

4) c의 주소는 얼마인가?

5) c의 값과 &c의 값이 같은가?

실행할 정서 5-7) 지시자 (pointer)

```
# include "stdafx.h"
int main()
{
      char *p="ab";
      printf("p=%d\n",p);
```

```
    printf("&p=%d\n",&p);
}
```

1) 위 정서를 실행하자. 출력은 무엇인가?

2) p의 값은 얼마인가?

3) &p의 값은 얼마인가?

4) p의 주소는 얼마인가?

5) p의 값과 &p의 값이 같은가?

5-4) 형식 지정자 (escape character)

5-4-1) 정의

printf 함수와 마찬가지로 scanf 함수 다음 “와 ” 사이의 %는 특별한 의미를 가진다. %와 %다음의 한 문자를 형식지정자라 한다. 즉 변수명이 n인 경우, scanf("%한 문자",&n); 로 사용할 수 있는데 변수 n의 입력하는 방식을 결정한다.

5-4-2) 종류

형식 지정자에는 문자, 정수(10진수, 8진수, 16진수), 실수, 문자열 등이 있다.

5-4-2-1) 문자

변수형이 char 또는 unsigned char인 경우

%c (character의 첫 글자)

5-4-2-2) 정수

변수형이 char, unsigned char, short, unsigned short, int, unsigned, long, unsigned long의 경우, 정수는 진수(10진수, 8진수, 16진수)와 부호에 따라 다음 4가지가 있다

%d : 10진수 (decimal의 첫 글자)
%o : 8진수 (octal의 첫 글자)
%x : 16진수 (hexadecimal의 세 번째 글자)
%u : 부호 없음 (unsigned의 첫 글자)

부호가 없어도 %u가 아니라 %d, %o, %x도 가능하다.

5-4-2-3) 실수

변수형이 float 또는 double의 경우이다. scanf 함수는 변수형이 float이냐 변수형이 double이냐에 따라 아래와 같이 다르다. 쉽게 생각해서 float는 앞에 l 또는 L이 없고 double는 앞에 l 또는 L이 있다.

5-3-2-3-1) float

```
%e, %E, %f, %g
```

5-4-2-3-2) double

```
%le, %LE, %lf, %lg
```

5-4-2-4) 실수에서 printf 함수와의 차이

문자와 정수의 경우 printf와 scanf가 거의 같다. 그러나, 실수의 경우 printf와 scanf가 다음과 같이 다른 점이 많다.

5-4-2-4-1) 형식 지정자를 선택하는 방법

scanf 함수는 어느 변수형이냐, 즉 float이냐 double이냐에 따라서 다르나 printf 함수는 초기화 또는 할당되는 방식이 어느 방법이냐에 따라 다르다. 즉, 지수 형식은 %e이고, 소숫점 형식은 %f이다.

5-4-2-4-2) 형식 지정자들 사이의 차이

printf 함수는 형식지정자의 종류 – %e, %E, %f, %g – 에 따라 출력이 다르나, scanf 함수는 형식 지정자들 사이의 입력의 차이가 거의 없다. float에서 %e, %E, %f, %g 간의 차이가 거의 없고, double에서 %le, %LE, %lf, %lg 간의 차이가 거의 없다.

5-4-2-5) 문자열

배열([ ])이나 지시자(*)의 경우 %s (string의 첫 글자)를 이용한다. 다른 경우와 달리 이 경우는 뒤에 자료형의 아니라 번지가 와야 한다. 배열명이나 지시자는 번지를 가리키므로 이를 이용하면 된다.

5-4-2-6) 지시자 (pointer)

%p (pointer의 첫 글자)

실행할 정서 5-8) char (문자 입력)

```
# include "stdafx.h"
int main()
{
      char h;
      scanf("%c",&h);
      printf("h(c)=%c\n",h);
      printf("h(d)=%d\n",h);
}
```

1) 입력을 a로 해 보자. 출력되는 값은 무엇인가?
   (1) h(c)
   (2) h(d)

2) scanf와 같은 줄의 %c를 다음으로 바꾸었을 때 출력되는 것은 무엇인가? 만일 오류가 발생한다면 오류 내용을 적고 번역하시오. 오류가 발생하는 이유는 무엇인가?
   (1) %d
   (2) %o
   (3) %x
   (4) %u

(5) %e

(6) %f

(7) %le

(8) %lf

(9) %s

(10) %p

3) char c; 대신 unsigned char c;로 바꾸어 2)를 다시 해 보자. char 인 경우와 차이가 있는가?

실행할 정서 5-9) char (숫자 입력)

```
# include "stdafx.h"
int main()
{
      char h;
      scanf("%d",&h);
      printf("h(c)=%c\n",h);
      printf("h(d)=%d\n",h);
}
```

1) 입력을 66으로 해 보자. 출력되는 다음 값은 무엇인가?

(1) h(c)

(2) h(d)

2) scanf와 같은 줄의 %c를 다음으로 바꾸었을 때 출력되는 것은 무엇인가? 만일 오류가 발생한다면 오류 내용을 적고 번역하시오. 오류가 발생하는 이유는 무엇인가?

(1) %d

(2) %o

(3) %x

(4) %u

(5) %e

(6) %f

(7) %le

(8) %lf

(9) %s

(10) %p

3) char c; 대신 unsigned char c;로 바꾸어 2)를 다시 해 보자. char 인 경우와 차이가 있는가?

실행할 정서 5-10) 정수 - short

```
# include "stdafx.h"
int main()
{
	short r;
	scanf("%d",&r);
	printf("r=%d\n",r);
}
```

1) 입력을 1로 해 보자. 출력되는 값은 무엇인가?

(1) r

2) scanf와 같은 줄의 %d를 다음으로 바꾸었을 때 출력되는 것은 무엇인가? 만일 오류가 발생한다면 오류 내용을 적고 번역하시오. 오류가 발생하는 이유는 무엇인가?

(1) %c

(2) %o

(3) %x

(4) %u

(5) %e

(6) %f

(7) %le

(8) %lf

(9) %s

(10) %p

3) short를 다음과 같이 바꾸어 2)를 다시 해 보자. short인 경우와 차이가 있는가?

(1) unsigned short

(2) int

(3) unsigned int

(4) long

(5) unsigned long

(6) char

(7) unsigned char

실행할 정서 5-11) 실수 1 - float

```
# include "stdafx.h"
int main()
{
      float l;
      scanf("%f",&l);
      printf("l(e)=%f\n",l);
      printf("l(f)=%f\n",l);
}
```

1) 입력을 12로 해 보자. 출력되는 값은 무엇인가?

(1) l(e)

(2) l(f)

2) 입력을 4.5e3로 해 보자. 출력되는 값은 무엇인가?
   (1) l(e)
   (2) l(f)

3) scanf와 같은 줄의 %f를 다음으로 바꾸었을 때 출력되는 것은 무엇인가? 만일 오류가 발생한다면 오류 내용을 적고 번역하시오. 오류가 발생하는 이유는 무엇인가?
   (1) %c
   (2) %o
   (3) %x
   (4) %u
   (5) %e
   (6) %f
   (7) %le
   (8) %lf
   (9) %s
   (10) %p

실행할 정서 5-12) 실수 2 - double

```
# include "stdafx.h"
int main()
{
	double d;
	scanf("%f",&d);
	printf("d(e)=%e\n",d);
	printf("d(f)=%f\n",d);
}
```

1) 입력을 12로 해 보자. 쓰레기값이 출력된다. 올바른 값이 출력되도록 바꾸시오. 출력되는 값은 무엇인가?

(1) l(e)

(2) l(f)

2) 입력을 4.5e3로 해 보자.

(1) l(e)

(2) l(f)

3) scanf와 같은 줄의 %f를 다음으로 바꾸었을 때 출력되는 것은 무엇인가? 만일 오류가 발생한다면 오류 내용을 적고 번역하시오. 오류가 발생하는 이유는 무엇인가?

(1) %c

(2) %o

(3) %x

(4) %u

(5) %e

(6) %f

(7) %le

(8) %lf

(9) %s

(10) %p

실행할 정서 5-13) 문자열 - 배열 이용

```
# include "stdafx.h"
int main()
{
      char s[9];
      scanf("%s", s);
      printf("%s\n",s);
}
```

1) 입력을 program으로 하자. 출력되는 값은 무엇인가?

(1) s

2) scanf와 같은 줄의 %s를 다음으로 바꾸었을 때 출력되는 것은 무엇인가? 만일 오류가 발생한다면 오류 내용을 적고 번역하시오. 오류가 발생하는 이유는 무엇인가?

(1) %c

(2) %d

(3) %o

(4) %x

(5) %u

(6) %e

(7) %f

(8) %le

(9) %lf

(10) %p

5-5) 선언 (declaration)

입력받기 위해서는 변수(또는 const 상수)를 선언해야 한다. 선언한 후에는 초기화, 할당, 입력 중 한 가지를 해야 하는데 위 세 가지 중 아무 것도 하지 않고 출력하면 경고가 발생하면서 쓰레기값(엉뚱한 값)이 출력됨에 주의하여야 한다.

어떤 변수를 초기화, 할당, 입력 3가지 중 2가지 이상을 할 수 있는데 이 경우를 생각하자.

5-5-1) const 상수

실행할 정서 5-14)

```
# include "stdafx.h"
int main()
{       const char h;
        printf("a h=%d\n",h);
        scanf("%d",&h);
        printf("b h=%d\n",h);
}
```

1) 위 정서를 실행하자. 경고가 발생한다. 경고를 적고 번역하시오.

2) 경고가 발생한 이유는 무엇인가?

3) printf("a h=%d\n",h);를 없애고 다시 실행하자. 경고가 발생하나?

4) 출력은 무엇인가?

5) const char h;를 const char h=1;로 바꾸어 다시 실행하자. 경고가 발생하나?

5-5-2) 변수

변수는 입력받기 전에 초기화 또는 할당을 할 수 있으나 입력하면서 값이 바뀐다.

실행할 정서 5-15)

```
# include "stdafx.h"
int main()
{
      char h;
      h=4;
      printf("a h=%d\n",h);
      scanf("%d",&h);
      printf("b h=%d\n",h);
}
```

1) 위 정서를 실행하자. 출력은 무엇인가?

5-5-3) "와 " 안에 문자가 있는 경우

scanf 함수의 "와 " 사이에는 형식 지정자만이 있어야 한다. 만약 형식 지정자가 아닌 문자가 있는 경우 예상치 못한 결과가 발생할 수 있다. 출력하고 싶은 문자가 있다면 printf 문장을 추가하자.

실행할 정서 5-16)

```
# include "stdafx.h"
int main()
{
      char h;
```

```
    scanf("z%d",&h);
    printf("h=%d\n",h);
}
```

1) 입력을 1로 하고 위 정서를 실행하자. 출력은 무엇인가?

2) scanf("z%d",&h);를 scanf("%d",&h);로 바꾸고 실행하자. 출력은 무엇인가?

5-6) 문자 입력 (scan character)

5-6-0-1) 문자 변수 선언

문자 변수는 다음 2가지이다.

a) char

b) unsigned char

signed char는 보통 char과 같다. 입력하기 전에 문자 변수를 선언해야 한다. 예를 들어 char h;는 변수 h를 char형 변수로 선언한다는 의미이다. const를 앞에 붙이면 상수가 되며 입력도 가능하다. (정수, 실수, 문자열도 비슷하다) 단, 할당할 수는 없다.

5-6-0-2) 형식 지정자

a) %c : 문자로 입력

b) %d : 숫자로 입력

%c의 경우 숫자도 가능하나 이 경우는 숫자의 미국 표준 부호로 저장된다.

5-6-0-3) 가능한 숫자의 범위 (%d 이용시)

다음 범위에서 사용이 가능하고 이 범위를 벗어난 값이 입력된 경우는 2-9) 범위 밖 (out of range)에서 공부한다.

a) char : −128 ~ 127

b) unsigned char : 0 ~ 255

5-6-1) char

실행할 정서 5-17) %c : 문자 입력

```
# include "stdafx.h"
int main()
{
      char h;
      scanf("%c",&h);
      printf("h(c)=%c\n",h);
      printf("h(d)=%d\n",h);
}
```

1) 입력을 다음과 같이 해 보자. 입력은 h(c)와 h(d) 중 어느 것과 같은가?
   (1) a
   (2) A
   (3) 1
   (4) ctrl A
   (5) alt A
   (6) shift A
   (7) ab

2) h= 다음의 %c를 %d로 바꾸어 다시 같은 입력을 해보자. 입력은 h(c)와 h(d) 중 어느 것과 같은가?
   (1) a
   (2) A
   (3) 1
   (4) ctrl A
   (5) alt A
   (6) shift A
   (7) ab

실행할 정서 5-18) %d : 숫자 입력

```
# include "stdafx.h"
int main()
{
	char h;
	scanf("%d",&h);
	printf("h(c)=%c\n",h);
	printf("h(d)=%d\n",h);
}
```

1) 입력을 다음과 같이 해 보자. 입력은 h(c)와 h(d) 중 어느 것과 같은가?
   (1) a
   (2) A
   (3) 1
   (4) −128
   (5) 127

2) h= 다음의 %d를 %c로 바꾸어 다시 같은 입력을 해보자. 입력은 h(c)와 h(d) 중 어느 것과 같은가?
   (1) a
   (2) A
   (3) 1
   (4) −128
   (5) 127

5-6-2) unsigned char

실행할 정서 5-19) %c : 문자 입력

```
# include "stdafx.h"
int main()
{
      unsigned char h;
      scanf("%c",&h);
      printf("h(c)=%c\n",h);
      printf("h(d)=%d\n",h);
}
```

1) 입력을 다음과 같이 해 보자. 입력은 h(c)와 h(d) 중 어느 것과 같은가?

   (1) a

   (2) A

   (3) 1

   (4) ctrl A

   (5) alt A

   (6) shift A

   (7) ab

2) h= 다음의 %c를 %d로 바꾸어 다시 같은 입력을 해보자. 입력은 h(c)와 h(d) 중 어느 것과 같은가?

   (1) a

   (2) A

   (3) 1

   (4) ctrl A

   (5) alt A

   (6) shift A

(7) ab

3) 출력 h(c)와 h(d)가 실행할 정서 5－17)의 경우와 같은가?

실행할 정서 5-20) %d : 숫자 입력

```
# include "stdafx.h"
int main()
{
      unsigned char h;
      scanf("%d",&h);
      printf("h(c)=%c\n",h);
      printf("h(d)=%d\n",h);
}
```

1) 입력을 다음과 같이 해 보자. 입력은 h(c)와 h(d) 중 어느 것과 같은가?

   (1) a

   (2) A

   (3) 1

   (4) 0

   (5) 255

2) h＝ 다음의 %d를 %c로 바꾸어 다시 같은 입력을 해보자. 입력은 h(c)와 h(d) 중 어느 것과 같은가?

   (1) a

   (2) A

   (3) 1

   (4) 0

   (5) 255

5-7) 정수 입력 (scan integer)

5-7-1) 정수 변수 선언

5-7-1-1) 6가지

정수를 입력하기 전에 정수 변수를 선언해야 한다. 정수 변수는 다음 6가지이다.

1) short

2) unsigned short

3) int

4) unsigned

5) long

6) unsinged long

예를 들어 int r;은 변수 r을 int형 변수로 선언한다는 의미이다.

5-7-1-2)

2가지는 벌레 잡기 오류 (debug error) 발생하므로 4가지가 좋다. 그런데, short와 unsigned short의 경우 벌레 잡기 오류가 발생한다. 그러므로, 가능한 숫자의 범위를 알기 위한 때를 제외하고는 이 2가지를 사용하지 않는다.

실행할 정서 5-21) 벌레 잡기 오류 발생하나?

```
# include "stdafx.h"
int main()
{
	short h;
	scanf("%d",&h);
	printf("h=%d\n",h);
}
```

1) 위 정서를 실행하고 3을 입력하자. 벌레 잡기 오류가 발생하나?

2) short를 다음으로 바꾸고 실행하자. 벌레잡기 오류가 발생하나?

2－1) unsigned short

2－2) int　　　　2－3) unsigned

2－4) long　　　　2－5) unsigned long

5-7-2) 형식 지정자

다음 4가지가 가능하다.

a) %d (10진수)

b) %o (8진수)

c) %x (16진수)

d) %u (부호 없음)

따라서, 위를 적절히 이용하면 10진수, 8진수, 16진수 간의 진수 변환을 할 수 있다. 입력을 이용해서 진수 변환을 할 수 있다.

5-7-3) 가능한 숫자의 범위

아래 범위의 값을 입력하면 입력한 값과 같게 출력된다. 그러나, 아래 범위를 벗어난 값을 입력하면 입력과 다르게 출력된다. 본 절에서는 아래 범위의 값을 입력하면 입력한 값과 같게 출력되고, 아래 범위를 벗어난 값을 입력하면 입력과 다르게 출력된다는 사실만 공부한다.

아래 범위를 벗어난 경우에 얼마가 출력되는지는 '5－9) 범위 밖'에서 공부한다.

a) short : －32768 ~ 32767

실행할 정서 5－21

b) unsigned short : 0 ~ 65535

실행할 정서 5－22

c) long과 unsigned long :

－2147483648 ~ 2147483647 실행할 정서 5－23

실행할 정서 5-22) short

```
# include "stdafx.h"
int main()
{
      short h;
      scanf("%d",&h);
      printf("h=%d\n",h);
}
```

1) 다음 값을 입력해보자. 입력한 값과 같이 출력되는가?
   (1) −32768
   (2) −32769
   (3) 32767
   (4) 32768

2) 변수가 short형인 경우 얼마부터 얼마까지 입력한 값과 같이 출력되나?

실행할 정서 5-23) unsigned short

```
# include "stdafx.h"
int main()
{
      unsigned short h;
      scanf("%d",&h);
      printf("h=%d\n",h);
}
```

1) 다음 값을 입력해보자. 입력한 값과 같이 출력되는가?
   (1) 0
   (2) −1

(3) 65535

(4) 65536

2) 변수가 unsigned short형인 경우 얼마부터 얼마까지 입력한 값과 같이 출력되나?

실행할 정서 5-24) long과 unsigned long

```
# include "stdafx.h"
int main()
{
	long h;
	scanf("%d",h);
	printf("h=%d\n",h);
}
```

1) 다음 값을 입력해보자. 입력한 값과 같이 출력되는가?

(1) −2147483648

(2) −2147483649

(3) 2147483647

(4) 2147483648

2) 변수가 long형인 경우 얼마부터 얼마까지 입력한 값과 같이 출력되나?

3) long 앞에 unsigned를 추가해서 long을 unsigned long으로 바꾸어 위의 2가지 입력을 해보자. 잘 실행되나?

4) 변수가 unsigned long형인 경우 얼마부터 얼마까지 입력한 값과 같이 출력되나?

5-7-4) 진수 변환

입력을 이용해서 8진수, 10진수, 16진수간의 진수 변환을 할 수 있다.
다음 표 5-2와 같이 6개의 정서에서 이를 알아보자.

순번	실행할 정서	진수에서	진수로 변환
1	5-25	10	8
2	5-26	10	16
3	5-27	8	10
4	5-28	8	16
5	5-29	16	8
6	5-30	16	10

표 5-2 진수 변환을 위한 정서

5-7-4-1) 10진수를 8진수로 변환

입력은 10진수이고 출력은 8진수이므로 scanf에서는 %d를 쓰고, 출력에서는 %o를 쓰면 10진수를 8진수로 변환할 수 있다.

실행할 정서 5-25)

```
# include "stdafx.h"
int main()
{
	int r;
	scanf("%d",&r);
	printf("r=%o\n",r);
}
```

왼쪽과 같이 10진수를 입력해서 오른쪽과 같이 8진수로 변환할 수 있다. 다음 빈 칸을 채우시오.

입력(10진수)	출력(8진수)
8	
9	
10	
11	
12	
13	
14	
15	
16	

5-7-4-2) 10진수를 16진수로 변환

입력은 10진수이고 출력은 16진수이므로 scanf에서는 %d를 쓰고, 출력에서는 %x를 쓰면 10진수를 16진수로 변환할 수 있다.

실행할 정서 5-26)

```
# include "stdafx.h"
int main()
{
    int r;
    scanf("%d",&r);
    printf("r=%x\n",r);
}
```

왼쪽과 같이 10진수를 입력해서 오른쪽과 같이 16진수로 변환할 수 있다. 다음 빈 칸을 채우시오.

입력(10진수)	출력(16진수)
10	
11	
12	
13	
14	
15	
16	

5-7-4-3) 8진수를 10진수로 변환

입력은 8진수이고 출력은 10진수이므로 scanf에서는 %o를 쓰고, 출력에서는 %d를 쓰면 8진수를 10진수로 변환할 수 있다.

실행할 정서 5-27)

```
# include "stdafx.h"
int main()
{
      int r;
      scanf("%o",&r);
      printf("r=%d\n",r);
}
```

왼쪽과 같이 8진수를 입력해서 오른쪽과 같이 10진수로 변환할 수 있다. 다음 빈 칸을 채우시오.

입력(8진수)	출력(10진수)
10	
11	
12	
13	
14	
15	
16	
17	

5-7-4-4) 8진수를 16진수로 변환

입력은 8진수이고 출력은 16진수이므로 scanf에서는 %o를 쓰고, 출력에서는 %x를 쓰면 8진수를 16진수로 변환할 수 있다.

실행할 정서 5-28)

```
# include "stdafx.h"
int main()
{
    int r;
    scanf("%o",&r);
    printf("r=%x\n",r);
}
```

왼쪽과 같이 8진수를 입력해서 오른쪽과 같이 16진수로 변환할 수 있다. 다음 빈 칸을 채우시오.

입력(8진수)	출력(16진수)
10	
11	
12	
13	
14	
15	
16	
17	

5-7-4-5) 16진수를 8진수로 변환

입력은 16진수이고 출력은 8진수이므로 scanf에서는 %x를 쓰고, 출력에서는 %o를 쓰면 16진수를 8진수로 변환할 수 있다.

실행할 정서 5-29)

```
# include "stdafx.h"
int main()
{
    int r;
    scanf("%x",&r);
    printf("r=%o\n",r);
}
```

왼쪽과 같이 16진수를 입력해서 오른쪽과 같이 8진수로 변환할 수 있다. 다음 빈 칸을 채우시오.

입력(16진수)	출력(8진수)
8	
9	
a	
b	
c	
d	
e	
f	
10	

5-7-4-6) 16진수를 10진수로 변환

입력은 16진수이고 출력은 10진수이므로 scanf에서는 %x를 쓰고, 출력에서는 %d를 쓰면 16진수를 10진수로 변환할 수 있다.

실행할 정서 5-30)

```
# include "stdafx.h"
int main()
{
      int r;
      scanf("%x",&r);
      printf("r=%d\n",r);
}
```

왼쪽과 같이 16진수를 입력해서 오른쪽과 같이 10진수로 변환할 수 있다. 다음 빈 칸을 채우시오.

입력(16진수)	출력(8진수)
8	
9	
a	
b	
c	
d	
e	
f	
10	

5-8) 실수 입력 (scan real number, scan floating-point number)

5-8-1) 변수 선언

실수를 입력하기 전에 선언해야 한다. float, double, long double의 3가지가 있으나, visual C에서는 long double이 double와 같으므로 float와 double의 2가지만 공부한다.

5-8-2) 형식 지정자

printf는 출력하는 형식에 따라 다르나, scanf는 입력하는 변수형에 따라 다르다.

5-8-2-1) float

```
%e, %f, %g
```

5-8-2-2) double

```
%le, %lf, %lg
```

5-8-3) 유효 숫자

5-8-3-1) float

약 8자리이다.

5-7-3-2) double

약 16자리이다.

실행할 정서 5-31) float

```
# include "stdafx.h"
int main()
{     float l;
      scanf("%e",&l);
      printf("l(e)=%e\n",l);
      printf("l(f)=%f\n",l);
}
```

1) 위 정서를 실행하자. 출력은 무엇인가? 입력과 출력이 다른 것은 어느 것인가? 다음 값을 입력하자.
   (1) 12
   (2) 123
   (3) 1234
   (4) 12345
   (5) 123456
   (6) 1234567
   (7) 12345678
   (8) 123456789
2) scanf("%e",&l);를 scanf("%f",&l);로 바꾸고 1)과 같이 입력하고 실행하자. 출력은 무엇인가? 1)과 출력이 같은가? 다른가?

실행할 정서 5-32) double %e

```
# include "stdafx.h"
int main()
{
      double l;
      scanf("%e",&l);
```

```
    printf("l(e)=%e\n",l);
    printf("l(f)=%f\n",l);
}
```

1) 입력을 1로 하고 실행하자. 출력은 무엇인가?

2) 출력이 1이 아니다. 출력이 1이 아닌 이유는 무엇인가?

3) 출력이 1이 되도록 위 정서를 수정하시오.

실행할 정서 5-33) double %le

```
# include "stdafx.h"
int main()
{
    double l;
    scanf("%le",&l);
    printf("l(e)=%e\n",l);
    printf("l(f)=%f\n",l);
}
```

1) 위 정서를 실행하자. 출력은 무엇인가? 입력과 출력이 다른 것은 어느 것인가? 다음 값을 입력하자.
   (1) 12
   (2) 123
   (3) 1234
   (4) 12345
   (5) 123456
   (6) 1234567
   (7) 12345678
   (8) 123456789

(9) 1234567890

(10) 12345678901

(11) 123456789012

(12) 1234567890123

(13) 12345678901234

(14) 123456789012345

(15) 1234567890123456

(16) 12345678901234567

(17) 123456789012345678

5-9) 문자열 입력 (scan string)

본 절에서는 문자열을 입력하는 방법을 공부한다.

5-9-1) 배열 ([ ]) 선언

문자열을 입력할 때는 문자 배열을 이용하는 것이 편리하다. 배열을 이용해서 문자열을 입력할 때에는 입력하기 전에 문자 배열을 선언해야 한다.

5-9-2) 개수 선정

배열이므로 [ ] 안에 개수를 써 주어야 한다. 문자열 뒤에는 null 문자가 포함되므로 하나 더 큰 배열을 잡는 것이 좋다. 예를 들어 program은 7글자인데 s라는 문자 배열을 이용할 경우 char s[8];로 하면 된다.

5-9-3) 형식 지정자

%s를 이용한다.

실행할 정서 5-34)

```
# include "stdafx.h"
int main()
{
      char t[5];
      scanf("%s",t);
```

```
    printf("t=%s\n",t);
}
```

1) 입력을 아래와 같이 하고 실행하자. 출력은 무엇인가?

(1) a b

(2) abcd

(3) abcde

(4) abcdef

(5) abcdefg

(6) abcdefgh

(7) abcedfghi

5-10) 범위 밖 (out of range)

5-10-0) 범위 밖의 수를 입력한 경우

각 변수형마다 표현할 수 있는 값의 범위가 정해져 있다. 만일 이 값을 벗어난 값을 입력한 경우 어떤 값이 출력되는지 알아보자.

4-11) 범위 밖 (out of range)과 비슷하다. 한 번 더 복습한다고 생각하고 공부하자.

5-10-1) 최댓값 초과 (overflow)

5-10-1-1) 각 변수의 최댓값

문자 변수와 정수 변수의 최댓값은 다음 표 5-3과 같다.

변수의 종류	최댓값
char	127
unsigned char	255
short	32767
unsigned short	65535
long과 unsigned long	2147483647

표 5-3 문자 변수와 정수 변수의 최댓값

실행할 정서 5-35) char

```
# include "stdafx.h"
int main()
{
	char h;
	scanf("%d",&h);
	printf("h=%d\n",h);
}
```

1) 위 정서를 실행하자. 아래 표를 완성하시오.

입력	출력	입력-출력
127		
128		
129		

2) char의 최댓값은 얼마인가?

3) char형 변수가 표현할 수 있는 가짓수는 얼마인가?

실행할 정서 5-36) unsigned char

```
# include "stdafx.h"
int main()
{
	unsigned char h;
	scanf("%d",&h);
	printf("h=%d\n",h);
}
```

1) 위 정서를 실행하자. 아래 표를 완성하시오.

입력	출력	입력-출력
255		
256		
257		

2) unsigned char의 최댓값은 얼마인가?

3) unsigned char형 변수가 표현할 수 있는 가짓수는 얼마인가?

실행할 정서 5-37) short

```
# include "stdafx.h"
int main()
{
      short r;
      scanf("%d",&r);
      printf("r=%d\n",r);
}
```

1) 위 정서를 실행하자. 아래 표를 완성하시오.

입력	출력	입력-출력
32767		
32768		
32769		

2) short의 최댓값은 얼마인가?

3) short형 변수가 표현할 수 있는 가짓수는 얼마인가?

실행할 정서 5-38) unsigned short

```
# include "stdafx.h"
int main()
{
      unsigned short r;
      scanf("%d",&r);
      printf("r=%d\n",r);
}
```

1) 위 정서를 실행하자. 아래 표를 완성하시오.

입력	출력	입력-출력
65535		
65536		
65537		

2) unsigned short의 최댓값은 얼마인가?

3) unsigned short형 변수가 표현할 수 있는 가짓수는 얼마인가?

실행할 정서 5-39) long과 unsigned long

```
# include "stdafx.h"
int main()
{
      long l;
      scanf("%d",&l);
      printf("l=%d\n",l);
}
```

1) 위 정서를 실행하자. 아래 표를 완성하시오.

입력	출력	입력-출력
2147483647		
2147483648		
2147483649		

2) long의 최댓값은 얼마인가?

3) long형 변수가 표현할 수 있는 가짓수는 얼마인가?

4) long 앞에 unsigned를 추가해서 long을 unsigned long으로 바꾸어서 1) 2) 3)을 다시 실행해보자. 결과가 다른가? 같은가?

입력	출력	입력-출력
2147483647		
2147483648		
2147483649		

5) unsigned long의 최댓값은 얼마인가?

6) unsigned long형의 가짓수는 얼마인가?

5-10-2) 최솟값 미만 (underflow)

5-10-2-1) 각 변수의 최솟값

문자 변수와 정수 변수의 최솟값은 다음 표 5-4와 같다.

변수의 종류	최솟값
char	-128
unsigned char	0
short	-32768
unsigned short	0
long과 unsigned long	-2147483648

표 5-4 문자 변수와 정수 변수의 최솟값

실행할 정서 5-40) char

```
# include "stdafx.h"
int main()
{
      char h;
      scanf("%d",&h);
      printf("h=%d\n",h);
}
```

1) 위 정서를 실행하자. 아래 표를 완성하시오.

입력	출력	출력-입력
-128		
-129		
-130		

2) char의 최솟값은 얼마인가?

3) char형 변수가 표현할 수 있는 가짓수는 얼마인가?

실행할 정서 5-41) unsigned char

```
# include "stdafx.h"
int main()
{
      unsigned char h;
      scanf("%d",&h);
      printf("h=%d\n",h);
}
```

1) 위 정서를 실행하자. 아래 표를 완성하시오.

입력	출력	출력-입력
-256		
-257		
-258		

2) unsigned char의 최솟값은 얼마인가?

3) unsigned char형 변수가 표현할 수 있는 가짓수는 얼마인가?

실행할 정서 5-42) short

```
# include "stdafx.h"
int main()
{
	short r;
	scanf("%d",&r);
	printf("r=%d\n",r);
}
```

1) 위 정서를 실행하자. 아래 표를 완성하시오.

입력	출력	출력-입력
-32768		
-32769		
-32770		

2) short의 최대값은 얼마인가?

3) short형 변수가 표현할 수 있는 가짓수는 얼마인가?

실행할 정서 5-43) unsigned short

```
# include "stdafx.h"
int main()
{
      unsigned short r;
      scanf("%d",&r);
      printf("r=%d\n",r);
}
```

1) 위 정서를 실행하자. 아래 표를 완성하시오.

입력	출력	출력-입력
-65536		
-65537		
-65538		

2) unsigned short의 최대값은 얼마인가?

3) unsigned short형 변수가 표현할 수 있는 가짓수는 얼마인가?

실행할 정서 5-44) long과 unsigned long

```
# include "stdafx.h"
int main()
{
      long l;
      scanf("%d",&l);
      printf("l=%d\n",l);
}
```

1) 위 정서를 실행하자. 아래 표를 완성하시오.

입력	출력	출력-입력
-2147483648		
-2147483649		
-2147483650		

2) long의 최대값은 얼마인가?

3) long형 변수가 표현할 수 있는 가짓수는 얼마인가?

4) long 앞에 unsigned를 추가해서 long을 unsigned long으로 바꾸어서 1) 2) 3)을 다시 실행해보자. 결과가 다른가? 같은가?

입력	출력	출력-입력
-2147483648		
-2147483649		
-2147483650		

5) unsigned long의 최댓값은 얼마인가?

6) unsigned long형의 가짓수는 얼마인가?

5-11) 단일 문자 전용 입력 함수 (getchar)

지난 절까지는 scanf를 이용하여 여러 가지 자료형을 입력하는 방법을 공부했다.

본 절과 다음 절에서는 scanf가 아니라 문자 전용 함수인 getchar과 gets 함수를 이용하여 문자를 입력하는 방법을 공부한다.

본 절에서 getchar을 공부하고, 다음 절에서는 gets를 공부한다. 물론 이들 함수 – getchar과 gets – 대신 scanf를 이용하여 입력할 수도 있지만 이들 함수들이 scanf보다 좋은 점이 있으므로 자주 이용된다.

getchar은 get character의 준말이다.

5-11-1) 역할

단일 문자 – 한 개의 문자 – 를 입력할 때 이용한다.

5-11-2) 입력 방법

첫 한 글자 또는 숫자만 입력한다. 여러 개를 입력해도 두 번째부터는 입력되지 않는다.

5-11-3) 가능한 자료형

문자형과 정수형은 가능하나, 실수형은 안 된다. 즉, 문자형으로서 char, unsigned char이 가능하고, 정수형으로서 unsigned short, int, unsigned, long, unsigned long이 가능하지만, float, double, long double 등 실수형은 안 된다.

5-11-4) scanf와 비교했을 때의 장점

5-11-4-1)

서식 지정자 %c를 사용할 필요가 없으므로 사용법이 간단하여 사용하기가 쉽다.

5-11-4-2)

속도가 빠르다.

5-11-5) scanf와 비교했을 때의 단점

5-11-5-1)

서식 지정을 할 수 없다.

5-11-5-2)

단일 문자 외에 정수, 실수, 문자열을 출력할 수 없다.

5-11-6) scanf와의 비교 - %

scanf에서 "와 " 사이의 %는 특수한 역할을 한다. 그러나, getchar에서 %는 특수한 역할을 하지 않고 다른 문자와 같게 취급된다.

5-11-7) 매개 변수

매개 변수는 없다. 그러므로, 매개 변수가 없다는 사실을 명확히 하기 위해서 getchar() 대신 getchar(void)를 써도 된다.

5-11-8) 사용법

다음 두 가지 방법이 있다. 한 개의 문자를 입력할 때 scanf() 함수보다 더 쉽게 사용할 수 있다. 같은 역할을 하는 scanf를 보인다.

5-11-8-1) 초기화 (initialization)

getchar()는 초기화해도 문제없지만 scanf("%c",&h)는 초기화할 수 없다.

즉 char h=getchar();는

char h;

scanf("%c",&h);와 같다.

5-11-8-2) 할당 (assignment)

getchar와 scanf 모두 가능하다.

char h;로 선언한 경우

즉 h=getchar();는

scanf("%c",&h)와 같다.

실행할 정서 5-45) 가능한 자료형

```
# include "stdafx.h"
int main()
{
	char h=getchar();
	printf("h(c)=%c\n",h);
	printf("h(d)=%d\n",h);
}
```

입력을 a로 하자.

1) 위 정서를 실행하자. 출력은 무엇인가?

2) char을 다음으로 바꾸어 실행해 보자. 잘 출력되나?

(1) unsigned char

(2) short

(3) unsigned short

(4) int

(5) unsigned int

(6) long

(7) unsigned long

3) 1) 2)와 같이 출력되도록 char h=getchar(); 문장을 없애고 대신 scanf 함수로 바꾸시오.

4) char을 다음으로 바꾸어 실행해 보자. 잘 출력되나? 혹시 경고가 발생하면 경고를 적고 번역하시오.

(1) float

(2) double

(3) long double

실행할 정서 5-46) 두 개 이상의 문자가 입력된 경우

```
# include "stdafx.h"
int main()
{
    char h;
    h=getchar();
    printf("h(c)=%c\n",h);
    printf("h(d)=%d\n",h);
}
```

1) 입력을 a로 하여 위 정서를 실행하자. 출력은 무엇인가?

2) 입력을 다음과 같이 바꾸어 실행하자. 다음 두 입력의 차이가 있

나? 그 이유는 무엇인가?

(1) ab

(2) ac

실행할 정서 5-47) 초기화를 할당으로 변환

```
# include "stdafx.h"
int main()
{
      char h=getchar();
      printf("h(c)=%c\n",h);
      printf("h(d)=%d\n",h);
}
```

입력을 a로 하자.

1) 위 정서를 실행하자. 출력은 무엇인가?

2) 위 정서에는 초기화하는 문장이 있다. 어느 문장인가?

3) 초기화하는 문장을 없애고, 대신 이를 할당으로 바꾸시오.

4) 할당과 초기화의 차이가 있는가?

실행할 정서 5-48)

```
getchar를 scanf로 변환 1 (초기화)
# include "stdafx.h"
int main()
{
      char h=getchar();
      printf("h(c)=%c\n",h);
      printf("h(d)=%d\n",h);
}
```

입력을 a로 하자.

1) 위 정서를 실행하자. 출력은 무엇인가?

2) 1)과 같이 출력되도록 char h=getchar(); 문장을 없애고 대신 scanf 함수로 바꾸시오.

실행할 정서 5-49) getchar를 scanf로 변환 2(할당)

```
# include "stdafx.h"
int main()
{
	char h=98;
	printf("h1(c)=%c\n",h);
	printf("h1(c)=%d\n",h);
	h=getchar();
	printf("h2(c)=%c\n",h);
	printf("h2(c)=%d\n",h);
}
```

입력을 a로 하자.

1) 위 정서를 실행하자. 출력은 무엇인가?

2) 1)과 같이 출력되도록 h=getchar(); 문장을 없애고 대신 scanf 함수로 바꾸시오.

5-12) 문자열 전용 입력 함수 (gets)

앞 절에서 단일 문자 전용 입력 함수인 getchar을 공부하였다. 본 절에서는 문자열 전용 입력 함수인 gets를 공부한다. 물론 이들 함수 – getchar과 gets – 대신 scanf를 이용하여 입력할 수도 있지만 이들 함수들이 scanf보다 좋은 점이 있으므로 자주 이용된다.

gets는 get string의 준말이다.

5-12-1) 역할

문자열, 즉 여러 개의 문자를 입력한다. gets는 get string의 준말이다.

5-12-2) 가능한 자료형

문자 배열

5-12-3) 입력 방법

enter key를 누르기 전까지의 공백 문자를 포함하여 모든 문자들이 지정한 문자 배열에 저장된다. 그리고 다음 줄로 바뀐다.

5-12-4) scanf와 비교했을 때의 장점

5-12-4-1)

서식 지정자 %s를 사용할 필요가 없으므로 사용법이 간단하여 사용하기가 쉽다.

5-12-4-2)

속도가 빠르다.

5-12-5) scanf와 비교했을 때의 단점

5-12-5-1)

서식 지정을 할 수 없다.

5-12-5-2)

단일 문자 외에 정수, 실수, 문자열을 출력할 수 없다.

5-12-6) scanf와의 비교

입력하는 문자열에 공백이 없는 경우, 입력하는 배열명이 h인 경우, gets[h];는

```
scanf("%s",h);
printf("\n");
```

과 같다.

실행할 정서 5-50) 공백이 없는 경우

```
# include "stdafx.h"
int main()
{
      char h[2];
      gets(h);
      printf("%s\n",h);
}
```

1) 위 정서를 실행하자. 입력을 다음과 같이 하자. 출력은 무엇인가? 잘 실행되나?

   (1) a

   (2) ab

   (3) abc

   (4) abcd

   (5) abcde

2) gets(h);를 없애고 같은 출력이 되도록 scanf와 printf로 바꾸시오.

실행할 정서 5-51) 공백이 있는 경우

```
# include "stdafx.h"
int main()
{
	char h[2];
	gets(h);
	printf("%s\n",h);
}
```

1) 위 정서를 실행하자. 입력을 다음과 같이 하자. 출력은 무엇인가? 잘 실행되나?

   (1) a b

   (2) a bc

   (3) a bc

   (4) a bcd

5-z) 개념 문제 (concept problem)

1) 기초

※ 1-1~3) 다음은 본서에서 나온 입력 함수이다. 무슨 입력 함수인가?

1-1) 정수와 실수를 입력할 수 있는 함수는 뭐인가?

1-2) 오로지 문자를 입력할 수 있는 함수는 뭐인가?

1-3) 오로지 문자열만을 입력할 수 있는 함수는 뭐인가?

3) 주소 연산자

3-1) 상수나 변수의 주소를 알기 위해서 그 앞에 뭐를 붙이면 되나?

3-2) &를 영어로 뭐라고 하나?

3-3) &를 앞에 붙이지 않아도 주소인 경우는 2가지가 있다. 뭐인가?

(1)

(2)

3-4) scanf() 함수에서 입력받기 위해서는 변수명 앞에 무엇을 붙여야 하는가?

4) 형식 지정자

※ 4-1~8) 다음 scanf() 함수에서 다음을 입력할 때 입력 형식 지정자는 무엇인가?

참고) 11번과 12번을 제외하고는 답이 하나이다.
모든 답은 %와 1개의 문자로 구성된다.

4-1) 하나의 문자

4-2) 10진수 정수

4-3) 8진수 정수

4-4) 16진수 정수

4-5) 부호 없는 정수

4-6) float (3개)

4-7) double (3개)

4-8) 문자열

4-9) 위 문제 3-1~8) 중 printf와 가장 큰 차이가 나는 것은 뭐인가?

5) 선언

5-1) 선언한 후에 3가지 중 한 가지를 해야 한다. 뭐인가?

(1) (2) (3)

5-2) 위 3가지 중 2가지 이상하면 건설되나? 안 되나?

5-3) 위 3가지 중 초기화, 할당 2가지 한 정서를 만들고 실행하시오.

5-4) 위 3가지 중 초기화, 입력 2가지 한 정서를 만들고 실행하시오.

5-5) 위 3가지 중 할당,입력 2가지 한 정서를 만들고 실행하시오.

5-6) 위 3가지 전부 한 정서를 작성하고 실행하시오.

11) 단일 문자 전용 입력 함수

11-1) getchar는 뭐를 입력할 때 사용하나?

11-2) 여러 문자를 getchar로 입력하면 여러 문자가 입력되나? 안 되나?

11-3) 다음 중 getchar로 입력되는 자료형은 뭐인가?

(1) char (2) unsigned char
(3) short (4) unsigned short
(5) int (6) unsigned
(7) long (8) unsigned long
(9) float

(10) double　　　　　　(11) long double

11-4) scanf와 비교해서 getchar의 장점 2가지 쓰시오.

(1)

(2)

11-5) scanf와 비교해서 getchaf의 단점 2가지 쓰시오.

(1)

(2)

11-6) 다음 getchar와 같게 입력되는 scanf로 바꾸시오.

(1) char h=getchar();

(2) h=getchar();

12) 문자열 전용 입력 함수

12-1) gets는 뭐를 입력할 때 사용하나?

12-2) gets로 입력 가능한 자료형은 뭐인가?

12-3) scanf와 비교해서 gets의 장점 2가지 쓰시오.

(1)　　　　　　(2)

12-4) scanf와 비교해서 gets의 단점 2가지 쓰시오.

(1)　　　　　　(2)

12-5) 다음 gets와 같은 동작을 하는 scanf가 포함된 정서는 뭐인가?

```
char h[10];
gets(h);
```

연산자 (operator) 6

6-0) 학습 목표 (learning objective)

1) 연산자의 정의를 안다.

2) 피연산자의 정의를 안다.

3) 피연산자의 수에 의한 연산자의 분류를 안다.

4) 단항 연산자, 이항 연산자, 삼항 연산자의 차이를 안다.

5) 연산자의 우선 순위를 안다.

6) 증감 연산자의 사용법을 안다.

7) 산술 연산자의 사용법을 안다.

8) 이동 연산자의 사용법을 안다.

9) 관계 연산자의 사용법을 안다.

10) 선택 연산자의 사용법을 안다.

6-1) 기초 (basics)

6-1-1) 용어

6-1-1-1) 연산자 (operator)

번역기에 특수한 산술 또는 논리 연산을 수행하도록 지시하는 기호이다. C 언어에서의 연산은 수학이나 논리학에서의 연산과 비슷하다.

6-1-1-2) 피연산자 (operand)

연산자의 작용을 받는 것이다. 내용에 따라서 정수, 실수 2가지의 피연산자로 나눌 수 있다.
피연산자는 상수와 변수뿐만 아니라 수식도 가능하다.

6-1-2) 피연산자의 수에 의한 연산자의 분류

연산자의 종류에 따라 피연산자의 수는 한 개, 두 개, 세 개의 3가지 중의 하나이다. 이에 따라 다음과 같이 분류할 수 있다.

6-1-2-1) 단항 연산자 (unary operator)

피연산자가 한 개인 연산자

6-1-2-2) 이항 연산자 (binary operator)

피연산자가 두 개인 연산자
이 종류가 가장 많다.

6-1-2-3) 삼항 연산자 (tertiary operator)

피연산자가 세 개인 연산자
조건 연산자만이 여기에 속한다.

참고) *는 단항 연산자와 이항 연산자의 2가지로 다 쓰이는데
* 앞에 피연산자가 없으면 단항 연산자이고,
* 앞에 피연산자가 있으면 이항 연산자이다.

예제 6-1 다음 연산에서 연산자와 피연산자는 무엇인가?

1) ++ a

2) b - c

3) d ? e : f

예제 6-2 다음 연산자는 단항 연산자, 이항 연산자, 삼항 연산자 중 어디에 속하는가?

1) -- a

2) b + c

3) d ? e : f

예제 6-3 다음 연산자 *는 단항 연산자인가? 또는 이항 연산자인가?

1) int *a;

2) b*c

6-1-3) 연산자 우선 순위 (priority of operators)

다음 표 6-1은 모든 연산자의 우선순위이다.

여러 개의 연산자가 하나의 식에 있을 경우, 어느 연산자를 먼저 수행할지를 결정할 때 위에 있는 연산을 먼저 수행하고, 아래에 있는 연산을 나중에 수행한다. 결합 방향은 왼쪽에서 오른쪽과 오른쪽에서 왼쪽의 2가지 방향이 있다.

단항, 삼항, 치환연산자는 오른쪽에서 왼쪽으로 수행한다. 이를 제외한 모든 연산자, 즉 기본 연산자와 치환 연산자를 제외한 모든 이항 연산자는 왼쪽에서 오른쪽으로 수행한다. 제일 왼쪽의 절에 있는 숫자는 각 연산자가 설명된 절을 의미한다.

<table>
<tr><th>절</th><th>종류</th><th>우선 순위</th><th>연산자 (operator)</th><th>왼→오른</th><th>오른→왼</th></tr>
<tr><td>1</td><td>기본</td><td>1</td><td>(), [], ->, .</td><td>O</td><td></td></tr>
<tr><td>2</td><td>단항</td><td>2</td><td>!, ~, +, -, ++, --, *, &, sizeof</td><td></td><td>O</td></tr>
<tr><td>3</td><td>산술</td><td>3
4</td><td>*, /, %
+, -</td><td>O</td><td></td></tr>
<tr><td>3</td><td>이동</td><td>5</td><td>>>, <<</td><td>O</td><td></td></tr>
<tr><td>3</td><td>관계</td><td>6
7</td><td><, <=, >, >=
==, !=</td><td>O</td><td></td></tr>
<tr><td>3</td><td>조금</td><td>8
9
10</td><td>&
^
|</td><td>O</td><td></td></tr>
<tr><td>3</td><td>논리</td><td>11
12</td><td>&&
||</td><td>O</td><td></td></tr>
<tr><td>4</td><td>조건</td><td>13</td><td>? :</td><td></td><td>O</td></tr>
<tr><td>5</td><td>치환</td><td>14</td><td>=, +=, -=, *=, /=, %=</td><td></td><td>O</td></tr>
<tr><td>5</td><td>쉼표</td><td>15</td><td>,</td><td>O</td><td></td></tr>
</table>

표 6-1 모든 연산자의 우선 순위

6-1-4) 순시

본서에서는 우선 순위 순서대로 연산자들을 소개하였다. 즉, 앞에 나온 연산자가 뒤에 나온 연산자보다 우선 순위가 빠르다.

6-2) 기본 연산자 (basic operator)

6-2-0-1) 우선 순위

기본 연산자는 모든 연산자 중 우선 순위가 가장 빠르다.

6-2-0-2) 종류

(), [], ->, .의 4개가 있다.

6-2-1) 괄호 (parenthesis) 연산자 - ()

괄호(parenthesis) 연산자 - () - 는 다음과 같이 형변환 연산자와 최우선 순위 연산자 2가지로 쓰이는데 둘 다 중요하므로 확실히 알아두자.

6-2-1-1) 형 변환(type conversion) 연산자 - ()

형을 바꾸어 주므로 형변환 연산자라고 한다. cast 연산자라고 부르기도 한다.

눈에 직접적으로 보이므로 명시적(explicit) 형변환이라고도 하고, 강제적으로 형을 바꾸는 것이므로 강제적(forced) 형변환이라고도 한다.

참고) 이에 비해 할당하면서 변환되는 것을 눈에 직접적으로 보이지 않으므로 묵시적(implicit) 형변환이라고도 하고, 자동적으로 형이 바뀌므로 자동적(automatic) 형변환이라고도 한다.

6-2-1-1-1) 사용법

변환하려는 상수, 변수, 수식의 앞에 ()를 쓰고, (와) 사이에 변환하려는 자료형을 쓰면 된다. 예를 들어 float형 변수 f를 char형으로 바꾸고 싶다면 (char)h라고 쓰면 된다.

6-2-1-1-2) 묵시적(자동적) 형변환보다 좋은 점

a. 정서를 이해하기가 쉽다.

b. 경고도 없앨 수 있다.

실행할 정서 6-1) 실수를 정수에 할당

```
# include "stdafx.h"
int main()
{
      char h;
      h=1.2;
      printf("h=%d\n",h);
}
```

1) 위 정서를 실행하자. 경고가 발생한다. 경고를 쓰고 번역하시오.

2) 경고가 발생하는 이유는 무엇인가?

3) h=1.2;를 다음으로 바꾸고 실행하자. 출력은 무엇인가?

(1) h=(char)1.2;

(2) h=(char)1.8;

(3) h=(char)−1.2;

(4) h=(char)−1.8;

실행할 정서 6-2) 나눗셈

```
# include "stdafx.h"
int main()
{
      float r;
      r=7/2;
```

```
    printf("r=%f\n",r);
}
```

1) 위 정서를 실행하자. 출력은 무엇인가?

2) r=7/2;을 다음으로 바꾸자. 출력은 무엇인가?

(1) r=(float)7/2;

(2) r=7/(float)2;

(3) r=(float)7/(float)2;

6-2-1-2) 최우선 연산자

연산자의 우선 순서를 바꿀 때, 또는 연산자의 우선 순위를 모를 때 아주 유용한 연산자이다.

대표적인 사용 예로서 4칙 연산의 예를 보인다.

수학에서와 마찬가지로 C 언어에서도 *(곱셈)과 /(나눗셈)이 +(덧셈)과 −(뺄셈)의 우선 순위가 높다. 그런데, 이 우선 순위를 () 연산자에 의해서 바꿀 수 있다.

다음 정서들을 실행하면 () 연산자가 있을 때와 없을 때의 차이를 알 수 있을 것이다.

실행할 정서 6-3) +와 *

```
# include "stdafx.h"
int main()
{
    printf("1+2*3=%d\n",1+2*3);
    printf("(1+2)*3=%d\n",(1+2)*3);
}
```

1) 다음 출력 값은 얼마인가?

a. 1+2*3

b. (1+2)*3

2) +와 * 중 우선 순위가 높은 것은 무엇인가?

3) (1+2)*3에서 +와 *중 무슨 연산을 먼저 했나? 그 이유는 무엇인가?

4) ()가 있을 때와 없을 때의 차이는 무엇인가?

실행할 정서 6-4) -와 *

```
# include "stdafx.h"
int main()
{
      printf("1-2*3=%d\n",1-2*3);
      printf("(1-2)*3=%d\n",(1-2)*3);
}
```

1) 다음 출력 값은 얼마인가?

   a. 1−2*3

   b. (1−2)*3

2) −와 * 중 우선 순위가 높은 것은 무엇인가?

3) (1−2)*3에서 −와 *중 무슨 연산을 먼저 했나? 그 이유는 무엇인가?

4) ()가 있을 때와 없을 때의 차이는 무엇인가?

실행할 정서 6-5) +와 /

```
# include "stdafx.h"
int main()
{
      printf("4+6/2=%d\n",4+6/2);
      printf("(4+6)/2=%d\n",(4+6)/2);
}
```

1) 다음 출력 값은 얼마인가?

a. 4+6/2

b. (4+6)/2

2) +와 / 중 우선 순위가 높은 것은 무엇인가?

3) (4+6)/2에서 +와 /중 무슨 연산을 먼저 했나? 그 이유는 무엇인가?

4) ()가 있을 때와 없을 때의 차이는 무엇인가?

실행할 정서 6-6) -와 /

```
# include "stdafx.h"
int main()
{
        printf("4-6/2=%d\n",4-6/2);
        printf("(4-6)/2=%d\n",(4-6)/2);
}
```

1) 다음 출력 값은 얼마인가?

a. 4−6/2

b. (4−6)/2

2) −와 / 중 우선 순위가 높은 것은 무엇인가?

3) (4−6)/2에서 −와 /중 무슨 연산을 먼저 했나? 그 이유는 무엇인가?

4) ()가 있을 때와 없을 때의 차이는 무엇인가?

6-2-2) 배열 (array) 연산자 - [ ]

'제10장. 배열'에서 공부할 예정이므로 설명을 생략한다. 동일한 자료형의 자료가 여러 개 필요할 때 이용한다는 것만 알아 두자.

6-2-3) 구조체 (structure) 연산자 1 - .

점(dot) 연산자라고도 한다. . 앞에 있는 구조체가 지시자가 아닌 경우 쓰이는 연산자이다. 구조체는 본서의 범위가 아니므로 위와 같이만 알아두자.

6-2-4) 구조체 (structure) 연산자 2 - ->

화살표(arrow) 연산자라고도 한다. -> 앞에 있는 구조체가 지시자인 경우 쓰이는 연산자이다. 구조체는 본서의 범위가 아니므로 위와 같이만 알아두자.

6-3) 단항 연산자 (uniary operator)

6-3-0) 개요

6-3-0-1) 정의

피연산자(operand)를 하나만 갖는 연산자

6-3-0-2) 종류

++, --, !, ~, +, -, *, &, sizeof의 9가지가 있다.

6-3-0-3) 피연산자의 위치

전부 피연산자가 연산자 뒤에 와야 있다. 다만, ++와 -- 2개의 연산자의 경우에만 피연산자가 연산자 앞에 올 수도 있다.

6-3-0-4) 우선 순위

기본 연산자 다음인 2순위이다. 단항 연산자들끼리는 전부 우선 순위가 같다.

6-3-1) 증감 연산자 - ++와 --

++는 증가 연산자이고, --는 감소 연산자이다.

증가 연산자는 1을 더하는 것이고 감소 연산자는 1을 빼는 것이다.

위 두개의 연산자가 단항 연산자 중 가장 많이 쓰이는 연산자이므로 정확하게 알아야 한다.

다른 단항 연산자들은 반드시 피연산자가 연산자의 뒤에 오지만, 증감 연산자는 피연산자가 연산자의 뒤에는 물론 앞에도 올 수 있다.

다른 연산자와 같이 쓰이지 않는다면 피연산자가 연산자의 뒤에 오는 경우가 앞에 오는 경우와 같지만, 다른 연산자와 같이 쓰인다면 피연산자가 연산자의 뒤에 오는 경우가 앞에 오는 경우와 다를 수도 있다.

본서에서는 가장 널리 쓰이는 예인 증감 연산자가 할당 연산자와 같이 쓰이는 예를 알아본다.

6-3-1-1) 증가 연산자 ++

1을 더하는 연산자이다.

6-3-1-1-1) 단독으로 쓰인 경우

++a, a++, a+=1, a=a+1이 전부 같다.

실행할 정서 6-7)

```
# include "stdafx.h"
int main()
{
      short a=1;
      a++;
      printf("a=%d\n",a);
}
```

1) 출력되는 a의 값은 무엇인가?

2) a++을 다음으로 바꾸었을 때 출력되는 a의 값은 무엇인가?

(1) ++a;

(2) a+=1;

(3) a=a+1;

6-3-1-1-2) 할당 연산자와 같이 쓰인 경우

이 경우는 ++a와 a++가 다르다. 다음 정서들로 알아보자.

실행할 정서 6-8)

```
# include "stdafx.h"
int main()
{
	short a=2,b;
	b=a++;
	printf("a=%d\n",a);
	printf("b=%d\n",b);
}
```

1) 출력되는 다음 값들은 얼마인가?
   (1) a
   (2) b

2) b=a++;에는 2개의 연산자가 있다. =와 ++ 중 어느 연산을 먼저 했는가?

3) b=a++;를 1개의 연산자가 있는 2개의 문장으로 바꾸시오.

실행할 정서 6-9)

```
# include "stdafx.h"
int main()
{
	short a=2,b;
	b=++a;
	printf("a=%d\n",a);
	printf("b=%d\n",b);
}
```

1) 출력되는 다음 값들은 얼마인가?

(1) a

(2) b

2) b=a++;에는 2개의 연산자가 있다. =와 ++ 중 어느 연산을 먼저 했는가?

3) b=a++;를 1개의 연산자가 있는 2개의 문장으로 바꾸시오.

6-3-1-2) 감소 연산자 --

1을 빼는 연산자이다.

6-3-1-2-1) 단독으로 쓰인 경우

--a, a--, a-=1, a=a-1이 전부 같다.

실행할 정서 6-10)

```
# include "stdafx.h"
int main()
{
      short a=3;
      a--;
      printf("a=%d\n",a);
}
```

1) 출력되는 a의 값은 무엇인가?

2) a--을 다음으로 바꾸었을 때 출력되는 a의 값은 무엇인가?

(1) --a;

(2) a-=1;

(3) a=a-1;

6-3-1-2-2) 할당 연산자와 같이 쓰인 경우

이 경우는 − −a와 a− −가 다르다. 다음 정서들로 알아보자.

실행할 정서 6-11)

```
# include "stdafx.h"
int main()
{
      short a=4,b;
      b=a--;
      printf("a=%d\n",a);
      printf("b=%d\n",b);
}
```

1) 출력되는 다음 값들은 얼마인가?
   (1) a
   (2) b
2) b=a− −;에는 2개의 연산자가 있다. =와 − − 중 어느 연산을 먼저 했는가?
3) b=a− −;를 1개의 연산자가 있는 2개의 문장으로 바꾸시오.

실행할 정서 6-12)

```
# include "stdafx.h"
int main()
{
      short a=4,b;
      b=--a;
      printf("a=%d\n",a);
      printf("b=%d\n",b);
}
```

1) 출력되는 다음 값들은 얼마인가?

(1) a

(2) b

2) b=a--;에는 2개의 연산자가 있다. =와 -- 중 어느 연산을 먼저 했는가?

3) b=a--;를 1개의 연산자가 있는 2개의 문장으로 바꾸시오.

6-3-2) 부정 연산자 - !

! 뒤에 오는 값의 부정이 되는 연산자이다. 참의 부정은 거짓이고, 거짓의 부정은 참이다. 0은 거짓이고 0 이외의 모든 값은 참으로 간주한다.

! 다음 오는 값이 0이면 값이 1이고 0이 아니면 값이 0이다.

! 다음에 오는 값이 실수(float, double)이면 경고가 발생한다.

실행할 정서 6-13)

```
# include "stdafx.h"
int main()
{
	short a=0, b;
	b=!a;
	printf("a=%d\n",a);
	printf("b=%d\n",b);
}
```

1) 출력되는 다음 값은 얼마인가?

(1) a

(2) b

2) a=0에서 0을 1로 바꾸고 실행해 보자. 출력되는 다음 값은 얼마인가?
   (1) a
   (2) b

실행할 정서 6-14)

```
# include "stdafx.h"
int main()
{
      float a=0, b;
      b=!a;
      printf("a=%d\n",a);
      printf("b=%d\n",b);
}
```

1) 위 정서를 실행하자. 경고가 발생한다. 경고를 적고 번역하시오.

2) 출력되는 다음 값은 얼마인가?
   (1) a
   (2) b

3) a=0에서 0을 1로 바꾸고 실행해 보자. 출력되는 다음 값은 얼마인가?
   (1) a
   (2) b

6-3-3) 양수 연산자 - +

양수라는 것을 확실히 하는 연산자로서 있으나 마나 한 연산자이다.

6-3-4) 음수 연산자 - -

음수를 나타내는 연산자이다.

6-3-4-1) 부호가 있는 경우

signed형(char, short, int, long)이나 실수(float, double)형의 경우 음수가 나온다.

6-3-4-2) 부호가 없는 경우

unsignde형 (unsigned char, unsigned short, unsigned, unsigned long)의 경우 음수 자체를 취급하지 않으므로, 음수가 아닌 다른 값 – 원래 값+자료형의 가짓수 –이 나오므로 주의하여야 한다.

실행할 정서 6-15) signed

```
# include "stdafx.h"
int main()
{
      char c=2, d=-c;
      printf("c=%d\n",c);
      printf("-c=%d\n",d);
}
```

1) 출력되는 다음 값은 무엇인가?
   (1) c
   (2) d
2) char를 다음으로 바꾸고 해 보자. 1)의 경우와 같나?
   (1) short
   (2) int
   (3) long
   (4) float
   (5) double

실행할 정서 6-16) char과 unsigned char

```
# include "stdafx.h"
int main()
{
      char c=2;
      unsigned char d=-c;
      printf("c=%d\n",c);
      printf("-c=%d\n",d);
}
```

1) 출력되는 다음 값은 무엇인가?
   (1) c
   (2) d
2) d의 값은 실행할 정서 6−15)에서와는 다르다. 다른 이유는 무엇인가?
3) c+d의 값은 얼마인가?
4) char c=2;를 char c=3;으로 바꾸고 다시 실행하자.
5) 4)의 경우 c+d의 값은 얼마인가?

실행할 정서 6-17) short과 unsigned short

```
# include "stdafx.h"
int main()
{
      short c=2;
      unsigned short d=-c;
      printf("c=%d\n",c);
      printf("-c=%d\n",d);
}
```

1) 출력되는 다음 값은 무엇인가?

(1) c

(2) d

2) d의 값은 실행할 정서 6－15)에서와는 다르다. 다른 이유는 무엇인가?

3) c＋d의 값은 얼마인가?

4) char c＝2;를 char c＝3;으로 바꾸고 다시 실행하자.

5) 4)의 경우 c＋d의 값은 얼마인가?

실행할 정서 6-18) long과 unsigned long

```
# include "stdafx.h"
int main()
{
      long c=2;
      unsigned long d=-c;
      printf("c=%d\n",c);
      printf("-c=%d\n",d);
}
```

1) 출력되는 다음 값은 무엇인가?

(1) c

(2) d

2) unsigned long d＝－c;에서 unsigned를 빼고 long d＝－c;로 바꾸어 다시 실행하자. 값이 바뀌는가?

6-3-5) 1의 보수 연산자 - ~

부호를 바꿀 때 2의 보수를 이용하는데 여기서 1을 빼면 1의 보수이다. 그러므로 ~a는 −a−1는 같다.

6-3-5-1) 부호가 있는 경우

signed형(char, short, int, long)이나 unsigned long 실수(float, double)형의 경우 음수−1이 나온다.

a와 0의 대소에 따라 다음과 같은 3가지 경우로 나눌 수 있다.

a>0인 경우 ~a<−1

a=0인 경우 ~a=−1

a<0인 경우 ~a>0

6-3-5-2) 부호가 없는 경우

unsigned형 (unsigned char, unsigned short)의 경우 항상 양수이므로 1의 보수 연산자를 하면 항상 0보다 작다. 그러므로, 음수를 할당할 경우 주의해야 한다. 이 경우 '할당한 값+자료형의 가짓수'로 바뀌므로 그 값에 1의 보수를 취하면 '−할당한 값−자료형의 가짓수−1'이 된다.

예를 들어 unsigned char h=−2;인 경우 자료형의 가짓수는 256이므로 실제로 h=−2+256=254가 되어 !h=−254−2=−255가 된다.

실행할 정서 6-19) signed

```
# include "stdafx.h"
int main()
{
      char a=2;
      printf(" a \t %d\n", a);
      printf("~a \t %d\n",~a);
      printf("-a-1 \t %d\n",-a-1);
}
```

1) 출력되는 다음 값은 무엇인가?

(1) ~a

(2) $-a-1$

2) char a=2;를 char a=0으로 바꾸었을 때 출력되는 다음 값은 무엇인가?

(1) ~a

(2) $-a-1$

3) char a=2;를 char a=−3으로 바꾸었을 때 출력되는 다음 값은 무엇인가?

(1) ~a

(2) $-a-1$

실행할 정서 6-20) unsigned char 변수에 양수 할당

```
# include "stdafx.h"
int main()
{
	unsigned char a=2;
	printf(" a \t %d\n", a);
	printf("~a \t %d\n",~a);
	printf("-a-1 \t %d\n",-a-1);
}
```

1) 출력되는 다음 값은 무엇인가?

(1) ~a

(2) $-a-1$

2) unsigned char a=2;를 unsigned char a=0으로 바꾸었을 때 출력되는 다음 값은 무엇인가?

(1) ~a

(2) $-a-1$

실행할 정서 6-21) unsigned char 변수에 음수 할당

```
# include "stdafx.h"
int main()
{     unsigned char a=-2;
      printf(" a \t %d\n", a);
      printf("~a \t %d\n",~a);
      printf("-a-1 \t %d\n",-a-1);
}
```

1) 출력되는 다음 값은 무엇인가?

   (1) a

   (2) ~a

   (3) −a−1

2) unsigned char의 가짓수는 얼마인가?

3) −2+unsigned char의 가짓수는 얼마인가? 이 수는 다음 중 어느 값과 같은가?

   (1) a　　(2) ~a　　(3) −a−1

4) 2−unsigned char의 가짓수−1은 얼마인가? 이 수는 다음 중 어느 값과 같은가?

   (1) a　　(2) ~a　　(3) −a−1

실행할 정서 6-22) unsigned short 변수에 음수 할당

```
# include "stdafx.h"
int main()
{     unsigned short a=-2;
      printf(" a \t %d\n", a);
      printf("~a \t %d\n",~a);
      printf("-a-1 \t %d\n",-a-1);}
```

1) 출력되는 다음 값은 무엇인가?

(1) a

(2) ~a

(3) $-a-1$

2) unsigned short의 가짓수는 얼마인가?

3) $-2+$unsigned short의 가짓수는 얼마인가? 이 수는 다음 중 어느 값과 같은가?

(1) a (2) ~a (3) $-a-1$

4) $2-$unsigned short의 가짓수-1은 얼마인가? 이 수는 다음 중 어느 값과 같은가?

(1) a (2) ~a (3) $-a-1$

실행할 정서 6-23) unsigned long 변수에 음수 할당

```
# include "stdafx.h"
int main()
{
    unsigned long a=-2;
    printf(" a \t %d\n", a);
    printf("~a \t %d\n",~a);
    printf("-a-1 \t %d\n",-a-1);
}
```

1) 출력되는 다음 값은 무엇인가?

(1) ~a

(2) $-a-1$

2) unsigned long $a=-2$;를 unsigned long $a=0$;으로 바꾸었을 때 출력되는 다음 값은 무엇인가?

(1) ~a

(2) －a－1

6-3-6) 주소 연산자 - &

뒤에 오는 변수(또는 상수)의 주소를 나타낸다. 입력 함수인 scanf()에서 충분히 설명했으므로 여기서는 생략한다.

6-3-7) 지시자 연산자 - *

6-3-7-1) 지시자의 정의

자료가 저장되어 있는 기억 장소의 위치를 가리킨다. 따라서, 간접적으로 변수의 값을 참조할 수 있다.

6-3-7-2) 역할

6-3-7-2-1) 지시자 변수를 선언할 때

"자료형 *지시자명;"의 형태로 지시자명의 지시자 변수를 선언해서 만든다.

6-3-7-2-2)

지시자 변수가 가리키는 번지의 값을 알고 싶을 때 "*지시자변수명"의 형태로 지시자 변수가 가리키는 번지의 값을 알 수 있다.

6-3-7-3) 주소 연산자(&)와의 관계

주소 연산자와 역연산이라고 생각할 수 있다. 그러므로 &* 또는 *&는 아무것도 하지 않는 것과 같은 경우가 많다.

실행할 정서 6-24)

```
# include "stdafx.h"
int main()
{
      char *p,c=1;
      p=&c;
      /* address 시작 */
      printf("address\n");
      printf(" p=%d\n", p);
      printf("&c=%d\n",&c);
      printf("&p=%d\n",&p);
      /* address 끝 */
      printf("\n");
      /* value 시작 */
      printf("value\n");
      printf("*p=%d\n",*p);
      printf(" c=%d\n", c);
      /* value 끝 */
}
```

1) 출력되는 다음 값은 얼마인가?

(1) p

(2) &c

(3) &p

(4) *p

(5) c

2) 다음 변수의 주소는 얼마인가?

(1) c

(2) p

3) 지시자 변수명은 무엇인가?

4) 지시자 변수를 선언해서 지시자 변수를 만든 문장은 무엇인가?

5) 지시자 변수가 가리키는 번지의 값을 알 수 있는 문장은 무엇인가?

6-3-8) 크기 연산자 - sizeof

6-3-8-1) 정의

뒤에 있는 자료형 - 상수나 변수-의 크기(byte수)를 알 수 있는 연산자이다.

6-3-8-2) 사용 방식

sizeof (자료형) 또는 sizeof 자료형의 형식으로 쓰인다.

실행할 정서 6-25)

```
# include "stdafx.h"
int main()
{
     printf("byte = %d\n",sizeof 1);
}
```

1) 위 정서를 실행하자. 출력은 무엇인가?

2) sizeof 1을 다음으로 바꾸자. 출력은 무엇인가?

(1) sizeof 'z'

(2) sizeof 1.2

(3) sizeof 1.2f

(4) sizeof "bc"

(5) sizeof "bcd“

6-4) 이항 연산자 1 (binary operator one)

이항 연산자는 피연산자(operand)를 두 개 취하는 연산자이다. 본절에서는 삼항 연산자보다 우선 순위가 빠른 이항 연산자를 다룬다.

6-4-1) 산술 (arithmetic) 연산자

6-4-1-0-1) 종류

산술 연산자는 사칙 연산(덧셈, 뺄셈, 곱셈, 나눗셈)에 사용되는 연산자로서 다음 표 6-2와 같다.

우선 순위	연산자	역할
3	*	곱셈
	/	나눗셈의 몫
	%	나눗셈의 나머지
4	+	덧셈
	-	뺄셈

표 6-2 산술 연산자의 종류

6-4-1-0-2) 우선 순위 (priority)

수학에서와 같이 곱셈과 나눗셈에 관한 연산자는 3순위이고, 덧셈과 뺄셈에 관한 연산자는 4순위이다. 즉 곱셈과 나눗셈에 관한 연산자가 덧셈과 뺄셈에 대한 연산자보다 우선 순위가 빠르다.

6-4-1-0-3) 난이도

덧셈, 뺄셈, 곱셈 연산자는 쉬우나, 나눗셈에 관한 연산자 /와 %는 약간 어려우므로 /와 %에 대해서는 좀 더 주의해서 공부하여야 한다.

6-4-1-1) 3순위 (*, /, %)

6-4-1-1-1) * (곱)

앞의 피연산자와 뒤 피연산자와의 곱셈을 결과값을 의미하는 연산자다.

단항 연산자에도 *가 있는데, 이 경우는 지시자(pointer)을 의미한다.

* 앞에 피연산자가 있으면 단항 연산자이고,
* 앞에 피연산자가 없으면 이항 연산자이다.

6-4-1-1-2) / (나눗셈의 몫)

a) '정수/정수'의 경우

결과값은 정수이다.

b) '정수/실수', '실수/정수', '실수/실수'의 경우

즉, 두 개의 피연산자 중 하나라도 실수인 경우 결과값은 실수가 된다.

6-4-1-1-3) %(나눗셈의 나머지)

a) '정수/정수'의 경우

결과값은 정수이다.

b) '정수/실수', '실수/정수', '실수/실수'의 경우

즉, 두 개의 피연산자 중 하나라도 실수인 경우 오류가 발생한다.

6-4-1-1-4) 수학과의 비교

a와 b가 정수이고 a를 b로 나눌 때 $a = b*q + r$이면 $(0 \leqq r < b)$ (위에서 q, r은 정수)

몫 $q = a/b$

나머지 $r = a\%b$

a) $a > 0$인 경우

C 언어의 q와 r의 정의가 수학의 정의와 같다.

수학 예제 6-3-1 **다음 몫과 나머지를 구하시오.**

1) 7을 2로 나누었을 때
2) 7을 −2로 나누었을 때

b) $a < 0$인 경우

이 경우 주의하여야 한다. 왜냐하면 이 경우에는 $a > 0$인 경우와 달리 C 언어의 q와 r의 정의가 수학에서의 값과 다르다는 점이다.

C 언어에서는 $0 \leqq r < b$가 아니라 $-b < r \leqq 0$이다. 이에 따라, q의 값도 달라진다.

수학 예제 6-3-2 **수학에서 다음 몫과 나머지를 구하시오.**

1) −7을 2로 나누었을 때
2) −7을 −2로 나누었을 때

수학 예제 6-3-3 **C 언어에서 다음 몫과 나머지를 구하시오.**

1) −7을 2로 나누었을 때
2) −7을 −2로 나누었을 때

실행할 정서 6-26) * (곱셈)

```
# include "stdafx.h"
int main()
{
	short a=2, b=3;
	printf("%d*%d=%d\n",a,b,a*b);
}
```

1) 위 정서를 실행하자. 출력되는 값은 얼마인가?

실행할 정서 6-27) /와 %

(피연산자가 둘 다 정수인 경우의 나눗셈)
a/b에서 a>0, b>0인 경우

```
# include "stdafx.h"
int main()
{
      short a=7, b=2;
      printf("%d/%d=%d\n",a,b,a/b);
      printf("%d%%d=%d\n",a,b,a%b);
}
```

1) 출력되는 값은 무엇인가?

2) 7%2의 값은 얼마인가?

3) 7=2*q+r (p와 r은 정수)일 때 와 r의 값은 얼마인가?

실행할 정서 6-28) /와 %

(피연산자가 둘 다 정수인 경우의 나눗셈)
a/b에서 a>0, b<0인 경우

```
# include "stdafx.h"
int main()
{
      short a=7, b=-2;
      printf("%d/%d=%d\n",a,b,a/b);
      printf("%d%%d=%d\n",a,b,a%b);
}
```

1) 출력되는 값은 무엇인가?

2) 7%(−2)의 값은 얼마인가?

3) 7=(−2)*q+r (p와 r은 정수)일 때 q와 r의 값은 얼마인가?

실행할 정서 6-29) /와 %

(피연산자가 둘 다 정수인 경우의 나눗셈)
a/b에서, a<0, b>0인 경우

```
# include "stdafx.h"
int main()
{
      short a=-7, b=2;
      printf("%d/%d=%d\n",a,b,a/b);
      printf("%d%%d=%d\n",a,b,a%b);
}
```

1) 출력되는 값은 무엇인가?

2) (−7)%2의 값은 얼마인가?

3) −7=2*q+r (p와 r은 정수)일 때 q와 r의 값은 얼마인가?

실행할 정서 6-30) /와 %

(피연산자가 둘 다 정수인 경우의 나눗셈)
a/b에서 a<0, b<0인 경우

```
# include "stdafx.h"
int main()
{
      short a=-7, b=-2;
      printf("%d/%d=%d\n",a,b,a/b);
```

```
    printf("%d%%d=%d\n",a,b,a%b);
}
```

1) 출력되는 값은 무엇인가?

2) (−7)%(−2)의 값은 얼마인가?

3) −7=(−2)*q+r (p와 r은 정수)일 때 q와 r의 값은 얼마인가?

실행할 정서 6-31) /

(피 연산자가 둘 다 실수인 경우의 나눗셈의 몫)

```
# include "stdafx.h"
int main()
{
    float a=7, b=2;
    printf("%d/%d=%d\n",a,b,a/b);
}
```

1) 출력되는 값은 무엇인가?

2) a와 b가 short일 때와 결과가 다르다. 다른 이유는 무엇인가?

3) a와 b 중 하나를 short로 바꾸고 다시 실행해 보자. 그 결과는 둘 다 short일 때와 둘 다 float일 때 중 어느 경우과 같은가?

실행할 정서 6-32) %

(피 연산자가 둘 다 실수인 경우의 나눗셈의 나머지)

```
# include "stdafx.h"
int main()
{
```

```
    float a=7, b=2;
    printf("a%b=%f\n",a%b);
}
```

1) 오류를 적고 번역하시오.

2) 오류가 일어나는 이유는 무엇인가?

3) 오류가 발생하지 않게 위 정서를 수정하시오.

6-4-1-2) 4순위 (+, -)

실행할 정서 6-33) +, - (덧셈과 뺄셈)

```
# include "stdafx.h"
int main()
{
    short a=2, b=3;
    printf("%d+%d=%d\n",a,b,a+b);
    printf("%d-%d=%d\n",a,b,a-b);
}
```

1) 위 정서를 실행하자. 출력되는 값은 얼마인가?
  (1) a+b
  (2) a−b

6-4-2) 이동 (shift) 연산자

6-4-2-1) 종류

왼쪽 이동(left shift)와 오른쪽 이동(right shift)의 2가지가 있다.

6-4-2-2) 정의

어떤 정수를 왼쪽 또는 오른쪽으로 주어진 개수만큼 이동하는 연산자이다. 왼쪽에 있는 정수를 오른쪽에 있는 수만큼 이동한다. 예를 들어 h< <n은 h를 왼쪽으로 n만큼 이동하고, h> >n은 h를 오른쪽으로 n만큼 이동한다.

6-4-2-3) 우선 순위

왼쪽 이동, 오른쪽 이동 전부 5순위이다.

6-4-2-4) h가 실수인 경우

왼쪽에 있는 수, 즉 위에서 h가 만일 실수(float 또는 double)이면 오류가 발생한다.

6-4-2-1) 왼쪽 이동 (left shift)

h< <n은 h*2^n과 거의 같다. h는 문자 또는 정수이어야 한다.

실행할 정서 6-34) 1<<n (1<=n<32)

```
# include "stdafx.h"
int main()
{
      char h=1;
      char n=1;
      printf("%d<<%d=%d\n",h,n,h<<n);
}
```

1) 위 정서를 실행하자. 출력은 무엇인가?

2) char n=1;를 다음 값으로 바꾸고 다시 실행하자. 출력은 무엇인가? 출력은 2^n과 같은가?

   (1) char n=2;

   (2) char n=3;

(3) char n=4;

(4) char n=5;

(5) char n=6;

(6) char n=7;

(7) char n=8;

3) char n=1;를 다음으로 바꾸고 다시 실행하자. 출력은 무엇인가? 출력은 2^n과 같은가?

(1) char n=30;

(2) char n=31;

(3) char n=32;

실행할 정서 6-35) h<<1 (3<=h<=8)

```
# include "stdafx.h"
int main()
{
	char h=3;
	printf("%d<<1=%d\n",h,h<<1);
}
```

1) 위 정서를 실행하자. 출력은 무엇인가?

2) char h=3;를 다음 값으로 바꾸고 다시 실행하자. 출력은 무엇인가? 출력은 h*2와 같은가?

(1) char h=4;

(2) char h=5;

(3) char h=6;

(4) char h=7;

(5) char h=8;

3) char h=3;를 다음 값으로 바꾸고 다시 실행하자. 출력은 무엇인

가? 출력은 h*2와 같은가?

(1) char h=0;

(2) char h=-1;

(3) char h=-2;

(4) char h=-3;

(5) char h=-4;

(6) char h=-5;

(7) char h=-6;

(8) char h=-7;

(9) char h=-8;

6-4-2-2) 오른쪽 이동 (right shift)

h>>n은 h/(2^n)과 거의 같다. h는 문자 또는 정수이어야 한다.

실행할 정서 6-36) h>>1 (0<=h<=8)

```
# include "stdafx.h"
int main()
{
	char h=1;
	printf("%d>>1=%d\n",h,h>>1);
}
```

1) 위 정서를 실행하자. 출력은 무엇인가?

2) char h=1;를 다음 값으로 바꾸고 다시 실행하자. 출력은 무엇인가? 출력은 h/2와 같은가?

(1) char h=2;

(2) char h=3;

(3) char h=4;

(4) char h=5;

(5) char h=6;

(6) char h=7;

(7) char h=8;

실행할 정서 6-37) h>>1 (-8<=h<=-1)

```
# include "stdafx.h"
int main()
{
        char h=-1;
        printf("%d>>1=%d\n",h,h>>1);
}
```

1) 위 정서를 실행하자. 출력은 무엇인가?

2) char h=−1;를 다음 값으로 바꾸고 다시 실행하자. 출력은 무엇인가? 출력은 h/2와 같은가?

   (1) char h=−2;

   (2) char h=−3;

   (3) char h=−4;

   (4) char h=−5;

   (5) char h=−6;

   (6) char h=−7;

   (7) char h=−8;

실행할 정서 6-38) unsigned char에 음수 할당

```
# include "stdafx.h"
int main()
{       unsigned char h=-1;
        char n=1;
```

```
    printf("%d>>%d=%d\n",h,n,h>>n);
}
```

1) 위 정서를 실행하자. 출력은 무엇인가?

2) char n=1;를 다음 값으로 바꾸고 다시 실행하자. 출력은 무엇인가?

   (1) char n=2;
   (2) char n=3;
   (3) char n=4;
   (4) char n=5;
   (5) char n=6;
   (6) char n=7;
   (7) char n=8;

실행할 정서 6-39) unsigned short에 음수 할당

```
# include "stdafx.h"
int main()
{   unsigned short h=-1;
    char n=1;
    printf("%d>>%d=%d\n",h,n,h>>n);
}
```

1) 위 정서를 실행하자. 출력은 무엇인가?

2) char n=1;를 다음 값으로 바꾸고 다시 실행하자. 출력은 무엇인가?

   (1) char n=2;
   (2) char n=3;
   (3) char n=4;

(4) char n=5;

(5) char n=6;

(6) char n=7;

(7) char n=8;

실행할 정서 6-40) unsigned long에 음수 할당

```
# include "stdafx.h"
int main()
{     unsigned short h=-1;
      char n=1;
      printf("%d>>%d=%d\n",h,n,h>>n);
}
```

1) 위 정서를 실행하자. 출력은 무엇인가?

2) char n=1;를 다음 값으로 바꾸고 다시 실행하자. 출력은 무엇인가?

(1) char n=2;

(2) char n=3;

(3) char n=4;

(4) char n=5;

(5) char n=6;

(6) char n=7;

(7) char n=8;

6-4-3) 관계 (relational) 연산자

6-4-3-1) 정의

두 숫자 사이의 대소를 판단하는 연산자이다.

6-4-3-2) 결과값

거짓이면 0, 참이면 1의 값을 가진다.

6-4-3-3) 용도

흐름 변환의 조건식에서 많이 쓰이므로 흐름 변환를 잘 하기 위해서 반드시 필요한 연산자이므로 열심히 공부하여야 한다.

6-4-3-4) 우선 순위

<가 있는 연산자 - <,<=,>,<= -는 6순위이고 <가 없는 연산자 - ==,!= -는 7순위이다. 즉 <가 있는 연산자 - <,<=,>,<= -가 <가 없는 연산자 - ==,!= -보다 우선 순위가 빠르다.

6-4-3-5) 주의할 사항

6-4-3-5-1) 부등호는 등호보다 왼쪽에 온다

부등호는 등호보다 왼쪽에 온다. 즉 <=나 >=가 맞고 =>나 =<는 오류가 발생한다.

6-4-3-5-2) =와 ==의 차이

=는 오른쪽의 값을 왼쪽 변수 또는 상수로 할당하는 할당 연산자이다. 관계연산자는 ==이므로 혼동하지 않도록 주의하여야 한다.

6-4-3-5-3) 문자는 ASCII code로

문자 즉 char 또는 unsigned char의 경우 ASCII code의 순서로 판단한다.

실행할 정서 6-41)

```
# include "stdafx.h"
int main()
{
```

```
    printf("%d\n",1=>2);
}
```

1) 위 정서를 실행하면 오류가 발생한다. 오류를 적고 번역하시오.

2) 오류가 발생하는 이유는 무엇인가?

3) 오류가 발생하지 않게 위 정서를 수정하시오.

4) 2)와 같이 수정한 경우 출력은 무엇인가?

5) 1과 2를 서로 바꾼 경우 값은 얼마인가?

실행할 정서 6-42)

```
# include "stdafx.h"
int main()
{
    printf("%d\n",1=2);
}
```

1) 위 정서를 실행하면 오류가 발생한다. 오류를 적고 번역하시오.

2) 오류가 발생하는 이유는 무엇인가?

3) 오류가 발생하지 않게 위 정서를 수정하려고 한다. 다음 2가지 방법으로 수정하시오.
   (1) 관계 연산자 이용
   (2) 할당 연산자 이용

4) 위 2가지 경우 출력은 무엇인가?
   (1) 관계 연산자 이용
   (2) 할당 연산자 이용

실행할 정서 6-43)

```
# include "stdafx.h"
int main()
{
      short r=1, s=2;
      printf("> \t%d\n",r>s);
      printf(">=\t%d\n",r>=s);
      printf("< \t%d\n",r<s);
      printf("<=\t%d\n",r<=s);
      printf("==\t%d\n",r==s);
      printf("!=\t%d\n",r!=s);
}
```

1) 위 정서를 실행하자. 다음 값은 얼마인가?

(1) r>s

(2) r>=s

(3) r<s

(4) r<=s

(5) r==s

(6) r!=s

2) s=2를 s=1로 바꾸고 위 정서를 실행하자.
다음 값은 얼마인가?

(1) r>s

(2) r>=s

(3) r<s

(4) r<=s

(5) r==s

(6) r!=s

3) short r=1, s=2;를 short r=2, s=1;로 바꾸고 위 정서를 실행하

자. 다음 값은 얼마인가?

(1) r>s

(2) r>=s

(3) r<s

(4) r<=s

(5) r==s

(6) r!=s

실행할 정서 6-44)

```
# include "stdafx.h"
int main()
{
    char r='a', s='b';
    printf("> \t%d\n",r>s);
    printf(">=\t%d\n",r>=s);
    printf("< \t%d\n",r<s);
    printf("<=\t%d\n",r<=s);
    printf("==\t%d\n",r==s);
    printf("!=\t%d\n",r!=s);
}
```

1) 다음 문자의 미국 표준 부호는 얼마인가?

(1) 'a'

(2) 'b'

2) 위 정서를 실행하자. 다음 값은 얼마인가?

(1) r>s

(2) r>=s

(3) r<s

(4) r<=s

(5) r==s

(6) r!=s

3) s=2를 s=1로 바꾸고 위 정서를 실행하자. 다음 값은 얼마인가?

(1) r>s

(2) r>=s

(3) r<s

(4) r<=s

(5) r==s

(6) r!=s

4) short r=1, s=2;를 short r=2, s=1;로 바꾸고 위 정서를 실행하자. 다음 값은 얼마인가?

(1) r>s

(2) r>=s

(3) r<s

(4) r<=s

(5) r==s

(6) r!=s

6-4-4) 이진 (bitwise) 연산자

6-4-4-1) 정의

정수를 2진수로 바꾸어 논리 연산을 하는 연산자이다.

6-4-4-2) 3가지 이진 연산

a. and &

두 개 다 1일 때만 1이고, 하나라도 0이면 결과값은 0이다.

b. or ^

두 개 다 0일 때면 0이고, 하나라도 1이면 결과값은 1이다.

c. eor |

두 개가 같으면 0이고, 두 개가 다르면 1이다. 두 개 다 1일 때만 or와 다르고 다른 3가지 경우는 모두 or와 같다.

6-4-4-3) 우선 순위

이진 and – & – 는 8순위

이진 eor – ^ – 는 9순위

이진 or – | – 는 10순위이다.

6-4-4-4) 이진 연산자의 결과 표

위의 이진 연산자의 결과는 다음 표 6–3과 같다. () 안에 있는 수는 우선 순위이다.

bitwise	이진	&(8)	|(10)	^(9)
a	b	and	or	eor
0	0	0	0	0
0	1	0	1	1
1	0	0	1	1
1	1	1	1	0

표 6-3 이진 연산자의 결과

6-4-4-5) 예

이해를 쉽게 하기 위해서 예를 들어 본다. char 변수의 예를 들어 본다. 5&3, 5|3, 5^3의 계산 방법을 알아 본다. 계산 과정은 다음 3단계로 나뉜다.

1) 십진수를 이진수로 바꾼다.

   십진수 5를 이진수로 바꾸면 00000101

   십진수 3을 이진수로 바꾸면 00000011

2) 이진 연산을 한다.

이진 연산을 하면

and 00000001

or 00000111

eor 00000110

3) 이진수를 십진수로 바꾼다.

이진수를 십진수로 바꾸면

and 5&3=1

or는 5|3=7

eor는 5^3=6

실행할 정서 6-45)

```
# include "stdafx.h"
int main()
{
      printf("5&3=%d\n",5&3);
      printf("5^3=%d\n",5^3);
      printf("5|3=%d\n",5|3);
}
```

1) 위 정서를 실행하자. 다음 값은 무엇인가?

(1) 5&3

(2) 5^3

(3) 5|3

6-4-5) 논리 (logical) 연산자

6-4-5-1) 정의

두 개의 정수가 주어졌을 때 논리 연산을 하는 연산자이다. 0은 거짓이고, 0 이외의 모든 값은 참이다.

6-4-5-2) 우선 순위

논리 and – && – 는 11순위이고, 논리 or – || – 는 12순위이다.

6-4-5-3) 논리 연산자의 결과

논리 연산자의 결과는 다음 표 6–4와 같다. 논리 연산자의 eor는 존재하지 않는다.

logical	논리	&&(11)	||(12)
a	b	and	or
0	0	0	0
0	1	0	1
1	0	0	1
1	1	1	1

표 6-4 논리 연산자의 결과

6-4-5-3-1) and 연산 - &&

이 경우 앞이 0이면 뒤는 볼 필요도 없이 결과값은 0이다. 그래서 뒤 연산은 실행하지 않는다. 예를 들어 0 && a++이면 a++은 실행하지 않는다.

6-4-5-3-2) or 연산 - ||

이 경우 앞이 0이면 뒤는 볼 필요도 없이 결과값은 0이다. 그래서 뒤 연산은 실행하지 않는다. 예를 들어 1 || a++이면 a++은 실행하지 않는다.

예제 6-46 && 결과값

```
# include "stdafx.h"
int main()
{
      printf("0&&0=%d\n",0&&0);
      printf("0&&1=%d\n",0&&1);
      printf("1&&0=%d\n",1&&0);
      printf("1&&1=%d\n",1&&1);
}
```

1) 위 정서를 실행하자. 다음 출력은 무엇인가?
   (1) 0&&0
   (2) 0&&1
   (3) 1&&0
   (4) 1&&1

2) 1을 2로 바꾸어 다음식을 실행하자. 출력은 무엇인가?
   (1) 0&&2
   (2) 2&&0
   (3) 2&&2

3) 1을 'a'로 바꾸어 다음식을 실행하자. 출력은 무엇인가?
   (1) 0&&'a'
   (2) 'a'&&0
   (3) 'a'&&'a'

예제 6-47 || 결과값

```
# include "stdafx.h"
int main()
{
```

```
    printf("0||0=%d\n",0||0);
    printf("0||1=%d\n",0||1);
    printf("1||0=%d\n",1||0);
    printf("1||1=%d\n",1||1);
}
```

1) 위 정서를 실행하자. 다음 출력은 무엇인가?

(1) 0||0

(2) 0||1

(3) 1||0

(4) 1||1

2) 1을 2로 바꾸어 다음식을 실행하자. 출력은 무엇인가?

(1) 0||2

(2) 2||0

(3) 2||2

3) 1을 'a'로 바꾸어 다음식을 실행하자. 출력은 무엇인가?

(1) 0||'a'

(2) 'a'||0

(3) 'a'||'a'

예제 6-48 && short circuit

```
# include "stdafx.h"
int main()
{
    char a=1;
    printf("0&&a++=%d\n",0&&a++);
    printf("a=%d\n",a);
}
```

1) 위 정서를 실행하자. 다음 출력은 무엇인가?

   (1) 0&&a++

   (2) a

2) printf("0&&a++=%d\n",0&&a++); 대신

   printf("1&&a++=%d\n",1&&a++);로 바꾸어 다시 실행하자.

   다음 출력은 무엇인가?

   (1) 0&&a++

   (2) a

예제 6-49 || short circuit

```
# include "stdafx.h"
int main()
{
      char a=1;
      printf("1||a++=%d\n",0||a++);
      printf("a=%d\n",a);
}
```

1) 위 정서를 실행하자. 다음 출력은 무엇인가?

   (1) 1||a++

   (2) a

2) printf("1||a++=%d\n",1||a++); 대신

   printf("0||a++=%d\n",0||a++);로 바꾸어 다시 실행하자.

   다음 출력은 무엇인가?

   (1) 0||a++

   (2) a

```
    printf("0||0=%d\n",0||0);
    printf("0||1=%d\n",0||1);
    printf("1||0=%d\n",1||0);
    printf("1||1=%d\n",1||1);
}
```

1) 위 정서를 실행하자. 다음 출력은 무엇인가?

(1) 0||0

(2) 0||1

(3) 1||0

(4) 1||1

2) 1을 2로 바꾸어 다음식을 실행하자. 출력은 무엇인가?

(1) 0||2

(2) 2||0

(3) 2||2

3) 1을 'a'로 바꾸어 다음식을 실행하자. 출력은 무엇인가?

(1) 0||'a'

(2) 'a'||0

(3) 'a'||'a'

예제 6-48 && short circuit

```
# include "stdafx.h"
int main()
{
    char a=1;
    printf("0&&a++=%d\n",0&&a++);
    printf("a=%d\n",a);
}
```

1) 위 정서를 실행하자. 다음 출력은 무엇인가?

(1) 0&&a++

(2) a

2) printf("0&&a++=%d\n",0&&a++); 대신

printf("1&&a++=%d\n",1&&a++);로 바꾸어 다시 실행하자.

다음 출력은 무엇인가?

(1) 0&&a++

(2) a

예제 6-49 || short circuit

```
# include "stdafx.h"
int main()
{
	char a=1;
	printf("1||a++=%d\n",0||a++);
	printf("a=%d\n",a);
}
```

1) 위 정서를 실행하자. 다음 출력은 무엇인가?

(1) 1||a++

(2) a

2) printf("1||a++=%d\n",1||a++); 대신

printf("0||a++=%d\n",0||a++);로 바꾸어 다시 실행하자.

다음 출력은 무엇인가?

(1) 0||a++

(2) a

6-5) 삼항 연산자 (ternary operator)

단항 연산자나 이항 연산자는 여러 개가 있으나 삼항 연산자는 유일하다.

6-5-1) 다른 용어

조건식이 있으므로 조건 연산자(conditional operator)라고 부르기도 하고, 2가지 중 하나를 선택하므로 선택 연산자(selectional operator)라고 부르기도 한다.

6-5-2) 우선 순위

일부 이항 연산자(치환과 쉼표)보다는 높지만 그 외 다른 연산자보다는 모두 낮아서 13순위이다.

6-5-3) 형식

```
조건식? 문장1: 문장2;
조건식, 문장1, 문장2
```

가 전부 피연산자이므로 피연산자가 3개이다. 피연산자가 3개인 연산자는 이것이 유일하다.

6-5-4) 의미

조건식이 참이면 문장1을 실행하고, 조건식이 거짓이면 문장2를 실행한다.

6-6-5) if ~ else와의 비교

```
if(조건식)
문장1;
else
문장2;
```

와 거의 비슷하다.

실행할 정서 6-50)

```
# include "stdafx.h"

int main()
{
      short r;
      scanf("%d",&r);
      (r>0)?     printf("positive\n"):
                 printf("not positive\n");
}
```

1) 6-5-2) 형식과 비교할 때 다음은 무엇인가?
   (1) 조건식
   (2) 문장1
   (3) 문장2

2) 입력을 다음 2가지로 해서 실행해보자. 출력되는 것은 무엇인가?
   (1) 3
   (2) −3

3) 삼항 연산자 ?를 없애고 대신 if~else를 이용해서 같게 출력되도록 바꾸시오.

6-5-6) 할당되는 변수가 같을 때

식 1과 식 2의 할당되는 변수가 같을 때 이를 제일 앞으로 이동할 수 있다.

예를 들면 조건식 ? (b=b1): (b=b2);에서 b=이 공통되므로 b=(조건식 ? b1: b2;)로 바꿀 수 있다.

참고) (b=b2) 대신 b=b2라고 쓰면 선택 연산자가 할당 연산자보다 우선 순위가 높으므로 (조건식 ? (b=b1): b) = b2라고 번역하여 오류가 발생하므로 주의하여야 한다.

실행할 정서 6-51)

```
# include "stdafx.h"
int main()
{
	short r,s;
	scanf("%d",&r);
	(r>0)? s=1: s=2;
	printf("s=%d\n",s);
}
```

1) 위 정서를 실행하면 오류가 발생한다. 오류를 적고 번역하시오.

2) 오류가 발생하는 이유는 무엇인가?

3) 오류가 발생하지 않게 수정하시오.

4) s= 부분이 공통되므로 이를 앞으로 이동해서 같은 결과가 나오도록 수정하시오.

5) 입력을 다음 두 값으로 해서 잘 출력되는지 확인하시오.

(1) 6

(2) −6

6-5-7) 문장1 또는 문장2의 생략

문장1 또는 문장2를 생략하고 싶을 때 그 자리에 0을 쓰면 된다. 0 대신 다른 숫자를 써도 된다. 그러나, 아무 것도 안 쓰면 오류가 발생한다.

둘 중 하나가 없다면 이는 if문과 비슷하다고 볼 수 있다.

실행할 정서 6-52) 문장2를 생략

```
# include "stdafx.h"
int main()
{
      short r,s;
      scanf("%d",&r);
      (r>0)? s=1: ;
      printf("s=%d\n",s);
}
```

1) 위 정서를 실행하면 오류가 발생한다. 오류를 적고 번역하시오.

2) 오류가 발생하는 이유는 무엇인가?

3) 오류가 발생하지 않게 정서를 수정하시오.

4) 다음 경우 s는 얼마인가?

(1) r=3

(2) r=−3

5) 삼항 연산자 ?를 없애고 대신 if를 이용해서 같은 결과가 출력되도록 바꾸시오.

실행할 정서 6-53) 수식 1을 생략

```
# include "stdafx.h"
int main()
{
      short r,s;
      scanf("%d",&r);
      (r>0)? 0:s=2;
      printf("s=%d\n",s);
}
```

1) 다음 경우 s는 얼마인가?

   (1) r=3

   (2) r=−3

2) 삼항 연산자 ?를 없애고 대신 if를 이용해서 같은 결과가 출력되도록 바꾸시오.

6-6) 이항 연산자 2 (binary operator two)

6-6-0) 기초

6-6-0-1) 본 절에서 다루는 연산자

이항 연산자 중 삼항 연산자보다 우선 순위가 느린 2가지 연산자 – 할당 연산자와 쉼표 연산자 – 이다.

6-6-0-2) 우선 순위 (priority)

본 절의 연산자들의 우선 순위는 모든 연산자 중 제일 늦다. 치환 연산자는 15순위, 쉼표 연산자는 16순위이다. 쉼표 연산자보다 우선 순위가 느린 연산자는 없다.

6-6-1) 할당 (assignment) 연산자

모든 할당 연산자는 다음 표 6-5와 같다.

연산자	사용법	의미
=	a=b	
*=	a*=b	a=a*b
/=	a/=b	a=a/b
%=	a%=b	a=a%b
+=	a+=b	a=a+b
-=	a-=b	a=a-b
<<=	a<<=b	a=a<<b
>>=	a>>=b	a=a>>b
&=	a&=b	a=a&b
^=	a^=b	a=a^b
|=	a|=b	a=a|b

표 6-5 모든 할당 연산자

6-6-1-1) 다른 용어

치환 연산자 또는 대입 연산자라고도 한다.

6-6-1-2) 종류

=, +=, -=, *=, /=, %=, <<=, >>=, &=, ^=, |=의 11가지가 있다.

6-6-1-3) 역할

=는 우변의 상수, 변수, 수식을 좌변의 상수 또는 변수에 할당한다. =를 빼고 나머지 연산자는 다음 표의 연산자와 = 의 결합으로 구성되어 있는데, 연산을 해서 그 값이 좌변의 상수 또는 변수에 할당된다.

6-6-1-4) 구성

치환 연산자에서 = 앞에 다음 표 6-6과 같은 연산자들이 올 수 있다.

	우선 순위	연산자
산술	3	*, /, %
	4	+, -
이동	5	<<, >>
이진	8	&
	9	^
	10	|

표 6-6 =왼쪽에 올 수 있는 연산자

6-6-1-5) =와 ==의 비교

=는 우변의 값을 좌변의 변수 또는 상수에 할당하는 연산자로서 본 절의 할당 연산자로서 관계 연산자 ==와 혼동하기 쉽다. 관계연산자 ==는 좌변과 우변의 값을 비교해서 같으면 1, 다르면 0의 값을 가진다.

6-6-1-6) 증감 연산자와의 비교

6-6-1-6-1) 1을 더할 때

다른 연산자와 같이 이용되지 않는다면 a++, ++a, a=a+1, a+=1의 4가지가 전부 같다.

6-5-1-6-2) 1을 뺄 때

다른 연산자와 같이 이용되지 않는다면 a--, --a, a=a-1, a-=1의 4가지가 전부 같다.

실행할 정서 6-54)

```
# include "stdafx.h"
int main()
{
	short a=7;
	short b=2;
	a=b;
	printf("a=%d\n",a);
}
```

1) 위 정서를 실행하자. a는 얼마인가?

2) a=b;를 다음으로 바꾸고 실행하자. a는 얼마인가?

(1) a*=b;

(2) a/=b;

(3) a%=b;

(4) a+=b;

(5) a-=b;

(6) a<<=b;

(7) a>>=b;

(8) a&=b;

(9) a^=b;

(10) a|=b;

6-6-2) 쉼표 연산자 - ,

두 개의 문장을 하나로 합칠 때 이용된다.

실행할 정서 6-55)

```
# include "stdafx.h"
int main()
{
	short r=1;
	short s=2;
	printf("r=%d\n",r);
	printf("s=%d\n",s);
}
```

1) 위 정서를 실행하자. 출력은 무엇인가?

2) short r=1; short s=2; 대신 short r=1,s=2;를 입력하고 실행해 보자. 출력이 1)과 같은가? (여기서 r=1과 s=2 사이의 ,가 쉼표 연산자이다)

6-y) 개념 문제 (concept problem)

※ 다음 연산자는 무엇인가?

6-1) 우선 순위

6-1- 1) 1순위 기본 4개

6-1- 2) 2순위 단항 9개

6-1- 3) 3순위 산술 3개

6-1- 4) 4순위 산술 2개

6-1- 5) 5순위 이동 2개

6-1- 6) 6순위 관계 4개

6-1- 7) 7순위 관계 2개

6-1- 8) 8순위 이진 1개

6-1- 9) 9순위 이진 1개

6-1-10) 10순위 이진 1개

6-1-11) 11순위 논리 1개

6-1-12) 12순위 논리 1개

6-1-13) 13순위 삼항 1개

6-1-14) 14순위 치환 6개

6-1-15) 15순위 쉼표 1개

6-2) 연산자의 역할

• 1순위 기본

6-2-1) 연산자의 우선 순위를 바꿀 수 있음

6-2-2) 자료형을 바꿀 수 있음

6-2-3) 배열

6-2-4) 지시자 직접 참조

6-2-5) 지시자 간접 참조

• 2순위 단항

6-2- 6) 1 증가

6-2- 7) 1 감소

6-2- 8) 부정

6-2- 9) 있으나마나 함

6-2-10) 부호 바꿈

6-2-11) 1의 보수

6-2-12) 주소

6-2-13) 지시자

6-2-14) 크기 (byte 수)

※ 산술

• 3순위

6-2-15) 곱셈

6-2-16) 나눗셈의 몫

6-2-17) 나눗셈의 나머지

• 4순위

6-2-18) 덧셈

6-2-19) 뺄셈

• 5순위 이동

6-2-20) 왼쪽으로

6-2-21) 오른쪽으로

※ 관계

• 6순위

6-2-22) 왼쪽이 오른쪽보다 작은가?

6-2-23) 왼쪽이 오른쪽보다 작거나 같나?

6-2-24) 왼쪽이 오른쪽보다 큰가?

6-2-25) 왼쪽이 오른쪽보다 크거나 같나?

• 7순위

6-2-26) 왼쪽이 오른쪽과 같은가?

6-2-27) 왼쪽이 오른쪽과 다른가?

• 이진

6-2-28) 8순위 그리고 (and)

6-2-29) 9순위 배타적 또는 (eor)

6-2-30) 10순위 또는 (or)

• 논리

6-2-31) 11순위 그리고

6-2-32) 12순위 또는 조건

• 13순위

6-2-33) 조건식의 결과에 따라서 둘 중의 하나를 선택하여 실행

• 치환 14순위 왼쪽에 치환

6-2-34) 오른쪽

6-2-35) 왼쪽과 오른쪽의 곱

6-2-36) 왼쪽을 오른쪽으로 나누어 나눗셈의 몫

6-2-37) 왼쪽을 오른쪽으로 나누어 나눗셈의 나머지

6-2-38) 왼쪽에 오른쪽을 더한 값

6-2-39) 왼쪽에 오른쪽을 뺀 값

6-2-40) 왼쪽을 오른쪽의 수만큼 왼쪽으로 이동

6-2-41) 왼쪽을 오른쪽의 수만큼 오른쪽으로 이동

6-2-42) 왼쪽과 오른쪽의 이진 그리고

6-2-43) 왼쪽과 오른쪽의 이진 배타적 또는

6-2-44) 왼쪽과 오른쪽의 이진 또는

• 15순위 쉼표

6-2-45) 두 문장을 하나로 합친다

6-3) 다음 연산자의 개수?

6-3-1) 모든 연산자

6-3-2~4) 기본 연산자 제외

6-3-2) 단항 연산자

6-3-3) 이항 연산자

6-3-4) 삼항 연산자

6-3-5) 단항 연산자와 이항 연산자로 동시에 쓰이는 연산자

6-z) 정서 만들기 (making projects)

※ 6-1~3) 길이

6-1) feet를 cm로 변환

unsigned short 변수 f로 feet를 입력받아 '~feet는 ~cm입니다'라고 출력

참고) 1feet=30.48cm

6-2) inch를 cm로 변환

unsigned short 변수 n으로 inch를 입력받아 '~inch는 ~cm입니다'라고 출력

참고) 1inch=2.54cm

6-3) mile을 km로 변환

unsigned short 변수 m로 mile을 입력받아 '~mile은 ~km입니다'라고 출력

참고) 1mile=1.609km

6-4) 넓이 (평을 m^2로 변환)

unsigned short 변수 p로 평을 입력받아 '~평은 ~m^2입니다'라고 출력

참고) 1평=3.305m^2

6-5) 무게 (돈을 g으로 변환)

unsigned short 변수 t로 돈을 입력받아 '~돈은 ~g입니다'라고 출력

참고) 1돈=3.75g

※ 6-6~9) 다음 나눗셈의 몫과 나머지를 구하시오.

6-6) 9를 2로 나누었을 때

6-7) 9를 -2로 나누었을 때

6-8) -9를 2로 나누었을 때

6-9) -9를 -2로 나누었을 때

7 흐름 변화 (flow change)

7-0) 학습 목표
7-1) 소개
7-2) 선택문
7-3) 반복문
7-4) 분기문
7-y) 개념 문제
7-z) 정서 만들기

7-0) 학습 목표 (learning objective)

1) 순차문, 선택문, 반복문, 분기문의 차이를 안다.

2) 흐름 변화를 위한 예약어 10개를 외운다.

3) 선택 부분, 반복 부분의 수행 여부 결정 방법을 안다.

4) 선택 부분, 반복 부분에서 {} 생략해도 같은 경우와 {} 생략하면 달라지는 경우를 구분한다.

5) 4가지 선택문 – if~, if~else~, switch case~, switch case~ default~ –의 사용법을 안다.

6) 3가지 반복문 – while~, do~while, for~ –의 사용법을 안다.

7) 2가지 분기문 – break, continue – 의 사용법을 안다.

7-1) 소개

7-1-1) 필요성

정서는 위에서 아래로 같은 줄에서는 왼쪽에서 오른쪽으로 실행하는 것이 보통이다. 그러나, 이를 바꾸어 주는 것이 필요할 때도 있다. 이는 본 장의 흐름 변화에 의해서 가능하다.

대부분 다른 책에서는 제어문, 흐름 변화라고 하나 제어보다는 변화가 이해가 쉬울 것 같아서 흐름 변화라고 장 제목을 정했다.

7-1-2) 흐름 변화의 종류

7-1-2-1) 순차문

가장 많이 사용되는 것으로 위에서부터 아래로 같은 줄에서는 왼쪽에서 오른쪽으로 순차적으로 실행하는 것을 의미한다.

7-1-2-2) 선택문

여러 개의 선택 중 한 가지를 선택하는 것을 의미한다.

7-1-2-3) 반복문

비슷한 문장을 여러 번 반복하여 수행하는 것을 의미한다.

7-1-2-4) 분기문

선택 부분이나 반복 부분을 끝내거나 반복에서 일부분을 안 하고 반복하는 것을 의미한다.

예제 7-1 다음 한글을 영어로 바꾸시오

1) 만일, 만약

2) 아니면

3) 개폐기

4) 경우

5) 기본 설정

6) 동안

7) 하다

8) 대하여, 대해서

9) 휴식

10) 계속하다

예제 7-2 다음 영어를 한글로 바꾸시오.

1) if

2) else

3) switch

4) case

5) default

6) while

7) do

8) for

9) break

10) continue

7-1-3) 관련된 예약어

본서에서 공부하는 흐름 변화와 관련된 예약어는 다음 표 7-1과 같이 10개가 있다.

절	종류	예약어
1절	선택문	if, else, switch, case, default
2절	반복문	while, do, for
3절	분기문	break, continue

표 7-1 흐름 변화와 관련된 예약어 10개

7-1-4) 선택 부분, 반복 부분 수행 여부

조건식에 따라 선택 부분, 반복 부분 수행 여부가 달라지는데 이는 다음 표 7−2와 같다.

조건식	참과 거짓	선택 부분, 반복 부분 실행 여부
0 이외의 값	참	실행한다
0	거짓	실행하지 않는다

표 7-2 선택 부분, 반복 부분 수행 여부

7-1-5) 선택 부분, 반복 부분 결정 – { } 생략

선택 부분, 반복 부분이 어디인지는 {}로 표시한다. {와 } 사이에 있는 부분이 선택 부분 또는 반복 부분이다. 그런데, 다음 표 7−3과 같이 {} 생략해도 같은 경우와 생략하면 달라지는 경우가 있다.

{ } 생략시	선택 부분, 반복 부분
생략해도 같은 경우	- 한 문장인 경우
생략하면 달라지는 경우	- 두 문장 이상인 경우 - switch~case(~default)

표 7-3 { } 생략해도 같은 경우와 다른 경우

선택 부분, 반복 부분이 두 문장 이상인 경우에 {}를 생략하면 선택 부분, 반복 부분이 한 문장이라고 생각하므로 예상치 못한 결과가 발생할 수 있다.

switch~case(~default) 선택문에서는 선택 부분이 한 문장인 경우가 없으므로 항상 {와 }를 써야 한다.

7-2) 선택문 (selection)

7-2-0) 개요

7-2-0-1) 선택문의 필요성

인생은 먹을까, 잘까, 일할까, 쉴까 등 여러 가지 일들의 선택의 연속이다. 예를 들면 '비가 오면 우산을 가지고 외출한다'라는 상황이 있을 수 있다. 이 경우 '비가 오면'이라는 사실 때문에 '우산을 가지고 외출한다'를 선택한 것이다.

정서도 마찬가지로 조건에 의해서 여러 가지 중 한 가지를 선택하는 문장이 있는데 이는 본 절의 선택문에 의해서 이루어진다.

7-2-0-2) 선택문의 종류

선택문에는 if 계열과 switch~case 계열의 2가지가 있다. 2가지 선택문의 차이는 표 8-4와 같다.

	가짓수	추가 가능 예약어	참고
if 계열	2가지 이하	else	중첩해서 3가지 이상 가능
switch ~case 계열	3가지 이상	default break	case 2개 이상

표 7-4 2가지 선택문의 차이

if 계열과 switch~case 계열은 위 표와 같은 차이가 있다. if 계열로서도 중첩(nested)해서 3가지 이상의 선택도 가능하나 좀 어려운 경우라서 본서에서는 생략했다. break는 선택문이 아니라 분기문이므로 3절. 분기문에서 공부한다. 그러므로, 본 절에서 공부하는 예약어는 if, else, switch, case, default의 5개다.

7-2-0-3) 조건식 또는 선택 변수의 필요성

여러 가지 선택 중 뭐를 선택할지 정하기 위해서 조건식 또는 선택변수가 필요하다.

7-2-0-3-1) if 계열

if 바로 뒤에 조건식이 필요하고 이는 ()안에 써야 한다.

7-2-0-3-2) switch~case 계열

switch 바로 뒤에 선택변수가 필요하고 이는 () 안에 써야 한다.

7-2-0-4) 본 절에서 공부하는 4가지 선택문

다음 4가지 선택문을 본 절에서 공부한다.

다음 중 (1)과 (2)는 if 계열이고 (3)과 (4)는 switch~case 계열이다.

(1) if 선택 – else 없음

(2) if 선택1 else 선택2

(3) switch ~ case – default 없음

(4) switch ~ case ~ default

7-2-0-5) { } 생략

{} 사이에 있는 부분이 선택 부분이다. if 계열의 선택문에서는 if 또는 else의 선택 부분이 한 문장이 경우 {}의 생략이 가능하다.

참고) switch~case 계열의 선택문에서는 선택 부분이 한 문장인 경우가 없으므로 항상 {}를 써 줘야 한다.

7-2-0-5-1) if 또는 else의 선택 부분이 한 문장인 경우

{} 있을 때와 없을 때가 같으므로 {} 생략해도 된다.

7-2-0-5-2) if 또는 else의 선택 부분이 두 문장 이상인 경우

{}가 없으면 번역기는 한 문장으로 생각하여 예상치 못한 결과가 나올 수 있으므로 꼭 {}를 써 줘야 한다.

7-2-1) if 선택 - else 없는 경우

7-2-1-1) 형식

```
if(조건식)
{
      선택 문장
}
```

7-2-1-2) 선택 문장 수행 여부

(1) 조건식이 참!=0일 때 선택 문장 수행한다.

(2) 조건식이 거짓==0일 때 선택 문장 수행하지 않는다

7-2-1-3) 필요한 경우

한 가지의 선택만이 있어서 조건식이 참이면 선택 부분을 실행하고, 조건식이 거짓이면 선택 부분을 실행하지 않는 것이 필요할 때 쓰인다.

실행할 정서 7-1) 조건식이 상수

```
# include "stdafx.h"
int main()
{
      if(0)
      {
      printf("만약\n");
      }
}
```

1) 위 정서를 실행하자. 출력이 되나? 안 되나?

2) if(0)을 다음과 같이 바꾸어 실행하자. 출력이 되나? 안 되나?

(1) if(1)

(2) if(2.3)

(3) if('a')

(4) if("bc")

실행할 정서 7-2) 조건식이 변수

```
# include "stdafx.h"
int main()
{
      char h;
      scanf("%d",&h);
      if(h)
      {
      printf("만일\n");
      }
}
```

1) 위 정서를 실행하고, 입력을 다음과 같이 하자. 출력이 되나? 안 되나?

(1) 0

(2) 1

(3) 2.3

(4) 'a'

(5) "bc"

실행할 정서 7-3) 조건식이 조건 연산자를 포함한 수식

```
# include "stdafx.h"
int main()
{
      short a, b;
      a=b=1;
      if (a==b)  {
      printf("만약\n");
      }
}
```

1) 위 정서를 실행하자. 출력이 되나? 안 되나?

2) if 다음의 (a==b)를 다음으로 바꾸자. 잘 출력되는가?

(1) (a!=b)

(2) (a<b)

(3) (a<=b)

(4) (a>b)

(5) (a>=b)

실행할 정서 7-4) 조건식이 조건 연산자를 포함한 수식

```
# include "stdafx.h"
int main()
{
      short a, b;
      a=1;
      b=2;
      if (a<b)
      {     printf("만약\n"); }
}
```

1) 위 정서를 실행하자. 출력이 되나? 안 되나?

2) if 다음의 (a<b)를 다음으로 바꾸자. 잘 출력되는가?

(1) (a==b)

(2) (a!=b)

(3) (a<=b)

(4) (a>b)

(5) (a>=b)

실행할 정서 7-5) { } 생략해도 같은가?

- {} 없는 경우
- 선택 문장이 한 개인 경우

```
# include "stdafx.h"
int main()
{
      if (1)
      printf("one\n");
}
```

1) 위 정서를 실행하자. 출력되나? 안 되나?

2) if 다음의 (1)을 (0)으로 바꾸자. 출력되나? 안 되나?

실행할 정서 7-6) { } 생략해도 같은가?

- {} 있는 경우
- 선택 문장이 한 개인 경우
- 실행할 정서 7-5)와 비교

```
# include "stdafx.h"
int main()
{
      if(1)
      {
      printf("one\n");
      }
}
```

1) 위 정서를 실행할 정서 7-5)와 비교하면 추가된 것이 있다. 뭐인가?

2) 위 정서를 실행하자. 출력이 실행할 정서 7-5)와 같나? 다른가?

3) 위 정서에서 (1)을 (0)으로 바꾸어 실행하자. 출력이 실행할 정서 7-5)와 같나? 다른가?

실행할 정서 7-7) { } 생략해도 같은가?

- {} 없는 경우
- 선택 문장이 두 개인 경우

```
# include "stdafx.h"
int main()
{
      if (1)
      printf("one\n");
      printf("two\n");
}
```

1) 위 정서를 실행하자. 출력되는 내용이 뭐인가?

2) if 다음의 (1)을 (0)으로 바꾸자. 출력되는 내용이 뭐인가?

실행할 정서 7-8) { } 생략해도 같은가?

- {} 있는 경우
- 선택 문장이 두 개인 경우
- 실행할 정서 7-7)과 비교

```
# include "stdafx.h"
int main()
{
        if(1)
        {
        printf("one\n");
        printf("two\n");
        }
}
```

1) 위 정서를 실행할 정서 7-7)과 비교해 보면 추가된 것이 있다. 뭐인가?

2) 위 정서를 실행하자. 출력이 실행할 정서 7-7)과 같나? 다르나?

3) 위 정서에서 (1)을 (0)으로 바꾸어 실행하자. 출력이 실행할 정서 7-7)과 같나? 다르나?

7-2-2) if 선택1 else 선택2

7-2-2-1) 형식

```
if (조건식)
{
        선택1 문장
}
```

```
else
{
      선택2 문장
}
```

7-2-2-2) 수행하는 문장

(1) 조건식이 참!=0일 때 선택1 문장 수행한다.

(2) 조건식이 거짓==0일 때 선택2 문장 수행한다.

7-2-2-3) 필요한 경우

2가지 선택이 있어서 조건식이 참이냐, 거짓이냐에 따라 2가지 선택 중 한 가지를 선택해야 할 때 쓰인다.

7-2-2-4) else의 역할

조건식이 거짓인 경우 해야 할 일이 있을 때 else가 필요하다.

7-2-2-5) else 없는 if와 else 있는 if의 차이

else 없는 if와 else 있는 if는 다음 표 7-5와 같은 차이가 있다

절	else 유무	선택 가짓수	조건식이 참	조건식이 거짓
7-1-1	else 없는 if	1가지	if 뒤 문장	안 함
7-1-2	else 있는 if	2가지	if 뒤 문장	else 뒤 문장

표 7-5 else 없는 if와 else 있는 if의 차이

7-2-2-6) if와 else의 개수

중첩된(nested) if의 경우 if가 있다고 해서 반드시 else가 있는 것은 아니지만 else가 있으면 if가 반드시 있어야 한다.

그러므로 'if의 개수>=else의 개수'가 된다.

else의 개수가 if의 개수보다 많다면 무언가 잘못한 것이므로 else의 개수를 줄이거나 if의 개수를 늘려야 한다.

실행할 정서 7-9)

```
# include "stdafx.h"
int main()
{
      short h;
      scanf ("%d", &h);
      if(h)
      {     printf("만일\n");         }
      else
      {     printf("아니면\n");       }
}
```

1) 위 정서를 실행하자. 입력이 다음과 같은 경우에 출력은 무엇인가?

   (1) 0

   (2) 1

   (3) 12

   (4) 3.4

   (5) a

   (6) bc

실행할 정서 7-10) 홀수와 짝수 구분

```
# include "stdafx.h"

int main()

{
      short r;
      scanf("%d",&r);

      if (r%2==0)
      {
            printf("%d is even number\n",r);
      }
      else
      {
            printf("%d is odd number\n",r);
      }
}
```

1) 다음을 번역하시오.

   (1) even number

   (2) odd number

2) 다음 값들을 입력해 보자. 출력되는 값은 무엇인가?

   (1) 1

   (2) 2

   (3) −2

   (4) −3

   (5) a

3) if (r%2==0)을 if (r%2!=0)로 바꾸려고 한다. 영어가 맞도록 하려면 정서를 어떻게 바꾸어야 하나?

실행할 정서 7-11) 두 수 중 큰 수 찾기

```
# include "stdafx.h"
int main()
{
      short r,t;
      /* r 입력 시작 */
      printf("input r\n");
      scanf("%d",&r);
      printf("r=%d\n",r);
      /* r 입력 끝 */
      /* s 입력 시작 */
      printf("input t\n");
      scanf("%d",&t);
      printf("t=%d\n",t);
      /* r 입력 끝 */
      if(r>t)
            printf("r is bigger than t\n");
      else
            printf("t is bigger than r\n");
}
```

1) 다음을 번역하시오.
   (1) r is bigger than t
   (2) r is bigger than t

2) 다음 값들을 입력해 보자. 출력은 무엇인가? 출력되는 문장이 모두 맞나?
   (1) r=1, t=2
   (2) r=1, t=1
   (3) r=2, t=1

3) if(r>t)을 다음으로 바꾸려고 한다. 출력되는 내용이 맞게 출력되게 하려면 if 이후의 출력 내용을 어떻게 바꾸어야 하나?

(1) if(r>=t)

(2) if(r<t)

(3) if(r<=t)

실행할 정서 7-12) {와 }의 생략 1 - if 뒤

```
# include "stdafx.h"
int main()
{
	char h;
	scanf("%d",&h);
	if(h>0)
		printf("만약 1\n");
		printf("만약 2\n");
	else
		printf("아니면\n");
}
```

1) 위 정서를 실행하자. 오류가 발생한다. 오류를 적고 번역하시오.

2) 오류가 발생하는 이유는 무엇인가?

3) {와 }를 적절한 위치에 추가해 오류가 발생하지 않도록 하려면 어디에 추가해야 하는가?

4) if(조건식)을 적절한 위치에 추가해 오류가 발생하지 않도록 하려면 어디에 추가해야 하는가?

참고) 조건식은 적당한 식을 정해서 넣으면 된다.
예를 들면 h>1

실행할 정서 7-13) {와 }의 생략 1 - else 뒤

```
# include "stdafx.h"
int main()
{     char h;
      scanf("%d",&h);
      if(h>0)
            printf("만약\n");
      else
            printf("아니면 1\n");
            printf("아니면 2\n");
}
```

1) 1을 입력으로 하여 위 정서를 실행하자. 출력은 무엇인가?

2) −2를 입력으로 하여 위 정서를 실행하자. 출력은 무엇인가?

3) 1)과 2)에서 공통으로 출력되는 것은 무엇인가?

4) h>0이 참일 때 '아니면 2'가 출력되지 않게 하려고 한다. {와 }를 어디에 추가하면 되나?

7-2-3) switch ~ case 문 - default 없는 경우

7-2-3-1) 형식

```
switch(정수식 또는 변수)
{
      case 값1:
                  선택1 문장
      case 값2:
```

```
                선택2 문장
}
```

7-2-3-2) : 필요

'case 값' 오른쪽에는 꼭 :(colon)이 있어야 한다.

7-2-3-3) 수행 여부

7-2-3-3-1) 선택1 문장 수행 여부

a. 정수식 또는 변수==값1일 때 선택1 문장 수행한다.

b. 정수식 또는 변수!=값1일 때 선택1 문장 수행하지 않는다.

7-2-3-3-2) 선택2 문장 수행 여부

a. 정수식 또는 변수==값1 또는 정수식 또는 변수==값2일 때 선택2 문장 수행한다.

b. 정수식 또는 변수!=값1 그리고 정수식 또는 변수!=2일 때 선택2 문장 수행하지 않는다.

7-2-3-4) 필요한 경우

3가지 이상의 선택이 있는 경우 if 계열의 선택문보다 편리한 경우가 많다.

7-2-3-5) case 개수

위 형식에서 case가 2개인데 더 많이 있을 수 있다. case가 더 많으면 선택 문장이 더 많을 수도 있다.

7-2-3-6)

2개 이상의 case에서 선택 문장이 같을 때, 2개 이상의 case를 연속적으로 쓰면 된다. 예를 들어 값3와 값4일 때 선택3 문장을 실행하면 다음 문장을 추가하면 된다.

```
case 값3:
case 값4:
            선택3 문장
```

실행할 정서 7-14) 입력한 값이 0,1,다른 값의 세 가지 경우로 나누어 출력

```
# include "stdafx.h"
int main()
{
	char s=2;
	switch(s)
	{
	case 0:
		printf("s is zero\n");
	case 1:
		printf("s is one\n");
	}
}
```

1) 위 정서를 실행하자. 뭐가 출력되나?

2) char s=2;을 다음으로 바꾼 경우 뭐가 출력되나?

(1) char s=0;

(2) char s=1;

실행할 정서 7-15) 3으로 나눈 나머지

– 나머지가 1인 경우와 2인 경우가 다른 경우

```
# include "stdafx.h"
int main()
{
	char s=0;
	switch(s%3)
	{
```

```
        case 0:
                printf("%d는 3으로 나누어
                떨어진다\n",s);
        case 1:
                printf("%d는 3으로 나누면
                1이 남는다\n",s);
        case 2:
                printf("%d는 3으로 나누면
                2가 남는다\n",s);
        }
}
```

1) 위 정서를 실행하자. 출력이 뭐인가?

2) char s=0;을 다음으로 바꾸면 출력이 뭐인가?

(1) char s=1;

(2) char s−2;

(3) char s=3;

(4) char s=4;

(5) char s=5;

실행할 정서 7-16) 3으로 나눈 나머지

– 나머지가 1인 경우와 2인 경우가 같은 경우

```
# include "stdafx.h"
int main()
{
        char s=0;
        switch(s%3)
        {
        case 0:
```

```
        printf("%d는 3으로 나누어
        떨어진다\n",s);
    case 1:
    case 2:
        printf("%d는 3으로 나누어
        떨어지지 않는다\n",s);
    }
}
```

1) 위 정서를 실행하자. 출력이 뭐인가?

2) char s=0;을 다음으로 바꾸면 출력이 뭐인가?

1-1) char s=1;

1-2) char s=2;

3) 다음 3가지 중 2가지의 출력은 같다. 2가지는 뭐인가?

2-1) char s=0;

2-2) char s=1;

2-3) char s=2;

7-2-4) switch~case~default 문

7-2-4-1) 형식

```
switch(정수식 또는 변수)
{
    case 값1:
            선택1 문장
    case 값2:
            선택2 문장
    default:
```

```
            선택d 문장
}
```

7-2-4-2) : 필요

default 오른쪽에는 꼭 :(colon)이 있어야 한다.

7-2-4-3) default의 역할

case에 해당하는 값이 없을 때 default: 다음의 문장을 실행한다.

7-2-4-4) default 없는 switch~case와 default 있는 switch~case의 차이

default 없는 switch문과 default 있는 switch문은 다음 표 7－6과 같은 차이가 있다.

절	default 유무	case 뒤의 값과 같을 때	모든 case 뒤의 값과 다를 때
7-1-3	default 없는 switch~case	case 값: 뒤 문장 실행	안 함
7-1-4	default 있는 switch~case	case 값: 뒤 문장 실행	default: 뒤 문장 실행

표 7-6 default 없는 switch문과 default 있는 switch문의 차이

7-2-4-5) 수행 여부

7-2-4-5-1) 선택1 문장 수행 여부

a. 정수식 또는 변수＝＝값1일 때 선택1 문장을 수행한다.

b. 정수식 또는 변수!＝값1일 때 선택1 문장을 수행하지 않는다.

7-2-4-5-2) 선택2 문장 수행 여부

a. 정수식 또는 변수＝＝값1 또는 정수식 또는 변수＝＝값2일 때 선택2 문장을 수행한다.

b. 정수식 또는 변수!＝값1 그리고 정수식 또는 변수!＝값2일 때 선택2 문장을 수행하지 않는다.

7-2-4-5-3) 선택d 문장 수행 여부

선택d 문장은 정수식 또는 변수의 값에 무관하게 항상 수행한다. 선택d 문장이 항상 수행된다는 것이 좀 이상하다. 이는 break가 없기 때문인데 이에 대해서 7-4) 분기문에서 공부할 예정이다.

7-2-4-6) default의 위치

형식에서는 제일 아래 있으나 좀 더 위에 있을 수도 있다. 이에 대해서 실행할 정서 7-17)과 실행할 정서 7-18)에서 공부하자.

실행할 정서 7-17)

```
# include "stdafx.h"
int main()
{
      int u;
      scanf("%d",&u);
      switch(u)
      {
            case 1:
                  printf("one\n");
            default:
                  printf("d\n");
            case 2:
                  printf("two\n);
      }
}
```

위 정서에 대해서 다음 문제에 대한 답을 쓰시오.

1) one을 출력하는 경우?

2) one을 출력하지 않는 경우?

3) d를 출력하는 경우?

4) d를 출력하지 않는 경우?

5) two를 출력하는 경우?

6) two를 출력하지 않는 경우?

7) 1을 입력하면 뭐가 출력되나?

8) 2를 입력하면 뭐가 출력되나?

9) 3을 입력하면 뭐가 출력되나?

10) 4를 입력하면 뭐가 출력되나?

실행할 정서 7-18)

```
# include "stdafx.h"
int main()
{
	int u;
	scanf("%d",&u);
	switch(u)
	{
		default:
			printf("d\n");
		case 1:
			printf("one\n");
		case 2:
			printf("two\n);
	}
}
```

위 정서에 대해서 다음 문제에 대한 답을 쓰시오.

1) d를 출력하는 경우?

2) d를 출력하지 않는 경우?

3) one을 출력하는 경우?

4) one을 출력하지 않는 경우?

5) two를 출력하는 경우?

6) two를 출력하지 않는 경우?

7) 1을 입력하면 뭐가 출력되나?

8) 2를 입력하면 뭐가 출력되나?

9) 3을 입력하면 뭐가 출력되나?

10) 4를 입력하면 뭐가 출력되나?

실행할 정서 7-19)

```
default가 제일 아래

# include "stdafx.h"
int main()
{
      char s=2;
      switch(s)
      {
      case 0:
            printf("s is zero\n");
      case 1:
            printf("s is one\n");
      default:
            printf("s is neither zero nor one\n");
      }
}
```

1) 위 정서를 실행하자. 뭐가 출력되나?

2) char s=2;를 다음으로 바꾸어 실행하자. 뭐가 출력되나?

2-1) char s=0;

2-2) char s=1;

2-3) char s=3;

3) 2)의 출력 중 1)과 같은 것은 무엇인가?

실행할 정서 7-20)

default가 case 0: 아래 case 1: 위

```
# include "stdafx.h"
int main()
{
      char s=2;
      switch(s)
      {
      case 0:
            printf("s is zero\n");
      default:
            printf("s is neither zero nor one\n");
      case 1:
            printf("s is one\n");
      }
}
```

1) 위 정서를 실행하자. 뭐가 출력되나?

2) char s=2;를 다음으로 바꾸어 실행하자. 뭐가 출력되나?

2-1) char s=0;

2-2) char s=1;

2−3) char s=3;

3) 2)의 출력 중 1)과 같은 것은 무엇인가?

실행할 정서 7-21) default가 제일 위

```
# include "stdafx.h"
int main()
{
      char s=2;
      switch(s)
      {
      default:
            printf("s is neither zero nor one\n");
      case 0:
            printf("s is zero\n");
      case 1:
            printf("s is one\n");
      }
}
```

1) 위 정서를 실행하자. 뭐가 출력되나?

2) char s=2;를 다음으로 바꾸어 실행하자. 뭐가 출력되나?

2−1) char s=0;

2−2) char s=1;

2−3) char s=3;

3) 2)의 출력 중 1)과 같은 것은 무엇인가?

실행할 정서 7-22) 3으로 나눈 나머지

– 나머지가 1인 경우와 2인 경우가 같은 경우

```
# include "stdafx.h"
int main()
{
	char s=0;
	switch(s%3)
	{
	case 0:
		printf("%d는 3으로 나누어
		떨어진다\n",s);
	default:
		printf("%d는 3으로 나누어
		떨어지지 않는다\n",s);
	}
}
```

1) 위 정서를 실행하자. 출력이 뭐인가?

2) char s=0;을 다음으로 바꾸면 출력이 뭐인가?

1–1) char s=1;

1–2) char s=2;

3) 다음 3가지 중 2가지의 출력은 같다.

2가지는 뭐인가?

2–1) char s=0;

2–2) char s=1;

2–3) char s=2;

4) 출력이 실행할 정서 7–16)과 같다. 같은 이유는 뭐인가?

7-3) 반복문 (repetition)

7-3-0) 개요

7-3-0-1) 반복문의 역할

우리는 일상생활에서도 하루 세 번 밥을 먹고 매일 밤에는 잠을 자고 매일 낮에는 일을 하는 등 비슷한 일을 반복적으로 수행한다. (물론 위와 같이 생활하지 않는 사람도 있지만 일반적이라고 할 수는 없을 것이다) 정서에서도 비슷한 문장을 반복적으로 수행할 때가 있다. 이런 경우 본 절의 문장이 사용된다. C 언어에서 반복문은 while, do~while, for의 3가지가 있다. 3가지의 반복문의 사용 방법이 다르고, 장단점이 있다. 본 절에서는 이에 대해서 공부한다.

7-3-0-2) 조건식의 필요성

반복문은 조건식이 참－즉 0이 아닌 동안－반복 부분을 실행하고, 거짓－즉 0인 경우－반복을 끝낸다. 반복부분을 실행할지 실행하지 않을지 결정하기 위해서 조건식이 반드시 필요하다.

7-3-0-3) 조건식의 형식

while과 do－while은 while 뒤에 (조건식);의 형태로 오나, for는 for 뒤에 (초기식;조건식;증감식)의 형태로 온다.

7-3-0-4) 조건식의 위치

while과 for는 조건식이 반복 부분의 앞에 있다. 그러나, do－while은 조건식이 반복되는 부분의 뒤에 있다.

7-3-0-5) 최소한의 반복 횟수

while과 for는 조건식이 반복 부분의 앞에 있으므로 조건식이 처음부터 거짓인 경우 한 번도 실행되지 않을 수 있다. 그러나, do－while은 조건식이 반복되는 부분의 뒤에 있으므로, 최소한 한 번은 실행된다.

7-3-0-6) 반복을 끝내는 방법

반복문은 여러 번 반복하다가 어느 순간에는 반복 부분을 빠져나가야 한다.

그런데, 정서를 잘못 만들면 무한대로 반복할 수 있으므로 이에 주의하여야 한다.

무한대로 계속 반복하는 것을 무한 반복이라고 하며, 이는 대부분의 경우 원하지 않을 것이다.

무한 반복이 되지 않도록 다음 2가지 중의 한 가지가 이용된다.

물론 2가지를 다 이용하여, 둘 중의 한 가지로 빠져나갈 수도 있다.

a) 증감식을 여러 번 반복하다 보면 어느 순간 조건식을 만족하지 않도록 한다. 본서에서는 이 경우를 '조건식 불만족에 의한 반복 끝'이라고 하기로 한다. 본 절에서는 이에 대해서 공부하기로 한다.

b) 어떤 조건을 만족하면 break문을 수행하여 반복 부분을 빠져 나오도록 한다. 이 경우 break는 보통 if문과 같이 이용된다. 본서에서는 이 경우를 'break문에 의한 반복 끝'이라고 하기로 한다. 3절 break에서 이에 대해서 공부하기로 한다.

7-3-0-7) 3가지 반복문의 상호 변환

while, do－while, for 3가지 반복문은 상호변환 가능한 경우가 대부분이다.

7－3－4)에서 이에 대해서 공부한다.

상호변환하다 보면 3가지 반복문의 차이와 장단점을 알 수 있을 것이다.

7-3-0-8) 반복문의 선택 방법

3가지 반복문 － while, do－while, for － 중 무엇을 이용할 것인가?

이는 반복문을 이용할 경우 한 번은 생각해 보아야 할 것이다.

아래 사항을 참고할 수 있다.

3가지 중 어떤 것이 더 좋다는 것 뿐이지 3가지 중 반드시 한 가지로 해야 한다는 경우는 거의 없다.

7-3-0-8-1) 한 번은 반드시 실행해야 하는 경우

이 경우는 do-while을 이용해야 한다. while이나 for는 한 번도 실행하지 않을 수도 있다.

7-3-0-8-2) 한 번도 실행하지 않아도 되는 경우

이 경우는 while이나 for를 이용하는 것이 do~while 이용하는 것보다 좋다.
이 경우 do~while은 최소 한 번 실행하지 때문이다.

7-3-0-8-3) 증감식 있고 반복 부분에 continue 있는 경우

이 경우 for가 while이나 do~while보다 좋다.

7-3-1) while 반복

while 반복은 가장 간단한 반복문이다.

7-3-1-1) 형식

- 조건식 불만족에 의한 반복 끝

```
초기식;
while (조건식)
{
      반복 문장;
      증감식;
}
```

위에서 초기식과 증감식은 for로 변환할 때를 위해서 보인 것이다.

7-3-1-2) 반복 문장 실행 여부

while 다음 (와) 사이의 조건식을 평가한다.

a. 반복 문장을 실행하는 경우 조건식이 참-0 이외의 값-이라면 반복 문장을 실행하고 반복을 계속한다.

b. 반복 문장을 실행하지 않는 경우 조건식이 거짓-0-이라면 반복 문장을 실행하지 않고 반복을 끝낸다.

참고) 처음에 조건식이 거짓이라면 한 번도 수행하지 않는다.

무한 반복이 되지 않도록 하기 위해 보통 증감식을 여러번 반복하면 조건식이 거짓이 되게 한다.

실행할 정서 7-23) &를 여러 번 출력

```
# include "stdafx.h"
int main()
{
	short h=1;
	while(h<10)
	{
		printf("&\n");
		h++;
	}
	printf("after while h=%d\n",h);
}
```

1) 위 정서를 실행하자.&는 몇 번 출력되나?

2) after while h의 값은 얼마인가?

3) 초기식은 무엇인가?

4) 조건식은 무엇인가?

5) 증감식은 무엇인가?

6) short h=1;을 short h=5;로 바꾸면 &는 몇 번 출력되나?

7) while(h<10)를 while(h<20)로 바꾸면 &는 몇 번 출력되나?

8) h++;를 h+=2로 바꾸면 &는 몇 번 출력되나?

9) h++;를 h--로 바꾸면 무슨 현상이 발생하나?

10) h++;를 없애고 실행하자. 무슨 현상이 발생하나?

실행할 정서 7-24) h가 증가

```
# include "stdafx.h"
int main()
{
	short h=1;
	while(h<10)
	{
		printf("h=%d\n",h);
		h++;
	}
	printf("after while h=%d\n",h);
}
```

1) 위 정서를 실행하자. 얼마부터 얼마까지 출력되나?

2) after while h의 값은 얼마인가?

3) short h=1;을 short h=5;로 바꾸면 얼마부터 얼마까지 출력되나?

4) while(h<10)를 while(h<20)로 바꾸면 얼마부터 얼마까지 출력되나?

5) h++;를 h+=2로 바꾸면 얼마부터 얼마까지 출력되나?

6) 3부터 9까지 출력되게 하려면 short h=1;를 무엇으로 바꾸어야 하나?

7) 1부터 15까지 출력되게 하려면 while(h<10)를 무엇으로 바꾸어야 하나?

8) 1,4,7이 출력되게 하려면 h++;를 무엇으로 바꾸어야 하나?

실행할 정서 7-25) h가 감소

```
# include "stdafx.h"
int main()
{
      short h=10;
      while(h>1)
      {
            printf("h=%d\n",h);
            h--;
      }
      printf("after while h=%d\n",h);
}
```

1) 위 정서를 실행하자. 얼마부터 얼마까지 출력되나?

2) after while h의 값은 얼마인가?

3) short h=10;을 short h=5;로 바꾸면 얼마부터 얼마까지 출력되나?

4) while(h>10)를 while(h>5)로 바꾸면 얼마부터 얼마까지 출력되나?

5) h－－;를 h－＝2로 바꾸면 얼마부터 얼마까지 출력되나?

6) 9부터 3까지 출력되게 하려면 short h＝1;를 무엇으로 바꾸어야 하나?

7) 10부터 3까지 출력되게 하려면 while(h＞1)를 무엇으로 바꾸어야 하나?

8) 10,7,4가 출력되게 하려면 h＋＋;를 무엇으로 바꾸어야 하나?

7-3-2) do 반복 while

do 반복 while문은 while 반복과 비슷하나, 반복 부분과 while의 위치가 바뀌었다고 생각할 수 있다.

7-3-2-1) while과의 차이

while문과 do－while문과의 중요한 차이는 다음과 같다.

a) do가 있느냐 없느냐?
너무나도 당연한 이야기지만 while문은 do가 없고, do－while문은 do가 있다.

b) 조건식의 위치
while문은 while(조건식)이 반복 부분의 앞에 있는데, do－while문은 while(조건식)이 반복 부분의 뒤에 있다.

c) 최소 실행 횟수
while문은 처음부터 조건식이 거짓이라면 한 번도 수행되지 않을 수도 있지만, do－while문은 처음부터 조건식이 거짓이라도 최소한 한 번은 수행된다.

7-3-2-2) 형식

－조건식 불만족에 의한 반복 끝

```
초기식;
do
{
      반복 문장;
      증감식;
} while (조건식);
```

while (조건식) 뒤에 ;가 있다는 점에 주의하자. 위에서 초기식과 증감식은 for로 변환할 때를 위해서 보인 것이다.

참고) 처음에 조건식이 거짓이라도 최소 한 번 반복 문장을 실행한다.
무한 반복이 되지 않도록 하기 위해 보통 증감식을 여러번 반복하면 조건식을 만족하지 않아서 반복을 끝내도록 한다.

7-3-2-3) 반복 문장 실행 여부

do－while은 일단 한번 실행한 후에 while 다음 (와) 사이의 조건식을 평가한다.

a) 반복 문장 실행하는 경우
조건식이 참 － 즉 0 이외 값 － 인 경우 반복문장을 실행하고, 반복을 계속한다.

b) 반복 문장 실행하지 않는 경우
조건식이 거짓 － 즉 0 － 인 경우 반복 문장을 실행하지 않고 반복을 끝낸다.

실행할 정서 7-26) &를 여러 번 출력

```
# include "stdafx.h"
int main()
{
	short h=1;
	do
	{
		printf("&\n");
		h++;
	}while(h<10);
	printf("after do-while h=%d\n",h);
}
```

1) 위 정서를 실행하자. &는 몇 번 출력되나?

2) after do-while h의 값은 얼마인가?

3) 초기식은 무엇인가?

4) 조건식은 무엇인가?

5) 증감식은 무엇인가?

6) short h=1;을 short h=4;로 바꾸면 &는 몇 번 출력되나?

7) while(h<10)를 while(h<15)로 바꾸면 &는 몇 번 출력되나?

8) h++;를 h+=2로 바꾸면 &는 몇 번 출력되나?

9) h++;를 h--로 바꾸면 무슨 현상이 발생하나?

10) h++;를 없애고 실행하자. 무슨 현상이 발생하나?

실행할 정서 7-27) h가 증가

```
# include "stdafx.h"
int main()
{
	short h=1;
	do
	{
		printf("h=%d\n",h);
		h++;
	}
	while(h<10);
	printf("after do-while h=%d\n",h);
}
```

1) 위 정서를 실행하자. 얼마부터 얼마까지 출력되나?

2) after do－while h의 값은 얼마인가?

3) short h＝1;을 short h＝4;로 바꾸면 얼마부터 얼마까지 출력되나?

4) while(h＜10)를 while(h＜15)로 바꾸면 얼마부터 얼마까지 출력되나?

5) h＋＋;를 h＋＝2로 바꾸면 얼마부터 얼마까지 출력되나?

6) 4부터 9까지 출력되게 하려면 short h＝1;를 무엇으로 바꾸어야 하나?

7) 1부터 20까지 출력되게 하려면 while(h＜10)를 무엇으로 바꾸어야 하나?

8) 1,4,7이 출력되게 하려면 h＋＋;를 무엇으로 바꾸어야 하나?

실행할 정서 7-28) h가 감소

```
# include "stdafx.h"
int main()
{
      short h=10;
      do
      {
            printf("h=%d\n",h);
            h--;
      }
      while(h>1);
      printf("after do-while h=%d\n",h);
}
```

1) 위 정서를 실행하자. 얼마부터 얼마까지 출력되나?

2) after do-while h의 값은 얼마인가?

3) short h=10;을 short h=4;로 바꾸면 얼마부터 얼마까지 출력되나?

4) while(h>1)를 while(h>4)로 바꾸면 얼마부터 얼마까지 출력되나?

5) h--;를 h-=2로 바꾸면 얼마부터 얼마까지 출력되나?

6) 9부터 4까지 출력되게 하려면 short h=1;를 무엇으로 바꾸어야 하나?

7) 10부터 2까지 출력되게 하려면 while(h>1)를 무엇으로 바꾸어야 하나?

8) 10,7,4가 출력되게 하려면 h++;를 무엇으로 바꾸어야 하나?

7-3-3) for 반복

for 반복문은 while문이나 do-while 문과는 많이 다르다. while문이나 do-while 문보다는 이해하기 좀 더 어렵다.

7-3-3-1) 조건식의 위치

for문은 while문과 마찬가지로 조건식이 반복 부분의 앞에 온다. 결론적으로 3가지 반복문 -while, do-while, for- 중에서 조건식이 반복 부분의 뒤에 오는 것은 do-while 하나이고, 나머지 2개의 반복문 while과 for는 조건식이 반복 부분의 앞에 온다.

7-3-3-2) () 안

for 문과 다른 반복문(while문과 do-while문)과의 차이

while이나 do-while은 ()안에 조건식만 있다. 즉, while(조건식)이 필요하다.

그러나, for 문은 for 다음에 (초기식 ; 조건식 ; 증감식)이 있어야 한다. 즉 for(초기식 ; 조건식 ; 증감식)이 필요하다.

7-3-3-3) 형식

- 조건식 불만족에 의한 반복 끝

```
for (초기식 ; 조건식 ; 증감식)
{
      반복 문장;
}
```

참고) 처음에 조건식이 거짓이라면 한 번도 수행하지 않는다.

무한 반복이 되지 않도록 하기 위해 보통 증감식을 여러번 반복하면 조건식이 거짓이 되게 한다.

7-3-3-4) 실행 순서

while 반복이나 do 반복 while보다 복잡하므로 다음을 주의깊게 읽자.

a) 초기식 수행

b) 조건식을 만족하면 반복 부분을 수행한다.

c) 증감식 수행

다음에 b)와 c)를 반복한다. b)에서 조건식이 만족되지 않으면 반복을 끝내게 된다.

다시 설명하면 처음에 초기식을 단 한번 실행한 후에

조건식 → 반복 부분 → 증감식

위 3가지를 계속하는데 조건식이 만족되지 않으면 끝난다.

실행할 정서 7-29) &를 여러 번 출력

```
# include "stdafx.h"
int main()
{
	short h=1;
	for(h=1;h<10;h++)
	{
		printf("&\n");
	}
	printf("after for h=%d\n",h);
}
```

1) 위 정서를 실행하자. &는 몇 번 출력되나?

2) after for h의 값은 얼마인가?

3) 초기식은 무엇인가?

4) 조건식은 무엇인가?

5) 증감식은 무엇인가?

6) short h=1;을 short h=4;로 바꾸면 &는 몇 번 출력되나?

7) for(h=1;h<10;h++)를 for(h=3;h<15;h++)로 바꾸면 &는 몇 번 출력되나?

8) for(h=1;h<10;h++)를 for(h=1;h<15;h++)로 바꾸면 &는 몇 번 출력되나?

9) for(h=1;h<10;h++)를 for(h=1;h<10;h+=2)로 바꾸면 &는 몇 번 출력되나?

10) for(h=1;h<10;h++)를 for(h=1;h<10;h--)로 바꾸고 실행하자. 무슨 현상이 발생하나?

11) for(h=1;h<10;h++)를 for(h=1;h<10;)로 바꾸고 실행하자. 무슨 현상이 발생하나?

실행할 정서 7-30) h가 증가

```
# include "stdafx.h"
int main()
{
      short h;
      for(h=1;h<3;h++)
      {
            printf("h=%d\n",h);
      }
      printf("after for h=%d\n",h);
}
```

1) 위 정서를 실행하자. 얼마부터 얼마까지 출력되나?

2) after for h의 값은 얼마인가?

3) 초기식은 무엇인가?

4) 조건식은 무엇인가?

5) 증감식은 무엇인가?

6) 실행 순서를 알아보자. 다음 순서에 따라서 실행되는 내용을 쓰시오.

   a) 초기식 수행

   b1) 조건식을 만족하면 반복 부분을 수행한다.

   c1) 증감식 수행

   b2) 조건식을 만족하면 반복 부분을 수행한다.

   c2) 증감식 수행

   b3) 조건식을 만족하면 반복 부분을 수행한다.

   c3) 증감식 수행

7) 6)에서 b1) b2) b3)에서 '조건식을 만족하면 반복 부분을 수행한다'고 했으나 조건식을 만족하지 않는 것이 있다. 어느 것인가?

8) for(h=1;h<3;h++)을 for(h=2;h<3;h++)로 바꾸면 얼마부터 얼마까지 출력되나?

9) for(h=1;h<3;h++)을 for(h=1;h<10;h++)로 바꾸면 얼마부터 얼마까지 출력되나?

10) for(h=1;h<3;h++)를 for(h=1;h<3;h+=2)로 바꾸면 얼마부터 얼마까지 출력되나?

11) 0부터 3까지 출력되게 하려면 h=1을 무엇으로 바꾸어야 하나?

12) 1부터 5까지 출력되게 하려면 h<3를 무엇으로 바꾸어야 하나?

13) 1,4,7이 출력되게 하려면 h++을 무엇으로 바꾸어야 하나?

실행할 정서 7-31) h가 감소

```
# include "stdafx.h"
int main()
{
	short h;
	for(h=10;h>1;h--)
	{
		printf("h=%d\n",h);
	}
	printf("after for h=%d\n",h);
}
```

1) 위 정서를 실행하자. 얼마부터 얼마까지 출력되나?

2) after for h의 값은 얼마인가?

3) for(h=10;h>1;h--)를 for(h=4;h>1;h--)로 바꾸면 얼마부터 얼마까지 출력되나?

4) for(h=10;h>1;h--)를 for(h=10;h>4;h--)로 바꾸면 얼마부터 얼마까지 출력되나?

5) for(h=10;h>1;h--)를 for(h=10;h>1;h-=2)로 바꾸면 얼마부터 얼마까지 출력되나?

6) 7부터 4까지 출력되게 하려면 h=10;를 무엇으로 바꾸어야 하나?

7) 10부터 5까지 출력되게 하려면 h>1를 무엇으로 바꾸어야 하나?

8) 10,7,4가 출력되게 하려면 h--;를 무엇으로 바꾸어야 하나?

7-3-4) 상호 변환

3가지 반복문 – while, do–while, for – 은 상호 변환이 가능한 경우가 대부분이다. 상호 변환하면서 3가지 반복문의 차이와 장단점을 자연스럽게 알 수 있으므로, 본 절에서는 이에 대해서 공부한다.

'조건식 불만족에 의한 반복 끝'과 'break문에 의한 반복 끝'의 2가지 경우에 대해서 알아본다.

7-3-4-1) '조건식 불만족에 의한 반복 끝

다음 3가지가 거의 비슷하다.

a) while

```
초기식;
while (조건식)
{
      문장;
      증감식;
}
```

b) do–while

```
초기식;
do
{
      문장;
      증감식;
} while (조건식);
```

c) for

```
for (초기식 ; 조건식 ; 증감식)
{
문장;
}
```

실행할 정서 7-32) while, 여러 번 출력

```
# include "stdafx.h"
int main()
{
	short h=1;
	while(h<10)
	{
		printf("#\n");
		h++;
	}
	printf("after while h=%d\n",h);
}
```

1) 위 정서를 실행하자. #는 몇 번 출력되나?

2) after while h의 값은 얼마인가?

3) 초기식이 무엇인가?

4) 조건식이 무엇인가?

5) 증감식이 무엇인가?

6) 출력되는 내용이 같도록 while을 do-while로 바꾸시오.

7) 출력되는 내용이 같도록 while을 for로 바꾸시오.

실행할 정서 7-33) do-while, h가 증가

```
# include "stdafx.h"
int main()
{
      short h=1;
      do
      {
            printf("h=%d\n",h);
            h++;
      }
      while(h<10);
      printf("after do-while h=%d\n",h);
}
```

1) 위 정서를 실행하자. 얼마부터 얼마까지 출력되나?

2) after do－while h의 값은 얼마인가?

3) 초기식이 무엇인가?

4) 조건식이 무엇인가?

5) 증감식이 무엇인가?

6) 출력되는 내용이 같도록 do－while을 while로 바꾸시오.

7) 출력되는 내용이 같도록 do－while을 for로 바꾸시오.

실행할 정서 7-34) for, h가 감소

```
# include "stdafx.h"
int main()
{
      short h;
      for(h=10;h>1;h--)
      {
            printf("h=%d\n",h);
      }
      printf("after for h=%d\n");
}
```

1) 위 정서를 실행하자. 얼마부터 얼마까지 출력되나?

2) after for h의 값은 얼마인가?

3) 초기식이 무엇인가?

4) 조건식이 무엇인가?

5) 증감식이 무엇인가?

6) 출력되는 내용이 같도록 for를 while로 바꾸시오.

7) 출력되는 내용이 같도록 for를 do-while로 바꾸시오.

7-4) 분기문

7-4-0) 소개

7-4-0-1) 분기문의 정의

선택 부분 또는 반복 부분을 끝내거나, 일시 중지하는 것을 의미한다.

7-4-0-2) 분기문의 종류

break, continue, goto의 3가지가 있는데, goto는 쓰이는 경우가 극히 적으므로 본서에서는 break와 continue만 공부한다.

7-4-0-3) 아래 부분

break, continue 모두 아랫 부분이 없다면 있을 때와 없을 때가 같으므로 반드시 있어야 한다.

7-4-1) break

7-4-1-1) break의 역할

선택 부분이나 반복 부분에서 빠져 나오고 싶을 때 쓴다.

7-4-1-1-1) 선택문에서

(1) if 계열 선택문에서는 못 쓴다.

(2) switch 계열 선택문에서는 많이 쓰인다.

7-4-1-1-2) 반복문에서

while, do~while, for 반복문에서 모두 쓸 수 있다.

7-4-1-2) 본서에서 공부하는 4가지 경우

1) switch~case문(default 없음)
2) switch~case~default문
3) 반복문에서 조건식 대신
4) 반복문에서 조건식과 같이

7-4-1-2-1) switch~case에서 (default 없음)

실행할 정서 7-35) 입력한 값이 0,1,다른 값의 세 가지 경우로 나누어 출력

```
# include "stdafx.h"
int main()
{
	char s=2;
	switch(s)
	{
	case 0:
		printf("s is zero\n");
		break; /* case 0: 뒤 */
	case 1:
		printf("s is one\n");
	}
}
```

1) 위 정서를 실행할 정서 7－14)와 비교하자. 뭐가 추가되었나?

2) 위 정서를 실행하자. 뭐가 출력되나?

3) char s＝2;을 다음으로 바꾼 경우 뭐가 출력되나?
   3－1) char s＝0;

3-2) char s=1;

4) 3)의 출력이 실행할 정서 7-14)와 같은가? 다른가?

실행할 정서 7-36) 입력한 값이 0,1,다른 값의 세 가지 경우로 나누어 출력

```
# include "stdafx.h"
int main()
{
      char s=2;
      switch(s)
      {
      case 0:
            printf("s is zero\n");
      case 1:
            printf("s is one\n");
            break;
      }
}
```

1) 위 정서를 실행할 정서 7-14)와 비교하자. 뭐가 추가되었나?

2) 위 정서를 실행하자. 뭐가 출력되나?

3) char s=2;을 다음으로 바꾼 경우 뭐가 출력되나?

3-1) char s=0;

3-2) char s=1;

4) 3)의 출력이 실행할 정서 7-14)와 같은가? 다른가?

7-4-1-2-2) switch~case~default에서

break; 아래에 case:와 default가 없으면 break;가 있을 때와 없을 때가 같아서, break;가 필요 없다.

실행할 정서 7-37) case 0: 뒤 break;

```
# include "stdafx.h"
int main()
{
	char s=2;
	switch(s)
	{
	case 0:
		printf("s is zero\n");
		break: /* case 0 */
	case 1:
		printf("s is one\n");
	default:
		printf("s is neither zero nor one\n");
	}
}
```

1) 위 정서를 실행할 정서 7－17)과 비교하자. 뭐가 추가되었나?

2) 위 정서를 실행하자. 뭐가 출력되나?

3) char s＝2;를 다음으로 바꾸어 실행하자. 뭐가 출력되나?

   3－1) char s＝0;

   3－2) char s＝1;

   3－3) char s＝3;

4) 3)의 출력을 실행할 정서 7－17)과 비교하자. 같은가? 다른가?

실행할 정서 7-38) case 1: 뒤 break;

```
# include "stdafx.h"
int main()
{
      char s=2;
      switch(s)
      {
      case 0:
            printf("s is zero\n");
      case 1:
            printf("s is one\n");
            break; /* case 1: */
      default:
            printf("s is neither zero nor one\n");
      }
}
```

1) 위 정서를 실행할 정서 7－17)과 비교하자. 뭐가 추가되었나?

2) 위 정서를 실행하자. 뭐가 출력되나?

3) char s=2;를 다음으로 바꾸어 실행하자. 뭐가 출력되나?

3－1) char s=0;

3－2) char s=1;

3－3) char s=3;

4) 3)의 출력을 실행할 정서 7－17)과 비교하자. 같은가? 다른가?

실행할 정서 7-39) default: 뒤 break;

```
# include "stdafx.h"
int main()
{
	char s=2;
	switch(s)
	{
	case 0:
		printf("s is zero\n");
	case 1:
		printf("s is one\n");
	default:
		printf("s is neither zero nor one\n");
		break;   /* default */
	}
}
```

1) 위 정서를 실행할 정서 7－17)과 비교하자. 뭐가 추가되었나?

2) 위 정서를 실행하자. 뭐가 출력되나?

3) char s＝2;를 다음으로 바꾸어 실행하자. 뭐가 출력되나?

 3－1) char s＝0;

 3－2) char s＝1;

 3－3) char s＝3;

3) 2)의 출력 중 1)과 같은 것은 무엇인가?

4) 3)의 출력을 실행할 정서 7－17)과 비교하자. 같은가? 다른가?

실행할 정서 7-40) 성적(score)을 입력받아 학점(grade)을 출력하자. - 1

정수 나눗셈 이용

```
# include "stdafx.h"
int main()
{     char grade;
      short score;
      scanf("%d",&score);
      switch(score/10)
      {
            case 10 :
            case  9 :  grade='A';  break;
            case  8 :  grade='B';  break;
            case  7 :  grade='C';  break;
            case  6 :  grade='D';  break;
            default :  grade='F';
      }
      printf("score=%d\n", score);
      printf("grade=%c\n", grade);
}
```

1) 위 정서를 실행하자. score가 다음과 같은 경우에 grade는 무엇인가?

(1) 100 ~ 90

(2) 89 ~ 80

(3) 79 ~ 70

(4) 69 ~ 60

(5) 59 ~ 0

실행할 정서 7-41) 성적(score)을 입력받아 학점(grade)을 출력하자. - 2

초과된 값의 개수 계산

```
# include "stdafx.h"
int main()
{     char grade;
      short score, over;
      scanf("%d",&score);
      over=(score>90)+(score>80)+
      (score>70)+(score>60);
      switch(over)
      {     case  4 :  grade='A';  break;
            case  3 :  grade='B';  break;
            case  2 :  grade='C';  break;
            case  1 :  grade='D';  break;
            default :  grade='F';
      }
      printf("score=%d\n", score);
      printf("grade=%c\n", grade);
}
```

1) 실행할 정서 7−1−11)과 비교하자. 출력이 같은가?

2) A와 B의 grade만 다음과 같이 바뀌었다고 하자. 어떻게 바꾸면 되나?

(1) 100 ~ 91 : A

(2) 90 ~ 80 : B

7-4-1-2-3) 반복문에서 조건식 대신

이 경우는 while, do~while, for의 조건식이 없고 대신 반복 부분에 break가 있는 경우이다.

7-4-1-2-3-1) while - 형식 2

– break에 의한 반복 끝

```
초기식;
while (1)
{
      if(조건식) break;
      문장;
      증감식;
}
```

조건식을 만족하면 반복 부분을 탈출한다.

실행할 정서 7-42) &를 여러 번 출력

```
# include "stdafx.h"
int main()
{
      short h=1;
      while(1)
      {
            if (h>10)
            {
                  printf("exit by break\n");
            }
            printf("&\n");
            h++;
      }
```

```
    printf("after while h=%d\n",h);
}
```

1) 위 정서를 실행하자. &는 몇 번 출력되나?

2) after while h의 값은 얼마인가?

3) short h=1;을 short h=5;로 바꾸면 &는 몇 번 출력되나?

4) if (h>10)을 if (h>20)로 바꾸면 &는 몇 번 출력되나?

5) h++;를 h+=2로 바꾸면 &는 몇 번 출력되나?

6) after while h의 값은 얼마인가?

7) h++;를 h--로 바꾸면 무슨 현상이 발생하나?

8) h++;를 없애고 실행하자. 무슨 현상이 발생하나?

실행할 정서 7-43) h가 증가

```
# include "stdafx.h"
int main()
{
    short h=2;
    while(1)
    {
        if(h>10)
        {
            printf("exit by brk\n");
            break;
        }
        printf("h=%d\n",h);
        h++;
```

```
    }
    printf("after while h=%d\n",h);
}
```

1) 위 정서를 실행하자. 얼마부터 얼마까지 출력되나?

2) after while h의 값은 얼마인가?

3) short h=2;을 short h=5;로 바꾸면 얼마부터 얼마까지 출력되나?

4) if(h>10)를 if(h>20)로 바꾸면 얼마부터 얼마까지 출력되나?

5) h++;를 h+=2로 바꾸면 얼마부터 얼마까지 출력되나?

6) 3부터 9까지 출력되게 하려면 short h=2;를 무엇으로 바꾸어야 하나?

7) 1부터 15까지 출력되게 하려면 while(h<10)를 무엇으로 바꾸어야 하나?

8) 1,4,7이 출력되게 하려면 h++;를 무엇으로 바꾸어야 하나?

실행할 정서 7-44) h가 감소

```
# include "stdafx.h"
int main()
{
    short h=10;
    while(1)
    {
        if(h<1)
        {
            printf("exit by brk\n");
```

```
                break;
            }
            printf("h=%d\n",h);
            h--;
        }
        printf("after while h=%d\n",h);
}
```

1) 위 정서를 실행하자. 얼마부터 얼마까지 출력되나?

2) after while h의 값은 얼마인가?

3) short h=10;을 short h=5;로 바꾸면 얼마부터 얼마까지 출력되나?

4) if(h<1)를 if(h<5)로 바꾸면 얼마부터 얼마까지 출력되나?

5) h−−;를 h−=2로 바꾸면 얼마부터 얼마까지 출력되나?

6) 9부터 3까지 출력되게 하려면 short h=1;를 무엇으로 바꾸어야 하나?

7) 10부터 3까지 출력되게 하려면 if(h<1)를 무엇으로 바꾸어야 하나?

8) 10,7,4가 출력되게 하려면 h++;를 무엇으로 바꾸어야 하나?

7-4-1-2-3-2) do~while 형식 2

−break에 의한 반복 끝

```
초기식;
do
{
        if(조건식) break;
```

```
    문장;
    증감식;
}
while (1);
```

조건식을 만족하면 반복 부분을 탈출한다.

실행할 정서 7-45) &를 여러 번 출력

```
# include "stdafx.h"
int main()
{
    short h=1;
    do
    {
        if (h>10)
        {
            printf("exit by brk\n");
            break;
        }
        printf("&\n");
        h++;
    }
    while(1);
    printf("after do-while h=%d\n",h);
}
```

1) 위 정서를 실행하자. &는 몇 번 출력되나?

2) after do – while h의 값은 얼마인가?

3) 초기식은 무엇인가?

4) 조건식은 무엇인가?

5) 증감식은 무엇인가?

6) short h=1;을 short h=4;로 바꾸면 &는 몇 번 출력되나?

7) if(h>10)를 if(h>15)로 바꾸면 &는 몇 번 출력되나?

8) h++;를 h+=2로 바꾸면 &는 몇 번 출력되나?

9) h++;를 h--로 바꾸면 무슨 현상이 발생하나?

10) h++;를 없애고 실행하자. 무슨 현상이 발생하나?

실행할 정서 7-46) h가 증가

```
# include "stdafx.h"
int main()
{
	short h=2;
	do
	{
		if(h>10)
		{
			printf("exit by brk\n");
			break;
		}
		printf("h=%d\n",h);
		h++;
	}
	while(1);
	printf("after do-while h=%d\n",h);
}
```

1) 위 정서를 실행하자. 얼마부터 얼마까지 출력되나?

2) after do－while h의 값은 얼마인가?

3) short h＝2;을 short h＝4;로 바꾸면 얼마부터 얼마까지 출력되나?

4) if(h＞10)을 if(h＞20)로 바꾸면 얼마부터 얼마까지 출력되나?

5) h＋＋;를 h＋＝2로 바꾸면 얼마부터 얼마까지 출력되나?

6) 4부터 9까지 출력되게 하려면 short h＝2;를 무엇으로 바꾸어야 하나?

7) 1부터 15까지 출력되게 하려면 if(h＞10)를 무엇으로 바꾸어야 하나?

8) 1,4,7이 출력되게 하려면 h＋＋;를 무엇으로 바꾸어야 하나?

실행할 정서 7-47) h가 감소

```
# include "stdafx.h"
int main()
{
	short h=10;
	do
	{
		if(h<1)
		{
			printf("exit by break\n);
			break;
		}
		printf("h=%d\n",h);
		h--;
```

```
    }
    while(1);
    printf("after do-while h=%d\n",h);
}
```

1) 위 정서를 실행하자. 얼마부터 얼마까지 출력되나?

2) after do−while h의 값은 얼마인가?

3) short h=10;을 short h=4;로 바꾸면 얼마부터 얼마까지 출력되나?

4) if(h<1)를 if(h<4)로 바꾸면 얼마부터 얼마까지 출력되나?

5) h−−;를 h−=2로 바꾸면 얼마부터 얼마까지 출력되나?

6) 10부터 4까지 출력되게 하려면 short h=1;를 무엇으로 바꾸어야 하나?

7) 10부터 2까지 출력되게 하려면 if(h<1)를 무엇으로 바꾸어야 하나?

8) 10,7,4가 출력되게 하려면 h++;를 무엇으로 바꾸어야 하나?

7-4-1-2-3-3) for 형식 2

− break에 의한 반복 끝

```
for(초기식;;증감식)
{
    if(조건식) break;
    문장;
}
```

실행할 정서 7-48) &를 여러 번 출력

```
# include "stdafx.h"
int main()
{
	short h=1;
	for(h=1; ;h++)
	{
		if(h>10)
		{
			printf("exit by brk\n");
			break;
		}
		printf("&\n");
	}
	printf("after for h=%d\n",h);
}
```

1) 위 정서를 실행하자. &는 몇 번 출력되나?

2) after for h의 값은 얼마인가?

3) 초기식은 무엇인가?

4) 조건식은 무엇인가?

5) 증감식은 무엇인가?

6) short h=1;을 short h=4;로 바꾸면 &는 몇 번 출력되나?

7) for(h=1;;h++)를 for(h=3;;h++)로 바꾸면 &는 몇 번 출력되나?

8) if(h>10)를 if(h>15)로 바꾸면 &는 몇 번 출력되나?

9) for(h=1;;h++)를 for(h=1;;h+=2)로 바꾸면 &는 몇 번 출력되나?

10) for(h=1;;h++)를 for(h=1;;h--)로 바꾸고 실행하자. 무슨 현상이 발생하나?

11) for(h=1;;h++)를 for(h=1;;)로 바꾸고 실행하자. 무슨 현상이 발생하나?

실행할 정서 7-49) h가 증가

```
# include "stdafx.h"
int main()
{
      short h;
      for(h=2; ;h++)
      {
            if(h>10)
            {
                  printf("exit by brk\n");
                  break;
            }
            printf("h=%d\n",h);
      }
      printf("after for h=%d\n",h);
}
```

1) 위 정서를 실행하자. 얼마부터 얼마까지 출력되나?

2) after for h의 값은 얼마인가?

3) for(h=2; ;h++)를 for(h=4; ;h++)로 바꾸면 얼마부터 얼마까지 출력되나?

4) if(h>10) break;를 if(h>20) break;로 바꾸면 얼마부터 얼마까지 출력되나?

5) for(h=2; ;h++)를 for(h=2; ;h+=2)로 바꾸면 얼마부터 얼마까지 출력되나?

6) 5부터 9까지 출력되게 하려면 char h=2;를 무엇으로 바꾸어야 하나?

7) 1부터 15까지 출력되게 하려면 if(h>10)를 무엇으로 바꾸어야 하나?

8) 1,4,7이 출력되게 하려면 h++;를 무엇으로 바꾸어야 하나?

실행할 정서 7-50) h가 감소

```
# include "stdafx.h"
int main()
{
	short h;
	for(h=10;;h--)
	{
		if(h<1)
		{
			printf("exit by brk\n");
			break;
		}
		printf("h=%d\n",h);
	}
	printf("after for h=%d\n");
}
```

1) 위 정서를 실행하자. 얼마부터 얼마까지 출력되나?

2) after for h의 값은 얼마인가?

3) for(h=10;;h--)를 for(h=4;;h--)로 바꾸면 얼마부터 얼마까지 출력되나?

4) if(h<1)를 if(h<4)로 바꾸면 얼마부터 얼마까지 출력되나?

5) for(h=10;;h--)를 for(h=10;;h-=2)로 바꾸면 얼마부터 얼마까지 출력되나?

6) 7부터 4까지 출력되게 하려면 h=10;를 무엇으로 바꾸어야 하나?

7) 10부터 5까지 출력되게 하려면 h<1를 무엇으로 바꾸어야 하나?

8) 10,7,4가 출력되게 하려면 h--;를 무엇으로 바꾸어야 하나?

7-4-1-2-4) 반복문에서 조건식과 같이

7-4-1-2-4-1) 이 경우는 반복문의 조건식과 break가 둘 다 있는 경우이다.

7-4-1-2-4-2) 반복이 끝나는 경우는 다음 2가지이다

(1) 반복문의 조건식이 거짓인 경우

다음 형식들에서 조건식h, 조건식b, 조건식f가 거짓인 경우이다.

(2) break를 실행하는 경우

다음 형식들에서 조건식b가 참인 경우와 같다.

7-4-1-2-4-3) 위 2가지 중 어느 것에 의해 반복 끝나나?

먼저 실행하는 것에 의해서 반복이 끝나게 된다.

7-4-1-2-4-1) while 반복 - 형식 3

– 조건식 불만족에 의한 반복 끝과

break에 의한 반복 끝

조건식h 거짓과 조건식b 참 중 먼저 실행되는 문장에 의해서 반복이 끝난다.

형식은 다음과 같다.

```
초기식;
while (조건식h)
{
      if(조건식b) break;
      문장;
      증감식;
}
```

실행할 정서 7-51) while

```
# include "stdafx.h"
int main()
{
      short h=2;
      while(h<20)
      {
            if(h>10)
            {
                  printf("exit by brk\n");
                  break;
            }
            printf("h=%d\n",h);
            h++;
      }
      printf("after while h=%d\n",h);
}
```

1) 위 정서를 실행하자. 얼마부터 얼마까지 출력되나?

2) after while h의 값은 얼마인가?

3) 초기식은 무엇인가?

4) 조건식h는 무엇인가?

5) 조건식b는 무엇인가?

6) 증감식은 무엇인가?

7) 위 정서는 '조건식 불만족에 의한 반복 끝'과 'break문에 의한 반복 끝' 중 어디에 해당하나?

8) while(h<20)을 while(h<5)로 바꾸고 다시 실행하자. 이 경우 얼마부터 얼마까지 출력되나?

9) 8)의 경우 '조건식 불만족에 의한 반복 끝'과 'break문에 의한 반복 끝' 중 어디에 해당하나?

7-4-1-2-4-2) do 반복 while 형식 3
– 조건식 불만족에 의한 반복 끝과 break에 의한 반복 끝

조건식d 거짓과 조건식b 참 중 먼저 실행되는 문장에 의해서 반복이 끝난다.

```
초기식;
do
{
      if(조건식b) break;
      문장;
      증감식;
}
while (조건식d);
```

```
        문장;
}
```

실행할 정서 7-52) do~while

```
# include "stdafx.h"
int main()
{
        short h=2;
        do
        {
                if(h>10)
                {
                        printf("exit by brk\n");
                        break;
                }
                printf("h=%d\n",h);
                h++;
        }
        while(h<4);
        printf("after do-while h=%d\n",h);
}
```

1) 위 정서를 실행하자. 얼마부터 얼마까지 출력되나?

2) after do~while h의 값은 얼마인가?

3) 초기식은 무엇인가?

4) 조건식d는 무엇인가?

5) 조건식b는 무엇인가?

6) 증감식은 무엇인가?

7) 위 정서는 '조건식 불만족에 의한 반복 끝'과 'break문에 의한 반복 끝' 중 어디에 해당하나?

8) while(h<4)을 while(h<14)로 바꾸고 다시 실행하자. 이 경우 얼마부터 얼마까지 출력되나?

9) 8)의 경우 '조건식 불만족에 의한 반복 끝'과 'break문에 의한 반복 끝' 중 어디에 해당하나?

7-4-1-2-4-3) for 반복 - 형식 3

– 조건식 불만족에 의한 반복 끝과 break에 의한 반복 끝

조건식f 거짓과 조건식b 참 중 먼저 실행되는 문장에 의해서 반복이 끝난다.

형식은 다음과 같다.

```
for(초기식;조건식f;증감식)
{
    if(조건식b) break;
    문장;
}
```

실행할 정서 7-53) for

```
# include "stdafx.h"
int main()
{
    short h;
    for(h=2;h<6;h++)
    {
        if(h>10)
        {
```

```
                printf("exit by brk\n");
                break;
            }
            printf("h=%d\n",h);
        }
        printf("after for h=%d\n",h);
}
```

1) 위 정서를 실행하자. 얼마부터 얼마까지 출력되나?

2) after for h의 값은 얼마인가?

3) 초기식은 무엇인가?

4) 조건식f는 무엇인가?

5) 조건식b는 무엇인가?

6) 증감식은 무엇인가?

7) 위 정서는 '조건식 불만족에 의한 반복 끝'과 'break문에 의한 반복 끝' 중 어디에 해당하나?

8) for(h=2;h<6;h++)를 for(h=2;h<16;h++)로 바꾸고 다시 실행하자. 이 경우 얼마부터 얼마까지 출력되나?

9) 8)의 경우 '조건식 불만족에 의한 반복 끝'과 'break문에 의한 반복 끝' 중 어디에 해당하나?

7-4-2) continue

7-4-2-1) continue의 역할

반복문 – while, do~while, for – 의 반복 부분 안에서 continue 아래 부분을 수행하지 않고 다음 반복을 실행한다.

참고 1) continue 아래 부분이 없다면 continue문은 있을 때와 없을 때가 같으므로 continue가 필요없다.

참고 2) 선택문 – if 계열과 switch 계열 – 에서는 쓸 수 없다.

7-4-2-2) 필요한 경우의 예

예를 들어 '1에서 20까지의 자연수를 출력하는데 3의 배수를 제외하고 출력하라'라는 문제가 있다고 하자. 이 문제의 경우 3의 배수인 경우 자연수를 출력하지 않고 continue;를 실행하면 된다. continue;를 실행했다는 것을 보여주기 위해 자연수 대신 cntn을 출력하자.

1부터 20까지의 자연수는 1, 2, 3, 4, 5, 6, 7, 8, 9, 10, 11, 12, 13, 14, 15, 16, 17, 18, 19, 20의 20개인데 3의 배수 3, 6, 9, 12, 15, 18을 제외하고 3의 배수 대신 cntn을 출력한다면 1, 2, cntn, 4, 5, cntn, 7, 8, cntn, 10, 11, cntn, 13, 14, cntn, 16, 17, cntn, 19, 20이 출력된다.

위 문제의 예가 실행할 정서 7–54)이다.

실행할 정서 7-54)

```
# include "stdafx.h"
int main()
{
      char s;
      for(s=1;s<20;s++)
      {
            if(s%3==0)
            {
                  printf("cntn\n\n");
                  continue;
            }
            printf("%d\n",s);
}
```

1) continue 아래 부분은 뭐인가?

2) 위 정서를 실행하자. 뭐가 출력되나?

3) cntn은 몇 번 출력되나?

4) s가 얼마일 때 cntn이 출력되나?

5)

```
if(s%3==0)
{
	printf("cntn\n\n");
	continue;
}
```

를 없애고 실행하자. 뭐가 출력되나?

6) 2)의 경우와 5)의 경우의 출력이 같나? 다르나?

실행할 정서 7-55)

```
# include "stdafx.h"
int main()
{
	char s;
	for(s=1;s<20;s++)
	{
		printf("%d\n",s);
		if(s%3==0)
		{
			printf("cntn\n\n");
			continue;
	}
}
```

1) continue 아래 부분은 뭐인가?

2) 위 정서를 실행하자. 뭐가 출력되나?

3) cntn은 몇 번 출력되나?

4) s가 얼마일 때 cntn이 출력되나?

5)

```
if(s%3==0)
{
    printf("cntn\n\n");
    continue;
}
```

를 없애고 실행하자. 뭐가 출력되나?

6) 2)의 경우와 5)의 경우의 출력이 같나? 다르나?

7-y) 개념 문제 (concept problem)

0) 개요

0-1) 여러 개의 선택 중 한 가지를 선택하는 것을 뭐라 하나?

0-2) 비슷한 문장을 여러 번 반복하는 것을 뭐라 하나?

0-3) 선택 부분이나 반복 부분을 끝내거나, 반복에서 일부분을 안 하고 반복하는 것을 뭐라 하나?

0-4) 다음 표의 빈 칸을 채우시오.

절	종류	예약어
1절	선택문	5개
2절	반복문	3개
3절	분기문	2개

0-5) 다음 표의 빈 칸을 채우시오.

조건식	참과 거짓	선택 부분, 반복 부분 실행 여부
		실행한다.
		실행하지 않는다

0-6) 다음 표의 빈 칸을 채우시오.

{ } 생략시	선택 부분, 반복 부분
생략해도 같은 경우	
생략하면 달라지는 경우	

2) 선택문

2-1) 본서에서 선택문을 2가지 계열로 나눴다. 뭐인가?

2-1-1) 계열 1단어

2-1-2) 계열 2단어

2-2) 다음 표의 빈 칸을 채우시오.

	가짓수	추가 가능 예약어	참고
if 계열			중첩해서 3가지 이상 가능
switch~case 계열			case 2개 이상

2-3) 본서에서 선택문을 4가지로 나눴다. 뭐인가?

2-3-1)

2-3-2)

2-3-3)

2-3-4)

2-4) else 없는 if와 else 있는 if는 다음과 같은 차이가 있다. 다음 표의 빈 칸을 채우시오.

절	else 유무	선택 가짓수	조건식이 참	조건식이 거짓
7-1-1	else 없는 if			
7-1-2	else 있는 if			

2-5) default 없는 switch~case와 default 있는 switch~case는 다음과 같은 차이가 있다. 다음 표의 빈 칸을 채우시오.

절	default 유무	정수식 또는 변수가 case 뒤의 값과 같을 때	정수식 또는 변수가 case 뒤의 값과 다를 때
7-1-3	default 없는 switch~case		
7-1-4	default 있는 switch~case		

2-6) case 뒤에는 뭐가 꼭 있어야 하나?

2-7) default 뒤에는 뭐가 꼭 있어야 하나?

2-8) 선택문과 관련해 :(colon)이 필요한 단어가 2개 있다. 뭐인가?

2-8-1)

2-8-2)

3) 반복문

3-1) 본서에서 공부하는 반복문 3가지를 쓰시오.

1)

2)

3)

※ 3-2~7) 다음 문제에 맞는 a) b) c) 중에서 고르시오.

a) while

b) do~while

c) for

3-2) (조건식)이 있는 것 2개

3-3) (초기식;조건식;반복식)일 있는 것

3-4) 조건식이 반복 부분의 앞에 있는 것 2개

3-5) 조건식이 반복 부분의 뒤에 있는 것

3-6) 최소 1번은 실행하는 것

3-7) 처음에 조건식이 거짓이면 1번도 실행하지 않는 것

3-8) 반복을 끝내는 방법은 2가지이다. 뭐인지 쓰시오.

1)

2)

※ 3-9~11) 다음 반복문은 뭐인가?

3-9) (조건식)이 있으며, 처음에 조건식이 만족되지 않으면 한 번도 실행하지 않음

3-10) (조건식)이 있으며, 최소 한 번은 실행함

3-11) (초기식;조건식;증감식)이 있음

※ 2) 선택문과 3) 반복문 종합

※ 3-12~16) 다음 2문장의 개수의 비교하시오.

3-12) if와 else

3-13) switch와 case

3-14) switch와 default

3-15) case와 default

3-16) do와 while

※ 3-17~20) 다음 단어가 있을 때 반드시 동반되는 단어를 쓰시오.

3-17) else가 있을 때

3-18) case가 있을 때

3-19) default가 있을 때

3-20) do가 있을 때

4) 분기문

※ 4-1~4) 다음 분기문은 뭐인가?

4-1) 이 문장을 만나면 현재 실행하고 있는 선택 부분이나 반복 부분을 벗어남

4-2) switch~case 문에서 많이 사용됨

4-3) 무한 반복문을 벗어날 때 사용

4-4) 선택문에서는 사용되지 않고 반복문에서만 사용됨

4-5) 이 분기문이 실행되면 현재 수행되고 있는 반복 부분의 아랫 부분은 실행되지 않고, 다음 반복으로 이동됨

4-5) 본서에서 break는 4가지 경우에 사용된다고 했다. 어떤 경우인지 쓰시오.

1)

2)

3)

4)

7-z) 정서 만들기 (make program)

※ 7-1~7) switch ~ case ~ default를 이용해서 다음 정서를 만드시오.

7-1) BMI (Body Mass Index)는 몸무게(kg)/키(m)^2으로 정의된다.

20 미만이면 저체중입니다.
20~24이면 정상입니다.
24 초과면 과체중입니다

를 출력

7-2) 자판으로부터

봄이면 1
여름이면 2
가을이면 3
겨울이면 4

의 숫자를 입력받아서

1을 입력받으면
"it is warm in spring"
2를 입력받으면
"it is hot in summer"
3을 입력받으면
"it is cool in fall"
4를 입력받으면
"it is cold in winter"

을 출력

7-3) 자판으로부터 0~100 사이의 정수를 입력받아서

100~95이면 A+
94~90이면 A0
89~85이면 B+
84~80이면 B0
79~75이면 C+
74~70이면 C0
69~65이면 D+
64~60이면 D0
59~ 0이면 F

를 출력

7-4) 자판으로부터 0~100 사이의 정수를 입력받아서

100~97이면 A+
96~94이면 A0
93~90이면 A-
89~87이면 B+
96~84이면 B0
83~80이면 B-
79~77이면 C+
76~74이면 C0
73~70이면 C-
69~67이면 D+
66~64이면 D0
63~60이면 D-
59~ 0이면 F

를 출력

7-5) 태어난 해를 입력하면 띠를 출력
나머지는 12로 나누었을 때

출생년	나머지	한자	한글	영어	중국어
84	0	자	쥐	mouse	laoshu
85	1	축	소	cow	niu
86	2	인	호랑이	tiger	laohu
87	3	묘	토끼	rabbit	tuzi
88	4	진	용	dragon	long
89	5	사	뱀	snake	she
90	6	오	말	horse	ma
91	7	미	양	sheep	yang
92	8	신	원숭이	monkey	houzi
93	9	유	닭	chicken	ji
94	10	술	개	dog	gou
95	11	해	돼지	pig	zhu

7-6) 번호를 입력하면

'김포공항에서 ~공항까지의
항공요금은 ~원입니다'라고 출력

(아시아나 항공, 할인 - 월~목 기준)

번호	까지	항공요금(원)
1	제주	73,400
2	진주/사천	64,400
3	여수/순천	62,900
4	울산	61,900
5	포항	58,600
6	부산	55,200
7	광주	54,900

※ 7-7~37) 반복문 (repetition statement) while, do~while, for의 3가지로 정서를 만드시오.

7-7) 화씨 온도 = 5/9*섭씨 온도+32의 관계가 있다.

섭씨 온도 0도부터 100도까지
10도 간격으로 화씨 온도를 출력

※ 7-8~37) 자연수의 거듭제곱의 합의 공식은 다음과 같다.

1) $\sum_{k=1}^{n} k = \frac{n(n+1)}{2}$

2) $\sum_{k=1}^{n} k^2 = \frac{n(n+1)(2n+1)}{6}$

3) $\sum_{k=1}^{n} k^3 = [\frac{n(n+1)}{2}]^2$

※ 7-8~17) 공식 1) 이용

7- 8) $\sum_{k=1}^{10} k$

7- 9) $\sum_{k=1}^{20} k$

7-10) $\sum_{k=1}^{30} k$

7-11) $\sum_{k=1}^{40} k$

7-12) $\sum_{k=1}^{50} k$

7-13) $\sum_{k=1}^{60} k$

7-14) $\sum_{k=1}^{70} k$

7-15) $\sum_{k=1}^{80} k$

7-16) $\sum_{k=1}^{90} k$

7-17) $\sum_{k=1}^{100} k$

※ 7-18~27) 공식 2) 이용

7-18) $\sum_{k=1}^{10} k^2$

7-19) $\sum_{k=1}^{20} k^2$

7-20) $\sum_{k=1}^{30} k^2$

7-21) $\sum_{k=1}^{40} k^2$

7-22) $\sum_{k=1}^{50} k^2$

7-23) $\sum_{k=1}^{60} k^2$

7-24) $\sum_{k=1}^{70} k^2$

7-25) $\sum_{k=1}^{80} k^2$

7-26) $\sum_{k=1}^{90} k^2$

7-27) $\sum_{k=1}^{100} k^2$

※ 7-28~37) 공식 3) 이용

7-28) $\sum_{k=1}^{10} k^3$

7-29) $\sum_{k=1}^{20} k^3$

7-30) $\sum_{k=1}^{30} k^3$

7-31) $\sum_{k=1}^{40} k^3$

7-32) $\sum_{k=1}^{50} k^3$

7-33) $\sum_{k=1}^{60} k^3$

7-34) $\sum_{k=1}^{70} k^3$

7-35) $\sum_{k=1}^{80} k^3$

7-36) $\sum_{k=1}^{90} k^3$

7-37) $\sum_{k=1}^{100} k^3$

※ 7-38~39) continue

1부터 20까지의 숫자 중 2의 배수와 3의 배수를 제외한 숫자를 출력하는 정서를 continue를 이용해서 작성하려고 한다. 다음 2가지 방법으로 작성하시오.

7-38) continue문을 1개 사용

7-39) continue문을 2개 사용

8 배열 (array)

8-0) 학습 목표
8-1) 소개
8-2) 선언
8-3) 초깃값 주기
8-4) 정수 배열
8-5) 실수 배열
8-6) 문자 배열
8-7) 배열의 복사
8-8) 값 연산자 *
8-9) 주소 연산자 &
8-y) 개념 문제
8-z) 정서 만들기

8-0) 학습 목표 (learning objective)

1) 배열이 필요한 이유를 안다.

2) 배열의 정의를 안다.

3) 초기화, 할당, 입력시 배열을 이용하는 경우의 장점을 안다.

4) 변수형이 같은 여러 개의 변수가 있을 때 배열을 사용하지 않는 경우와 배열을 사용하는 경우의 차이를 안다.

5) 배열을 선언하는 방법을 안다.

6) 배열명이 가리키는 것이 뭔지 안다.

7) 배열의 차원을 안다.

8) 배열의 요소, 첨자, 크기를 안다.

9) 배열의 선언 후에 해야 할 것이 뭔지 안다.

10) 배열의 초기화시 [와] 사이의 개수와 값의 수의 대소에 따라 뭐가 달라지는지 안다.

11) 개수가 같은 배열이 여러 개 있을 경우 한꺼번에 개수를 쉽게 바꿀 수 있는 방법을 안다.

12) 하나의 배열을 다른 배열로 복사하는 방법을 안다.

13) 배열이 있을 때 반복문을 이용해서 편리하게 처리할 수 있음을 안다.

8-1) 소개 (introduction)

8-1-1) 필요성

같은 종류의 변수가 여러 개 있을 때 이들에게 전부 다른 이름을 부여하는 것은 귀찮은 일일 수 있다. 이런 경우 배열을 이용하면 훨씬 더 편리하게 여러 변수들을 다룰 수 있다.

8-1-2) 배열의 정의

배열이란 동일한 형의 자료가 여러 개 있을 때 같은 이름으로 첨자만 달리 해서 사용하는 것을 의미한다.

8-1-3) 초기화, 할당, 입력, 배열의 복사시 배열을 이용하는 경우의 장점

8-1-3-1) 배열을 사용하지 않는 경우

한 번에 할 수 없고 반복문을 이용할 수 없으므로, 배열의 개수만큼 여러 번 해야 한다. 즉, 배열의 개수가 10이라면 10번, 배열의 개수가 100이라면 100번 해야 한다.

8-1-3-2) 배열을 사용하는 경우

a. 초기화는 한 번에 할 수 있다.
b. 할당, 입력, 배열의 복사는 반복문을 이용하여 한 번에 할 수 있다.

8-1-4) 반복문 - while, do~ while, for - 과의 관계

많은 경우에 반복문을 사용하면 배열을 편리하게 다룰 수 있다.

8-1-5) 배열을 사용하지 않은 경우의 예

다음은 10개의 short형 변수가 있을 때 합과 평균을 구하는 정서이다.

합은 정수이므로 short를 이용하였고, 평균을 실수이므로 float를 이용하였다.

본 절에서 배열을 사용하지 않는 경우를 알아보고 다음 절에서 배열을 사용하는 경우를 알아 보자.

두 가지 경우를 다 해 보면 배열을 사용하지 않은 경우와 배열을 사용한 경우의 차이를 알 수 있을 것이다.

실행할 정서 8-1) 배열을 사용하지 않는 경우

```
# include <stdio.h>
main()
{
      short r0,r1,r2,r3,r4,r5,r6,r7,r8,r9,s;
      float v;
      r0=10;
      r1=11;
      r2=12;
      r3=13;
      r4=14;
      r5=15;
      r6=16;
      r7=17;
      r8=18;
      r9=19;
      s=r0+r1+r2+r3+r4+r5+r6+r7+r8+r9;
      v=s/10;
      printf("합은 %d\n",s);
      printf("평균은 %f\n",v);        }
```

1) 위 정서를 실행해 보자.

2) r로 시작하는 변수는 몇 개인가?

3) 할당을 몇 번 했나?

4) r로 시작하는 변수가 만일 100개라면 초기화, 할당, 입력 중 한 가지를 몇 번 해야 하나?

5) 초기화, 할당, 입력시 반복문 – while, do~while, for – 등의 사용이 가능하나?

6) 경고가 발생한다. 경고를 쓰고 해석하시오.

7) 경고가 발생하는 이유는 무엇인가?

8) 경고가 발생하기 않게 정서를 바꾸시오.

실행할 정서 8-2) 배열을 사용한 경우

```
# include <stdio.h>
main()
{
      short r[10],s;
      double v;
      r[0]=10;   r[1]=11;
      r[2]=12;   r[3]=13;
      r[4]=14;   r[5]=15;
      r[6]=16;   r[7]=17;
      r[8]=18;   r[9]=19;
      s=   r[0]+r[1]+r[2]+r[3]+r[4]+
           r[5]+r[6]+r[7]+r[8]+r[9];
      v=s/10.;
      printf("합은 %d\n",s);
```

```
    printf("평균은 %f\n",v);
}
```

1) 위 정서를 실행해 보자.

2) 실행할 정서 8－1)과 비교해보자. 장점이 무엇인가?

3)~4) 할당하는 문장 10개

3) 위 정서에는 할당하는 문장이 10개 있다. 무엇인가?

4) 할당하는 문장을 for문을 이용해서 바꾸시오.

5)~6) 문장

```
 s=    r[0]+r[1]+r[2]+r[3]+r[4]+
       r[5]+r[6]+r[7]+r[8]+r[9];
```

5) 위 문장을 for문을 이용해서 바꾸시오.

6) 실행할 정서 8－1)에서도 위 문장을 for로 바꿀 수 있나?

8-2) 선언 (declaration)

8-2-1) 선언

일반 변수와 마찬가지로 배열을 사용하기 위해서는 배열을 선언하여야 한다.

8-2-1-1) 배열의 형태

자료형 배열이름[갯수];로 선언할 수 있다.

8-2-1-2) 선언의 예

다음은 선언의 세 가지 예이다.

a) int t[2];

갯수가 2인 정수 배열 t를 선언한 것이다.

b) float f[3];

갯수가 3인 실수 배열 f를 선언한 것이다.

c) char c[4];

갯수가 4인 문자 배열 c를 선언한 것이다.

8-2-1-3) 자료형

위에서 보인 자료형 외에 물론 다른 자료형도 가능하다.

a) 정수형

앞에서 보인 int 외에 short, unsigned short, unsigned int, long, unsigned long 등이 가능하다.

b) 실수형

앞에서 보인 float 외에 double도 가능하다.

c) 문자형

앞에서 보인 char 외에 unsigned char도 가능하다.

8-2-1-4) 배열이름

8-2-1-4-1) 배열이름을 만드는 방법

배열이름도 식별자이므로 참고 문헌 1.

3장 6절 식별자명(idenfier name)에 의한 규칙에 맞는 이름을 만들어야 한다.

8-2-1-4-2) 배열이름이 가리키는 것

배열이름은 배열이 저장되어 있는 기억장소의 주소를 가리킨다. 그러므로, 배열 선언은 지시자(pointer) 선언과 비슷하다. 그러나, 지시자는 본서의 범위를 벗어난다. 다음 책에서 지시자에 대해서 자세히 다룰 예정이다.

8-2-1-5) 갯수

갯수는 당연히 양의 정수 즉 자연수만 허용된다.

그러므로, 0보다 작은 정수나 실수는 허용되지 않는다.

단일 문자를 입력하면 그 문자의 미국 표준 부호로 간주하므로 가능하다.

예를 들면 int n['a'];라고 선언하면 'a'의 미국 표준 부호가 97이므로 int n[97];과 거의 비슷하다.

8-2-2) 차원

[ ]의 개수에 따라 차원이 달라진다. 즉, [ ]가 한 개 있으면 1차원, [ ]가 두 개 있으면 2차원, [ ]가 세 개 있으면 3차원 등이 된다.

즉, 예를 들어 int r1[2];는 갯수가 2인 1차원 배열 r1을 선언한 것이고 int r2[2][3];는 갯수가 2*3=6인 2차원 배열 r2를 선언한 것이다.

본서에서는 가장 간단한 1차원만을 공부하기로 한다.

8-2-3) 배열의 요소, 첨자, 크기

t r[n];이라고 선언을 했을 때(여기서 t는 자료형으로서 int, float, char 등이 될 수 있다.) t r[0], t r[1], t r[2],...,t r[n-1]의 n개가 만들어진다.

8-1-3-1) 배열의 요소

t r[0], t r[1], t r[2],...,t r[n-1]의 n개들을 배열의 요소라고 한다.

8-1-3-2) 배열의 첨자

[와] 사이에 있는 값을 첨자라고 한다. 위의 예에서 첨자는 0부터 n-1까지의 n개가 생성된다. 1부터 n이 아님에 주의하자.

그러나, 정서에서 첨자가 0보다 작은 수나 n-1보다 큰 수를 쓰더라도 오류나 경고가 일어나지 않는다.

8-2-3-3) 배열의 크기

배열의 크기(byte수)는 '자료형의 크기*개수'가 된다. 즉 예를 들어 float r[n];이라고 선언하면 float의 크기는 4byte이고, 배열의 개수는 n이므로 배열의 크기는 4*n이 된다.

참고) '배열의 크기/자료형의 크기'는 배열의 개수가 된다.
이 경우 4*n/4=n이 된다.

8-2-4) 개수가 같은 배열이 여러 개 있을 경우

define을 이용하여 여러 배열의 개수가 만일 바뀌었을 경우 define의 값을 바꾸어 여러 배열의 개수를 한꺼번에 쉽게 바꿀 수 있다.

즉, 예를 들어 만일 a[3], b[3]이었다가 a[4], b[4]로 바뀐 경우 # define d 3 short a[d], b[d];에서 # define d 4로 바꾸면 배열 a와 b의 개수를 한꺼번에 바꿀 수 있다.

참고) # define d 3 대신 short d; 또는 const short d;를 이용하면 오류가 발생함에 주의하여

야 한다.

8-2-5) 배열의 복사

하나의 배열을 다른 배열로 복사하기 위해서는 한 번에 처리할 수 없다.

8-2-6) 반복문의 이용

배열에서 첨자를 바꾸어서 반복하는 경우가 많으며 이 경우 반복문 – while, do~while, for –을 이용하면 편리하다.

위의 예에서 입력시, 배열의 복사시 등 반복문을 이용하면 편리한 경우이다. 그 외에서 배열의 이용시 반복문을 이용하면 편리한 경우가 많다.

8-3) 초깃값 주기 (giving an initial value)

선언을 하면서 초기화를 하거나, 선언을 한 후에 할당과 입력 중 한 가지를 하여야 한다.

선언만 하고 초기화, 할당, 입력 중 한 가지 이용하여 초깃값을 주어야 하는데, 3가지 중 아무 것도 하지 않으면 경고가 발생한다.

그러므로, 경고가 발생하지 않게 하려면 위 3가지 중 하나를 해 주어야 한다.

8－1－3)에서와 같이 t r[n];이라고 선언을 했다고 하자.

8-3-1) 초기화 (initialization)

8-3-1-1) 초기화의 정의

선언을 하면서 값을 지정하는 것을 초기화라 한다.

8-3-1-2) 초기화의 형태

선언 t r[n]; 대신

```
t r[n]={r[0]의 값 , r[1]의 값,,,r[n-1]의 값};
```

과 같이 초기화할 수 있다.

8-3-1-3) [와] 사이의 개수 지정

8-3-1-3-1) 갯수를 지정하지 않은 경우

자동적으로 값의 수와 같게 초기화된다.

8-3-1-3-2) 갯수를 지정한 경우

개수와 값의 수의 대소에 따라 다음과 같은 현상이 발생한다. 값의 수는 개수와 적거나 같아도 되지만 크지 않아야 한다.

a) '갯수 < 값의 수'인 경우

오류가 발생되면서 초기화되지 않는다.

b) '갯수 = 값의 수'인 경우

잘 초기화된다.

c) '갯수 > 값의 수'인 경우

개수−값의 수에 해당되는 뒤의 값은 값은 0으로 초기화된다.

8-3-2) 할당 (assignment)

8-3-2-1) 할당의 정의

선언을 한 후에 배열의 각 요소에 값을 주는 것을 할당이라고 한다.

8-3-2-2) 할당의 형태

선언 t r[n]; 아래에

```
r[0]=값0;
r[1]=값1;
...
r[n-1]=값n-1;
```

과 같이 배열의 각 요소에 값을 할당하면 된다.

8-3-2-3) 할당되지 않은 요소의 값

할당하지 않은 요소에는 쓰레기값(엉뚱한 값)이 할당되므로 주의하여야 한다. 그러므로, 모든 요소에 할당하는 것이 좋다.

8-3-3) 입력 (input)

8-3-3-1) 입력의 정의

배열을 선언할 후에 자판(keyboard)이나 묶음 철 등을 통해서 값을 지정하는 것을 의미한다.

8-3-3-2) 입력의 형태

scanf, getchar, gets 등의 함수를 이용해서 자판을 통해서 입력한다. scanf 함수를 이용해서 정수 배열을 입력한다면

```
scanf("%d",&배열이름[0]);
scanf("%d",&배열이름[1]);
...
scanf("%d",&배열이름[n-1]);
```

와 같이 하면 된다.

묶음철(file)을 통해서 입력할 수도 있는데 이는 본서의 범위를 벗어나므로, 다음 책에서 설명할 예정이다.

8-4) 정수 배열 (integer array)

정수 배열, 실수 배열, 문자 배열 중 정수 배열이 가장 이해하기가 쉬우므로 '8-2) 선언'에서 서술한 내용을 정수 배열을 이용해서 확인해보자.

실행할 정서 8-3) 배열 이름

```
# include <stdio.h>
main()
{     int n[10];
      printf("array name = %d\n",n);
}
```

1) 위 정서를 실행하자. 출력은 무엇인가?

2) 배열 이름이 나타내는 것은 무엇인가?

3) int를 다음으로 바꾸고 실행하자. 출력은 무엇인가?
   (1) char
   (2) unsigned char
   (3) short
   (4) unsigned short
   (5) unsigned int
   (6) long
   (7) unsigned long
   (8) float
   (9) double

실행할 정서 8-4) 배열의 크기

```
# include <stdio.h>
main()
{
	short h[10];
	printf("size of h is %d\n",sizeof(h));
}
```

1) 위 정서를 실행하자. h는 몇 byte인가?

2) short를 다음으로 바꾸고 다시 실행하자. h는 몇 byte인가?

(1) char

(2) unsigned char

(3) short

(4) unsigned short

(5) unsigned int

(6) long

(7) unsigned long

(8) float

(9) double

실행할 정서 8-5)

배열의 크기를 번역기에서는 확인하지 않는다.

```
# include <stdio.h>
main()
{
	short n=1,h[9];
	printf("h[%d]=%d\n",n,h[n]);
}
```

1) h[1]의 값은 무엇인가?

2) n=1 대신 다음으로 바꾸어 실행하자.
만일 오류나 경고가 나오면 적고 번역하시오.

(1) n=1.2

(2) n=10

(3) n=10000

(4) n=100000

(5) n=−1

(6) n=−1.2

(7) n=−10

(8) n=−10000

(9) n=−100000

(10) n='a'

(11) n='A'

(12) n='a'

실행할 정서 8-6) 초기화 1 : 개수<값의 수

```
# include <stdio.h>
main()
{
      short i,r[2]={11,22,33};
      for(i=0;i<2;i++)
            printf("r[%d]=%d\n",i,r[i]);
}
```

1) 개수과 값의 수를 비교하시오.

2) 오류가 발생한다. 오류를 적고 해석하시오.

3) 오류가 발생하는 이유는 무엇인가?

실행할 정서 8-7) 초기화 2 : 개수=값의 수

```
# include <stdio.h>
main()
{
      short i,r[3]={11,22,33};
      for(i=0;i<3;i++)
            printf("r[%d]=%d\n",i,r[i]);
      printf("%d\n",sizeof(r));
}
```

1) 개수과 값의 수를 비교하시오.

2) 다음 값은 무엇인가?

(1) r[0]

(2) r[1]

(3) r[2]

3) 배열 r의 크기는 몇 byte인가?

실행할 정서 8-8) 초기화 3 : 개수>값의 수

```
# include <stdio.h>
main()
{
      short i,r[4]={11,22,33};
      for(i=0;i<3;i++)
            printf("r[%d]=%d\n",i,r[i]);
      printf("%d\n",sizeof(r));
}
```

1) 개수과 값의 수를 비교하시오.

2) 다음 값은 무엇인가?

(1) r[0]

(2) r[1]

(3) r[2]

3) 배열 r의 크기는 몇 byte인가?

실행할 정서 8-9) 초기화 4 : 개수가 생략된 경우

```
# include <stdio.h>
main()
{
	short i,r[]={11,22,33};
	for(i=0;i<3;i++)
		printf("r[%d]=%d\n",i,r[i]);
	printf("%d\n",sizeof(r));
}
```

1) 배열의 개수는 얼마인가?

2) 다음 값은 무엇인가?

(1) r[0]

(2) r[1]

(3) r[2]

3) 배열 r은 몇 byte인가?

실행할 정서 8-10) 할당

```
# include <stdio.h>
main()
```

```
{
	short i,r[3];
	r[0]=11;
	for(i=0;i<3;i++)
		printf("r[%d]=%d\n",i,r[i]);
	printf("%d\n",sizeof(r));
}
```

1) 다음 값은 무엇인가?
   (1) r[0]
   (2) r[1]
   (3) r[2]

2) r[1]과 r[2]의 값과 같이 전혀 예상할 수 없는 값을 무엇이라고 하는가?

3) r[1]는 22 r[2]는 33이 되도록 정서를 수정하시오.

4) 배열 r의 크기는 몇 byte인가?

실행할 정서 8-11) 입력

```
# include <stdio.h>
main()
{
	short n,h[3];
	scanf("%d",&h[0]);
	for(n=0;n<3;n++)
	{
		printf("h[%d]=%d\n",n,h[n]);
	}
}
```

1) 위 정서를 실행하자. 12와 enter를 입력하자. 다음 값들은 얼마인가?

(1) r[0]

(2) r[1]

(3) r[2]

2) scanf("%d",&h[0]);를 scanf("%d",&h[1]);로 바꾸고 실행하자. 다음 값들은 얼마인가?

(1) r[0]

(2) r[1]

(3) r[2]

3) scanf("%d",&h[0]);를 scanf("%d",&h[2]);로 바꾸고 실행하자.

(1) r[0]

(2) r[1]

(3) r[2]

8-5) 실수 배열 (real number array)

실수 배열은 정수 배열과 큰 차이가 없다. 배열의 구성 요소가 정수가 아니라 실수이므로 자료형은 float 또는 double를 쓴다는 것 외에 큰 차이가 없다.

본 절에서는 다음 2가지 문제를 푼다.

a. 학점이 주어졌을 때
   평점 평균을 계산하는 문제

b. 다항 함수의 정적분

8-5-1) 등급과 학점이 주어졌을 때 평점 평균을 구하는 방법

등급이 주어졌을 때 평점은 다음 표 8-1과 같다.

등급	A+	A0	B+	B0	C+	C0	D+	D0	F
평점	4.5	4.0	3.5	3.0	2.5	2.0	1.5	1.0	0

표 8-1 등급이 주어졌을 때 평점

다음과 같이 3단계로 나누어진다.

1단계) 모든 과목의 학점을 더하여 저장한다. h라고 하자.

2단계) 학점과 평점을 곱하여 이를 전부 더하여 저장한다. s라고 하자

3단계) s/h가 평점 평균이다.

예를 들어 어떤 학생의 2011년 1학기 수강한 학점과 평점이 다음 표 8-2와 같다고 하자.

			grd	pnt	sum
순번	과목	등급	평점	학점	평점합
1	C 언어	A+	4.5	2	9.0
2	전기회로실험	A0	4.0	2	8.0
3	전기회로1	B+	3.5	3	10.5
4	전자기학1	B0	3.0	3	9.0
5	디지털공학	C+	2.5	2	5.0
6	IT비즈니스실무	C0	2.0	3	6.0
	합			15	47.5

표 8-2 2011년1학기 어떤 학생의 평점과 학점

1단계) 모든 과목의 학점 h=15

2단계) 학점과 평점을 곱하여 이를 전부 더한 값 s=47.5
s라고 하자

3단계) 평점 평균 s/h=47.5/15
소숫점 셋째 자리 이하는 삭제해서 3.166

실행할 정서 8-12) 평점 평균 계산

```
# include <stdio.h>
# define n 6
main()
{
        short m,h=0;
        float grd[n]={4.5,4.0,3.5,3.0,2.5,2.0};
        short pnt[n]={2,2,3,3,2,3};
        float s=0;
        for(m=0;m<n;m++)
        {
```

```
            h+=pnt[m];
            s+=grd[m]*pnt[m];
        }
        printf("h=%d\n",h);
        printf("s=%f\n",s);
        printf("s/h=%f\n",s/h);
}
```

1) 위 정서를 실행하자. 출력되는 다음 값은 얼마인가?
   (1) h
   (2) s
   (3) s/h

2) printf 문장을 하나만 추가하여 grd[n](n=0,1,2,3,4,5)를 출력하시오.

3) printf 문장을 하나만 추가하여 pnt[n](n=0,1,2,3,4,5)를 출력하시오.

4) 소수점 3사리까시반 출력되게 printf("s/h=%f\n",s/h);를 수정하시오.

5) 다른 과목의 등급은 변화 없이 C 언어의 등급이 A+에서 F로 바뀌었을 때 다음 값들을 구하시오.
   (1) h
   (2) s
   (3) s/h

6) 성경개론 과목이 추가되어 등급이 D이고 학점이 3일 때 다음 값들을 구하시오.
   (1) h
   (2) s
   (3) s/h

(4) n

8-5-2) 다항 함수의 정적분

8-5-2-1) $\int_0^1 f(x)dx$

0부터 1까지의 구간을 n개로 나누어 사다리꼴 공식을 쓰면 윗 식은

$$\frac{1}{2n}\times[f(0)+f(1)+2\sum_{k=1}^{n-1}f(\frac{k}{n})]$$

로 계산 가능하다.

8-5-2-2) $\int_0^1 nx^n dx$

$f(x)=nx^n(n=1,2,3)$일 때 $\int_0^1 nx^n dx = \frac{x^{n+1}}{n+1}|_0^1 = 1$이다.

수학 문제 8-1 $\int_0^1 nx^n dx = \frac{x^{n+1}}{n+1}|_0^1 = 1$에서 n에 다음 값을 대입하여 계산하시오.

1) $n=1$일 때

2) $n=2$일 때

3) $n=3$일 때

실행할 정서 8-14) 다항 함수의 정적분

(사다리꼴 공식 이용)

```
# include <stdio.h>
# define n 100
# include <math.h>
```

```
main()
{
    double kn,su=0,s[n];
    long k;
    for(k=1;k<n;k++)
    {
        kn=k/n;
        s[k]=2*kn;
        su+=s[k];
    }
    su+=1.;
    printf("su/%d=%f\n",n,su/n);
}
```

1) 위 정서를 실행하자. su/n의 값은 얼마라고 출력되는가?

2) su/n의 값이 1과 비슷해야 하는데 너무 차이가 많이 난다. 한 문장을 바꾸어 1과 비슷한 값이 되도록 바꾸시오.

3) 위 정서는 $\int_0^1 nx^n dx$에서 n이 얼마일 때 계산한 식인가?

4) 다음 식은 위 정서의 어느 부분에 해당하는가?

(1) $2\sum_{k=1}^{n-1} f(\frac{k}{n})$

(2) $f(0)$

(3) $f(1)$

(4) $\frac{1}{2n}$

5) 한 문장을 수정하여 다음 값을 계산하는 정서로 바꾸어, 1이 출력되는지 확인하시오.

(1) $\int_0^1 2x^2 dx$

(2) $\int_0^1 3x^3 dx$

8-6) 문자 배열 (character array)

문자열 – 많은 문자 – 은 문자 배열을 이용하는 경우가 많다. 문자 배열은 숫자 배열 – 정수 배열과 실수 배열 – 과는 조금 다른 점이 있다. 이에 대해서 중점적으로 설명한다.

8–6–1) 선언

8-6-1-1) 선언의 형태

숫자 배열과 마찬가지로 자료형 배열명[개수];로 선언할 수 있다.

8-6-1-2) 자료형

문자 배열이므로 자료형은 char 또는 unsigned char이여야 한다.

8–6–2) 초깃값 주기

문자 배열도 숫자 배열과 마찬가지로 선언을 하면서 초기화를 하거나, 선언을 한 후에 할당과 입력 중 한 가지를 하여야 한다.

8-6-2-1) 숫자 배열과 다른 점

초기화, 할당, 입력시 숫자 배열은

a) 요소 하나씩

b) 숫자 한 가지 방법으로

해야 한다.

그러나, 문자 배열의 초기화, 할당, 입력은

a) 요소 하나씩이 아니라 배열 전체를 한 번에 할 수도 있고

b) 숫자 대신 문자로 할 수도 있다.

배열 전체를 한 번에 할 때는 반드시 문자로 해야 한다.

초기화, 할당, 입력시 다음 세 가지 방법이 있다.

a 방법이 숫자 배열에서도 사용하는 방법으로서 요소 하나씩 숫자로 하는 방법이고

b 방법과 c 방법은 숫자 배열에서는 사용할 수 없는 문자 배열만의 독특한 방법이다.

b 방법은 문자 하나씩 하는 방법이고, c 방법은 문자 전체를 한꺼번에 하는 방법이다.

이해를 돕기 위해서 char h[3]를 'yz'로 초기화, 할당, 입력하는 경우를 예로 든다.

8-6-2-2) 문자 배열의 마지막 요소

숫자 배열과는 달리 문자 배열의 마지막 요소가 null('\0')이어야 한다.

초기화시 한 문자씩 초기화할 때 – a 방법과 b 방법의 경우 – 는 null 문자 ('\0') 가 제일 뒤에 있어야 한다.

null 문자의 미국 표준 부호는 0이므로 0을 제일 뒤에 써도 된다.

8-6-2-3) 초기화

a. 한 문자씩 미국 표준 부호(ASCII)를 '와 ' 사이에 쓴다.

   즉 예를 들면 h[3]={121, 122, 0};

b. 한 문자씩 문자를 '와 ' 사이에 쓴다.

   즉 예를 들면 h[3]={'y','z','\0'};

c. 한꺼번에 문자를 "와 " 사이에 쓴다.

   즉 예를 들면 h[3]="yz";

8-6-2-3-1) [와] 사이의 개수 지정

초기화시에는 [와] 사이에 개수를 지정하지 않을 수도 있다.

8-6-2-3-1-1) 개수를 지정하지 않은 경우

a.와 b.의 경우 개수는 자동적으로 값의 수와 같게 초기화된다.

c.의 경우 제일 뒤에 null 문자가 추가되므로 개수는 자동적으로 값의 수+1와 같게 초기화된다.

8-6-2-3-1-2) 갯수를 지정한 경우

개수와 값의 수의 대소에 따라 다음과 같은 현상이 발생한다. 값의 수는 개수와 적거나 같아도 되지만 크지 않아야 한다.

a) '갯수 < 값의 수'인 경우

오류가 발생되면서 초기화되지 않는다.

b) '갯수 = 값의 수'인 경우

잘 초기화된다.

c) '갯수 > 값의 수'인 경우

개수－값의 수에 해당되는 뒤의 값은 값은 0으로 초기화된다.

8-6-2-4) 할당

a. 한 문자씩 미국 표준 부호(ASCII)를
'와 ' 사이에
즉 예를 들면 h[1]=121; h[2]=122;

b. 한 문자씩 문자를 '와 ' 사이에
즉 예를 들면 h[1]='y'; h[2]='z';

c. 한꺼번에 strcpy를 이용하여 문자를 “와 ” 사이에

즉 예를 들면 strcpy(h,"yz");

이 경우 # include <string.h>가 앞에 있어야 한다.

참고) strcpy는 string copy의 준말이다.

8-6-2-5) 입력

a. scanf()함수나 getchar() 함수를 한 문자씩 미국 표준 부호(ASCII)로 예를 들면

scanf("%d",&h[1]);scanf("%d",&h[2]);

또는

getchar(h[1]);getchar(h[2]);

121와 122를 입력하면 된다.

b. 한 문자씩 문자를 ‘와 ’ 사이에 문장은 a와 같으나 입력시 y와 z를 입력하면 된다.

c. scanf() 함수나 gets() 함수를 이용하여 한꺼번에 하면 된다.

scanf("%s",h) 또는 gets(h);

8-6-3) 출력

문자열을 출력하기 위해서는 여러 가지 방법이 있는데 본서에서는 가장 많이 이용되는 printf() 함수를 이용한다.

printf("%s",배열명)으로 하면 된다.

즉, 예를 들어 char h[3];으로 선언된 경우 printf("%s",h);를 실행하면 된다.

배열명 자체가 주소이므로 주소 연산자인 &를 쓰지 않아도 된다.

실행할 정서 8-15) 초기화 1 - 한 문자씩 미국 표준 부호로

```
# include <stdio.h>
main()
{
      char h[3]={121,122,0};
      printf("      h = %s\n",h);
      printf("sizeof h = %d\n",sizeof(h));
}
```

1) 위 정서를 실행하자 출력되는 다음 값은 무엇인가?
   (1) h
   (2) sizeof(h)

2) h[3]을 h[2]로 바꾸면 오류가 발생한다. 오류를 적고 번역하시오.

3) 오류가 발생하는 이유는 무엇인가?

4) h[3]을 다음으로 바꾸자. 출력되는 h와 sizeof(h)는 1)과 같은가?
   (1) h[4]
   (2) h[]

5) char h[3]={121,122,0};을 char h[3]={121,122};로 바꾸자. 출력되는 h와 sizeof(h)는 1)과 같은가?

실행할 정서 8-16) 초기화 2 - 한 문자씩 문자를 '와 ' 사이에

```
# include <stdio.h>
main()
{
      char h[3]={ ' y','z',0};
      printf("      h = %s\n",h);
```

```
    printf("sizeof h = %d\n",sizeof(h));
}
```

1) 위 정서를 실행하자. 출력되는 다음 값은 무엇인가? 실행할 정서 8－15)와 같은가?
   (1) h
   (2) sizeof(h)

2) 'y'의 미국 표준 부호는 무엇인가? 위 정서를 'y'의 미국 표준 부호로 바꾸어 다시 실행하자. 출력이 1)과 같은가?

3) 'z'의 미국 표준 부호는 무엇인가? 위 정서를 'z'의 미국 표준 부호로 바꾸어 다시 실행하자. 출력이 1)과 같은가?

실행할 정서 8-17) 초기화 3 - 한꺼번에 문자를 "와 " 사이에

```
# include <stdio.h>
main()
{
    char h[3]="yz";
    printf("       h = %s\n",h);
    printf("sizeof h = %d\n",sizeof(h));
}
```

1) 위 정서를 실행하자. 출력되는 다음 값은 무엇인가?
   (1) h
   (2) sizeof(h)

2) h[3]을 다음으로 바꾸자. 출력되는 h와 sizeof(h)는 1)과 같은가?
   (1) h[2]
   (2) h[4]

3) char h[3]="yz";를 char h[3]="yz ";로 바꾸자. 출력되는 h와 sizeof(h)는 1)과 같은가?

실행할 정서 8-18) 할당 1 - 한 문자씩 미국 표준 부호로

```
# include <stdio.h>
main()
{
      char h[3];
      h[0]=121;
      h[1]=122;
      h[2]=0;
      printf("        h = %s\n",h);
      printf("size of h = %d\n",sizeof(h));
}
```

1) 위 정서를 실행하자. 출력되는 다음 값은 무엇인가?
   (1) h
   (2) sizeof(h)

2) char h[3];을 다음으로 바꾸자. 출력되는 h와 sizeof(h)는 1)과 같은가?
   (1) char h[2];
   (2) char h[4];

3) 다음을 없애고 실행하자. 출력되는 h와 sizeof(h)는 1)과 같은가?
   (1) h[0]=121;
   (2) h[1]=122;
   (3) h[2]=0;

실행할 정서 8-19) 할당 2 - 한 문자씩 문자를 '와 ' 사이에

```
# include <stdio.h>
main()
{
      char h[3];
      h[0]=121;
      h[1]=122;
      h[2]=0;
      printf("         h = %s\n",h);
      printf("size of h = %d\n",sizeof(h));
}
```

1) 위 정서를 실행하자. 출력되는 다음 값은 무엇인가? 실행할 정서 8－18)와 같은가?
   (1) h
   (2) sizeof(h)

2) 'y'의 미국 표준 부호는 무엇인가? 위 정서를 'y'의 미국 표준 부호로 바꾸어 다시 실행하자. 출력이 1)과 같은가?

3) 'z'의 미국 표준 부호는 무엇인가? 위 정서를 'z'의 미국 표준 부호로 바꾸어 다시 실행하자. 출력이 1)과 같은가?

실행할 정서 8-20) 할당 3 - 한꺼번에 strcpy 이용

```
# include <stdio.h>
main()
{
      char h[3];
      strcpy(h,"yz");
      printf("         h = %s\n",h);
```

```
    printf("size of h = %d\n",sizeof(h));
}
```

1) 위 정서를 실행하자. 출력되는 다음 값은 무엇인가?
   (1) h
   (2) sizeof(h)

2) h[3]을 다음으로 바꾸자. 출력되는 h와 sizeof(h)는 1)과 같은가?
   (1) h[2]
   (2) h[4]

3) char h[3]="yz";를 char h[3]="yz ";로 바꾸자. 출력되는 h와 sizeof(h)는 1)과 같은가?

실행할 정서 8-21) 입력 1 - 한 문자씩 미국 표준 부호로

```
# include <stdio.h>
main()
{
    char h[3];
    printf("h[0]\n");
    scanf("%d",&h[0]);
    printf("h[1]\n");
    scanf("%d",&h[1]);
    printf("        h=%s\n",h);
    printf("size of h=%d\n",sizeof(h));
}
```

1) 121 enter 122로 입력하여 위 정서를 실행하자. 출력되는 다음 값은 무엇인가?
   (1) h
   (2) sizeof(h)

2) char h[3];을 다음으로 바꾸자. 출력되는 h와 sizeof(h)는 1)과 같은가?

   (1) char h[2];

   (2) char h[4];

3) 입력은 122로 하고 printf("h[0]\n"); scanf("%d",&h[0]);을 없애고 실행하자. 출력되는 h와 sizeof(h)는 1)과 같은가?

4) 입력은 121로 하고 printf("h[1]\n"); scanf("%d",&h[1]);을 없애고 실행하자. 출력되는 h와 sizeof(h)는 1)과 같은가?

실행할 정서 8-22) 입력 2 - 한 문자씩 문자로

```
# include <stdio.h>
main()
{
      char h[3];
      printf("h[0]\n");
      scanf("%c",&h[0]);
      printf("h[1]\n");
      scanf("%d",&h[1]);
      printf("        h=%s\n",h);
      printf("size of h=%d\n",sizeof(h));
}
```

1) y enter 122로 입력하여 위 정서를 실행하자. 출력되는 다음 값은 무엇인가?

   (1) h

   (2) sizeof(h)

2) char h[3];을 다음으로 바꾸자. 출력되는 h와 sizeof(h)는 1)과 같은가?

(1) char h[2];

(2) char h[4];

3) 입력은 122로 하고 printf("h[0]\n"); scanf("%d",&h[0]);을 없애고 실행하자. 출력되는 h와 sizeof(h)는 1)과 같은가?

4) 입력은 y로 하고 printf("h[1]\n"); scanf("%d",&h[1]);을 없애고 실행하자. 출력되는 h와 sizeof(h)는 1)과 같은가?

실행할 정서 8-23) 입력 3 - 한꺼번에 문자열로

```
# include <stdio.h>
main()
{
      char h[2];
      scanf("%s",h);
      printf("        h=%s\n",h);
      printf("size of h=%d\n",sizeof(h));
}
```

1) yz로 입력하여 위 정서를 실행하자. 출력되는 다음 값은 무엇인가?

(1) h

(2) sizeof(h)

2) char h[3];을 다음으로 바꾸자. 출력되는 h와 sizeof(h)는 1)과 같은가?

(1) char h[2];

(2) char h[4];

3) 입력은 yzw로 하고 실행하자. 출력되는 h와 sizeof(h)는 1)과 같은가?

8-7) 배열의 복사 (copy of array)

하나의 배열을 다른 배열로 복사하기 위해서는 요소들을 하나씩 할당해야 한다.

실행할 정서 8-24) 배열의 이름 할당

```
# include <stdio.h>
main()
{
	short z[5],y[5]={11,12,13,14,15};
	z=y;
}
```

1) 위 정서를 실행하자. 오류가 발생한다. 오류를 적고 번역하시오.

2) 오류가 일어나는 이유는 무엇인가?

실행할 정서 8-25)

배열 y를 배열 z로 복사할 때 z의 갯수 변화

```
# include <stdio.h>
main()
{
	short n,z[5],y[5]={11,12,13,14,15};
	for(n=0;n<5;n++)
	{
		z[n]=y[n];
		printf("z[%d]=%d\n",n,z[n]);
	}
}
```

1) 위 정서를 실행하자. 배열 y가 배열 z에 잘 복사되었나?

2) 5가 3군데 있다. (z[5], y[5], n<5)
이 값들이 다른 값으로 바뀌더라도 하나의 값만 바꾸어도 가능하게 위 정서를 수정하시오.
암시) # define를 이용

3) z[5]를 z[4]로 바꾸자.
다음 값들이 얼마라고 출력되는가?
(1) z[0]
(2) z[1]
(3) z[2]
(4) z[3]
(5) z[4]

4) z[5]를 z[3]로 바꾸자.
다음 값들이 얼마라고 출력되는가?
(1) z[0]
(2) z[1]
(3) z[2]
(4) z[3]
(5) z[4]

실행할 정서 8-26) 첨자가 개수 초과

```
# include <stdio.h>
# define M 5
main()
{
      short n,z[M],y[M]={11,12,13,14,15};
      for(n=0;n<M;n++)
      {
```

```
            z[n]=y[n];
            printf("y[%d]=%d",n,y[n]);
            printf("z[%d]=%d\n",n,z[n]);
        }
}
```

1) 위 정서를 실행하자.
   배열 y가 배열 z에 잘 복사되었나?

2) for(n=0;n<M;n++)을 for(n=0;n<6;n++)으로 바꾸자.
   다음 값은 얼마라고 출력되나?
   (1) z[0]
   (2) z[1]
   (3) z[2]
   (4) z[3]
   (5) z[4]
   (6) z[5]

8-6) 값 연산자 * (asterisk: value operator)

a. 주소의 앞에 값 연산자(*)를 쓰면 그 주소에 있는 값을 가리킨다.

b. 배열이름과 첨자의 합이 같으면 값은 전부 같다.

예를 들어 short h[m];로 선언한 경우

8-6-1) 첫 번째 요소의 값

a. 배열이름[0] h[0]

b. *배열이름 *h

8-6-2) n번째 요소의 값

a. 배열이름[n] h[n]

b. *(배열이름+n) *(h+n)

실행할 정서 8-27) 첫 번째 요소의 값

```
# include <stdio.h>
main()
{
      short h[2]={11,12};
      printf("h[0]=%d\n",h[0]);
}
```

1) 위 정서를 실행하자. 출력되는 값은 무엇인가?

2) * 연산자를 이용하여 1)과 같은 값이 출력되도록 추가하시오.

3) 배열의 첨자가 1일 때, 즉 [1]이 있을 때 []의 앞에 어떤 값을 쓰면 1)과 같은 값이 출력되나?

4) 배열의 첨자가 2일 때, 즉 [2]가 있을 때 []의 앞에 어떤 값을 쓰면 1)과 같은 값이 출력되나?

실행할 정서 8-28) 두번째 요소의 값

```
# include <stdio.h>
main()
{
	short h[2]={11,12};
	printf("h[1]=%d\n",h[1]);
}
```

1) 위 정서를 실행하자. 출력되는 값은 무엇인가?

2) * 연산자를 이용하여 1)과 같은 값이 출력되도록 추가하시오.

3) 배열의 첨자가 2일 때, 즉 [2]가 있을 때 []의 앞에 어떤 값을 쓰면 1)과 같은 값이 출력되나?

4) 배열의 첨자가 3일 때, 즉 [3]이 있을 때 []의 앞에 어떤 값을 쓰면 1)과 같은 값이 출력되나?

8-8) 주소 연산자 & (ampersand : address operator)

a. 주소를 가리키지 않고 값을 가지는 변수 – 문자, 정수, 실수 – 등은 주소 연산자를 붙여야 주소를 가리킨다.

b. 주소를 가리키는 변수 – 배열 이름, 지시자 – 는 주소 연산자를 붙이지 않아도 주소를 가리킨다.

8-8-1) 값을 가지는 변수의 주소

&변수명이 주소를 가리킨다. 예를 들어 int n;으로 선언한 경우

&n

8-8-2) 주소를 가리키는 변수의 주소

예를 들어 short h[m];로 선언한 경우

8-8-2-1) 첫 번째 요소의 주소

a. h

b. &h[0]

8-8-2-2) n번째 요소의 주소

&h[n]

실행할 정서 8-29) 값을 가지는 변수의 주소

```
# include <stdio.h>
main()
{
      int n=1;
      printf("address of n is %d\n",&n);
}
```

1) 위 정서를 실행하자. n의 주소는 얼마인가?

2) int를 다음 값으로 바꾸자. n의 주소가 바뀌나?

   (1) char

   (2) unsigned char

   (3) short

   (4) unsigned short

   (5) unsigned

   (6) long

   (7) unsigned long

3) int n=1;을 다음으로 바꾸자. n의 주소가 바뀌나?

   (1) float n=1.2;

   (2) douable n=1.2;

   (3) long double n=1.2;

실행할 정서 8-30) 주소를 가지는 변수의 처음 요소의 주소

```
# include <stdio.h>
main()
{
      short h[2]={11,12};
```

```
        printf("h=%d\n",h);
        printf("&h[0]=%d\n",&h[0]);
}
```

1) 위 정서를 실행하자. 다음 값은 얼마인가?
   (1)과 (2)의 값은 같은가?
   (1) h
   (2) &h[0]

2) short를 다음 값으로 바꾸자. h와 &h[0]의 값이 바뀌나?
   (1) char
   (2) unsigned char
   (3) unsigned short
   (4) int
   (5) unsigned
   (6) long
   (7) unsigned long

3) short h[2]={11,12};을 다음으로 바꾸자. h와 &h[0]의 값이 바뀌나?
   (1) float h[2]={1.2,1.3};
   (2) douable h[2]={1.2,1.3};
   (3) long double h[2]={1.2,1.3};

실행할 정서 8-31) 주소를 가지는 변수의 두 번째 요소의 주소

```
# include <stdio.h>
main()
{
        short h[2]={11,12};
        printf("&h[0]=%d\n",&h[0]);
```

```
    printf("&h[1]=%d\n",&h[1]);
}
```

1) 위 정서를 실행하자. 다음 값은 얼마인가? (2)의 값 − (1)의 값은 얼마인가?

   (1) &h[0]

   (2) &h[1]

2) short를 다음 값으로 바꾸자. '&h[1]의 값 − &h[0]의 값'은 얼마인가?

   (1) char

   (2) unsigned char

   (3) unsigned short

   (4) int

   (5) unsigned

   (6) long

   (7) unsigned long

3) short h[2]={11,12};을 다음으로 바꾸자. '&h[1]의 값 − &h[0]의 값'은 얼마인가?

   (1) float h[2]={1.2,1.3};

   (2) douable h[2]={1.2,1.3};

   (3) long double h[2]={1.2,1.3};

8-y) 개념 문제 (concept problem)

1) 소개

1-1) 배열은 뭐가 여러 개 있을 때 필요한가?

1-2) 동일한 형의 자료가 여러 개 있을 때 뭐가 필요한가?

1-3) 배열이란 동일한 형의 자료가 여러 개 있을 때 같은 이름으로 뭐만 달리 해서 사용하는 것인가?

※ 1-4~5)

a 초기화　　b 할당　　c 입력　　d 복사

1-4) 배열에서 위 a b c d 중 한 문장으로 할 수 있는 것은 뭐인가?

1-5) 배열에서 b c d는 뭐를 이용하면 한 번에 할 수 있나?

2) 선언

2-1) 개수가 2인 int형 배열 t를 선언하시오.

※ 2-2~3) float g[10];으로 배열을 선언했을 때

2-2) 사용가능한 첨자는 얼마부터 얼마까지인가?

2-3) 크기는 몇 byte인가?

2-4) 배열명이 가리키는 것은 뭐인가?

2-5) 배열 선언 후에 3가지 중 한 가지를 해야 한다. 뭐인가?

a

b

c

2-6) 배열을 선언한 후 초기화, 할당, 입력 중 한 가지를 해야 한다. 만일 위 3가지를 전부 안 하면 배열 요소들은 어떤 값을 가지나?

2-7) 배열을 초기화할 때 어떤 구두점을 이용하나?

※ 2-8~11) 배열 초기화는 다음 형식으로 한다.

배열명[갯수]={값1, 값2, ... , 값n};

위에서 개수=k라 하자.

다음 경우 초기화

1) 잘 되는지, 안 되는지

2) 안 된다면 결과는 뭔지 쓰시오.

2-8) k〈n인 경우

2-9) k=n인 경우

2-10) k〉n인 경우

2-11) k가 없는 경우

2-12) 개수가 같은 배열이 여러 개 있을 때 뭐 이용하면 개수가 바뀌었을 때 한 문장만 바꿈 되나?

6) 문자 배열

6-1) 문자 배열의 마지막 요소는 뭔가?

6-2) null 문자의 미국표준 부호는 뭔가?

6-3) strcpy는 뭐의 약자인가?

6-4) 문자배열명이 h이고 printf("%한 문자“,h);로 출력을 할 때 한 문자는 뭔가?

※ 6-5~22) char g[3]을 "wx"로 초깃값을 주려고한다.

6-5) 한 문자씩 미국표준부호로 초기회

6-6) 한 문자씩 문자를 ‘와 ’사이에 써서 초기화

6-7) 한꺼번에 문자들은 “와 ” 사이에 써서 초기화

6-8) 한 문자씩 미국표준부호로 할당

6-9) 한 문자씩 문자를 ‘와 ’ 사이에 할당

6-10) 한꺼번에 strcpy를 사용하여 할당

8) 값 연산자

8-1) 주소의 앞에 무슨 연산자 쓰면 그 주소에 있는 값은 가리키나?

8-2) 주소의 앞에 값 연산자(*:asterisk) 쓰면 뭐 가리키나?

※ 8-3~4) short h[m];으로 선언한 경우

8-3) 첫 번째 요소의 값을 표현하는 2가지 방법 쓰시오.

a

b

8-4) n 번째 요소의 값을 표현하는 2가지 방법 쓰시오.

9) 주소 연산자

9-1) 주소를 가지지 않고 값을 가지는 변수 앞에 뭐를 쓰면 그 변수가 존재하는 주소를 알 수 있나?

8-z) 정서 만들기 (make project)

※ 8-1~3) 3차원 방향량의 성분이 주어졌을 때 방향량의 크기, 방향 여현, 단위 방향량 계산

방향량 $\vec{A} = A_x i + A_y j + A_z k$일 때

참고) double a[3]={A_x, A_y, A_z};

8-1) 방향량의 크기 계산

$$|A| = \sqrt{A_x^2 + A_y^2 + A_z^2}$$

8-2) 방향 여현

$$\cos\alpha = \frac{A_x}{|A|}$$

$$\cos\beta = \frac{A_y}{|A|}$$

$$\cos\gamma = \frac{A_z}{|A|}$$

8-3) 단위 방향량

$$\vec{p} = \frac{A}{|A|}$$

※ 8-4~5) 두 개의 방향량이 주어졌을 때 내적(inner product)과 사잇각 계산

방향량

$\vec{A} = A_x i + A_y j + A_z k$

$\vec{B} = B_x i + B_y j + B_z k$

일 때

참고) double a[3]={A_x, A_y, A_z};

double b[3]={B_x, B_y, B_z};

8-4) 내적

$$\vec{A} \cdot \vec{B} = A_x B_x + A_y B_y + A_z B_z$$

8-5) 사잇각의 여현 사잇각을 θ라 하면

$$\cos\theta = \frac{\vec{A} \cdot \vec{B}}{|A||B|}$$

8-6) 배열을 이용해서 다음 빈 칸의 grd, sum을 계산하고 평점 평균을 계산하는 정서를 만드시오.

			grd	pnt	sum
순번	과목	등급	평점	학점	평점합
1	C 언어	A+		2	
2	전기회로실험	A-		2	
3	전기회로1	B+		3	
4	전자기학1	B-		3	
5	디지털공학	C+		2	
6	IT비즈니스실무	C-		3	
	합			15	

등급이 주어졌을 때 평점은 다음과 같다.

등급	A+	A0	A-	B+	B0	B-
평점	4.3	4.0	3.7	3.3	3.0	2.7

등급	C+	C0	C-	D+	D0	D-	F
평점	2.3	2.0	1.7	1.3	1.0	0.7	0

※ 8-7~11) 사다리꼴 공식을 이용하여 다음 피적분함수의 값을 배열에 할당하고 정적분값을 계산하시오.

참고) 정적분 $\int_a^b f(x)dx$에서 $f(x)$가 피적분함수

8-7) $\int_0^1 2^x dx$

8-8) $\int_1^{10} \log x dx$

8-9) $\int_0^{\frac{\pi}{6}} \sin x dx$

8-10) $\int_0^{\frac{\pi}{6}} \cos x dx$

8-11) $\int_0^{\frac{\pi}{6}} \tan x dx$

※ 8-12~14) 다음 10개의 값을 배열의 요소에 할당하고 평균과 표준 편차를 구하시오.

8-12) 0, 1, 2, 3, 4, 6, 7, 8, 9, 10

8-13) 10,11,12,13,14,16,17,18,19,20

8-14) -5,-3,-1, 1, 3, 7, 9,11,13,15

참고)

1) 평균 $m = \frac{1}{n}\sum_{k=1}^{n} x_k$

2) 분산

$$V = \frac{1}{n}\sum_{k=1}^{n}(x_k - m)^2$$

$$= \frac{1}{n}\sum_{k=1}^{n}x_k^2 - m^2$$

3) 표준 편차는 분산의 제곱근

$$\sigma = \sqrt{V}$$

9 지시자, 주소 변수, 포인터 (pointer)

9-0) 학습 목표 (learning objective)

1) 지시자의 정의를 안다.

2) 지시자의 필요성을 안다.

3) 지시자 선언 방법을 안다.

4) 지시자 초깃값 주는 방법을 안다.

5) 배열 요소에 접근하는 방법을 안다.

9-1) 기초 (basics)

9-1-1) 정의

값이 아니라 주소를 가지고 있는 변수를 지시자 또는 주소 변수라고 한다. 다른 책에서는 보통 포인터(pointer)라고 한다.

9-1-2) 필요성

9-1-2-1) 전뇌의 기계 설비에 접근할 때

9-1-2-2) 함수 호출시 실인수의 값을 바꿀 때

9-1-2-3) 함수 호출시 배열 등과 같이 많은 자료들을 전달할 때

9-2) 선언 (declaration)

지시자를 사용하려면 먼저 선언해야 한다. 지시자 변수 선언 형식은 다음과 같다.

```
변수형 *변수명;
```

예를 들어 변수형이 int이고 변수명이 p이면 int *p;와 같이 선언하면 된다. 변수명 앞에 *는 지시자 변수를 알리는 것이다. 지시자가 아닌 변수와 마찬가지로 초깃값을 줘야 한다. 초깃값을 주지 않음 벌레잡기 오류(debug error)가 발생한다.

실행할 정서 9-1)

```
# include "stdafx.h"
int main()
{
      int *p;
      printf("p=%d\n",p);
}
```

1) 위 정서를 실행하자. 벌레잡기 오류(debug error)가 발생한다. 이유는 뭔가?

9-3) 초깃값 주기 (giving an initial value)

다음 표 9–1과 같이 초깃값 주는 3가지 방법들이 있다.

			일반 변수	주소 변수
1	초기화	선언과 동시	O	O
2	할당	선언한 후	O	O
3	입력	입력 함수	O	X

표 9-1 초깃값 주는 3가지 방법

주소 변수는 주소값을 초깃값으로 주어야 한다. 다음 표 9–2와 같이 3가지 중 한가지 주소값을 주면 된다.

	주소값	참고
1	&변수명	변수값 준 후
2	배열명	배열 선언 후
3	문자열	char형인 경우만 가능

표 9-2 3가지 주솟값 주는 방법

9–3–1) 초기화

주소 변수 초기화의 형식은

```
자료형 *주소변수명=초깃값;
```

이다.

9-3-1-1) 주소 연산자 & 이용

지시자 변수가 아닌 일반 변수를 선언한 후

```
자료형 *주소 변수=&일반 변수;
```

형식으로 초기화하는 경우이다.

실행할 정서 9-2)

```
# include "stdafx.h"
int main()
{
      int u=2;
      int *p=&q;
      printf("u\t=%d\n",u);
      printf("&u\t=%d\n,&u);
      printf("p\t=%d\n",p);
      printf("*p\t=%d\n",*p);
}
```

1) 위 정서에서 지시자 변수는 뭔가?

2) 위 정서에서 지시자 변수에 초깃값을 주는 문장은 뭔가?

3) 위 정서를 실행하자. 다음 값은 얼마인가?

3－1) u

3－2) &u

3－3) q

3－4) *q

9-3-1-2) 배열명

배열명은 주소이므로 배열명으로 초깃값을 주어도 된다.

선언 형식은

```
변수형 *지시자 변수=배열명;
```

예를 들어 변수형이 int, 지시자 변수 p 배열명 r이면

```
int *p=r;
```

위와 같이 초기화한 경우 r[k]는 *(p+k)와 같다. r이 아니라 r+자연수, r−자연수의 형태도 가능하다.

실행할 정서 9-3)

```
# include "stdafx.h"
int main()
{
      int r[]={9,8};
      int *p=r;
      printf("p\t=%d\n",p);
      printf("*p\t=%d\n",*p);
      printf("*(p+1)\t=%d\n",*(p+1));
}
```

1) 위 정서에서 지시자 변수는 뭔가?

2) 위 정서에서 지시자 변수에 초깃값을 주는 문장은 뭔가?

3) 위 정서를 실행하자. 다음 값들은 얼마인가?

 3−1) p

3 − 2) *p

3 − 3) *(p + 1)

9-3-1-3) 문자열

이 방법은 char형일 때만 가능하다.

그러므로, 형식은

```
char *주소 변수명="문자열";
```

예를 들어 주소 변수명이 p이고, 문자열이 language이면

```
char *p="language";
```

실행할 정서 9-4)

```
# include "stdafx.h"
int main()
{
      char *p="language";
      printf("p\t=%d\n",p);
      printf("*p\t=%c\n",*p);
      printf("*(p+1)\t=%c\n",*(p+1));
}
```

1) 위 정서에서 지시자 변수는 뭔가?

2) 위 정서에서 지시자 변수를 초기화하는 문장은 뭔가?

3) 위 정서를 실행하자. 출력되는 다음 값들은 뭔가?

3 − 1) p

3 − 2) *p 3 − 3) *(p + 1)

> 4) 위 정서에서 char를 다음과 같이 바꾸고 실행하자. 건설 성공인 가? 실패인가?
>
> 4−1) unsigned char
>
> 4−2) int

9-3-2) 할당 (assignment)

할당은 선언한 후에 추가의 문장으로 초깃값을 주는 것이다.
할당의 형식은

```
주소 변수=초깃값;
```

예를 들어 주소 변수가 p이고 초깃값이 v임
p=v;이다.

할당하기 전에 주소 변수가 물론 선언되어 있어야 한다.
주소 변수 선언의 형식은

```
변수형 *주소 변수명;
```

예를 들어 변수형 int, 주소 변수형 p이다.

```
int *p;
```

9-3-2-1) &변수명

이 경우가 가장 많으며 형식은

```
주소 변수=&변수명;
```

실행할 정서 9-5)

```
# include "stdafx.h"
int main()
{
      int u=9, *p;
      p=&u;
      printf("u\t=%d\n",u);
      printf("&u\t=%d\n",&u);
      printf("p\t=%d\n",p);
      printf("*p\t=%d\n",*p);
}
```

1) 위 정서에서 주소 변수는 뭔가?

2) 주소 변수에 초깃값을 할당하는 문장은 뭔가?

3) 위 정서를 실행하자. 다음 값은 뭐인가?

3−1) u

3−2) &u

3−3) p

3−4) *p

9-3-2-2) 배열명(name of array)

배열명은 주소이므로 배열명으로 할당할 수도 있다.

할당 형식은 주소 변수=배열명;이다.

예를 들어 변수형이 int 주소 변수 p, 배열명 r이면 p=r;이다.

실행할 정서 9-6)

```
# include "stdafx.h"

int main()
{
      int r[]={9,8}, *p;
      p=r;
      printf("p\t=%d\n",p);
      printf("*p\t=%d\n",*p);
      printf("*(p+1)\t=%d\n",*(p+1));
}
```

1) 위 정서에서 주소 변수는 뭔가?

2) 위 정서에서 주소 변수에 초깃값을 할당하는 문장은 뭔가?

3) 위 정서를 실행하자 다음 값은 뭔가?
   3－1) p
   3－2) *p
   3－3) *(p＋1)

9-3-2-3) 문자열 (string)

초기화와 같이 이 방법은 char형인 경우만 가능하다.
그러므로, 형식은

주소 변수명= " 문자열 " ;

예를 들어 주소 변수명 p이고 문자열 program이면 p＝"program";
할당하기 전에 선언되어 있어야 하므로 할당 앞에 선언

```
char *주소 변수명;
```

필요하다.

실행할 정서 9-7)

```
# include "stdafx.h"
int main()
{
      char *p;
      p="program";
      printf("p=%d\n",p);
      printf("*p=%c\n",*p);
      printf("*(p+1)=%c\n",*(p+1));
}
```

1) 위 정서에서 주소 변수는 뭔가?

2) 위 정서에서 주소 변수에 초깃값을 할당하는 문장은 뭔가?

3) 위 정서를 실행하자. 출력되는 다음 값들은 뭔가?

   3－1) p

   3－2) *p

   3－3) *(p＋1)

9-4) 배열 요소에 접근 (access to an array element)

다음과 같이 배열 요소에 접근하는 4가지 방법이 있다.

1) 배열명[첨자] : 가장 일반적인 방법이다.

2) *(배열명+첨자) : * 연산자 이용

3) 주소 변수

   3-1) 초기화　　: 자료형 *주소 변수=배열명;

   　　또는 할당 : 자료형 *주소 변수;

   　　　　　　　주소 변수=배열명

   3-2) *(주소 변수명+첨자)로 배열 요소에 접근

예를 들어

```
long h[2]={9,8};
long *p=h;
```

인 경우 h[0]를 출력하려면 *p를 h[1]를 출력하려면 *(++p)를 출력하면 된다.

```
long h[2]={9,8};
```

2개의 요소를 가진 long형 배열 h의 첫 번째 요소 9이고, 2번째 요소 8일 때 9와 8을 출력하는 여러 가지 방법을 알아 보자.

실행할 정서 9-8)

배열명[첨자] : 가장 일반적인 방법

```
# include "stdafx.h"
int main()
```

```
{
      long h[2]={9,8};
      printf("h[0]=%d\n",h[0]);
      printf("h[1]=%d\n",h[1]);
}
```

1) 위 정서를 실행하자. 출력되는 다음 값은 얼마인가?

1－1) h[0]＝

1－2) h[1]＝

실행할 정서 9-9)

*(배열명＋첨자) : * 연산자 이용

```
# include "stdafx.h"
int main()
{
      long h[2]={9,8};
      printf("h[0]=%d\n",*(h+a));
      printf("h[1]=%d\n",*(h+b));
}
```

1) 위 정서를 실행하자.

*(h＋a)값이 9가 출력되게 하려면 a는 얼마인가?

2) 위 정서를 실행하자.

*(h＋b)값이 8이 출력되게 하려면 b는 얼마인가?

실행할 정서 9-10) 주소 변수 p 이용 : 초기화

```
# include "stdafx.h"
int main()
```

```
{
      long h[2]={9,8};
      long *p=h;
      printf("h[0]=%d\n",*p);
      printf("h[1]=%d\n",*(++p));
}
```

1) 위 정서에서 주소 변수는 뭔가?

2) 위 정서에서 주소 변수를 초기화하는 문장은 뭔가?

3) 위 정서를 실행하자. 출력되는 다음 값은 뭔가?

3-1) *p

3-2) *(++p)

실행할 정서 9-11) 주소 변수 p 이용 : 할당

```
# include "stdafx.h"
int main()
{
      long h[2]={9,8};
      long *p;
      p=h;
      printf("h[0]=%d\n",*p);
      printf("h[1]=%d\n",*(++p));
}
```

1) 위 정서에서 주소 변수는 뭔가?

2) 위 정서에서 주소 변수에 초깃값을 할당하는 문장은 뭔가?

3) 출력되는 다음 값은 뭔가?

3-1) *p

3-2) *(++p)

9-z) 개념 문제 (concept problem)

1) 기초

1-1) 값이 아니라 주소를 가진 변수를 뭐라 하나?

(답은 3개)

a

b

c

1-2) a가 아니라 b를 가진 변수를 지시자라 한다.

a

b

1-3) 지시자의 필요성 3가지를 쓰시오.

1)

2)

3)

2) 선언

2-1) 지시자를 사용하려면 제일 먼저 뭘 해야 하나?

2-2) 변수형 int, 변수명 p인 주소 변수를 선언하시오.

2-3) 지시자 선언 후에는 뭘 주어야 하나?

2-4) 지시자 선언 후 초깃값 주지 않으면 뭐 발생하나?

3) 초깃값 주기

3-1) 다음 표는 초깃값 주는 방법들이다. 빈 칸을 채우시오.

			일반 변수	주소 변수
1	초기화			
2	할당			
3	입력			

3-2) 주소 변수를 주소값을 초깃값으로 주어야 한다. 가능한 초깃값은 다음 표와 같다. 다음 표의 빈 칸을 채우시오.

	주소값	참고
1		
2		
3		

4) 배열 요소에 접근

4-1) 배열 요소에 접근하는 방법은 3가지가 있다. 쓰시오.

1)

2)

3)

4-2) 정서가

```
long h[2]={9,8}
long *p=h;
```

인 경우

1) 9를 출력하는 2가지 방법은 뭔가?

1-1)

1-2)

2) 8을 출력하는 2가지 방법은 뭔가?

2-1)

2-2)

함수 (function) 10

10-0) 학습 목표 (learning objective)

1) 함수의 정의를 안다.

2) 함수의 장점 3가지를 안다.

3) 함수에서 호출이 필요함을 안다.

4) 호출 함수, 피호출 함수, 실인수, 가인수를 안다.

5) 함수 동작 과정 4가지를 안다.

6) 2가지 형식 – 형식1과 형식2 – 가 존재함을 안다.

7) 3가지 종류의 함수 – 주함수, 도서관 함수, 사용자 정의 함수 – 가 어떤 점이 다른지, 개수는 몇 개인지 안다.

8) 함수는 3가지 요소 – 정의, 호출, 선언 – 로 구성됨을 안다.

9) 선언이 필요한 경우와 필요없는 경우를 구별한다.

10) 함수명의 값이 없을 때와 있을 때가 다 존재함을 안다.

11) 함수명의 값이 없을 때와 있을 때 함수명 왼쪽에 함수형을 뭐 써야 하는지 안다.

12) 함수명의 값이 없을 때와 있을 때 return; 사용법을 안다.

13) 값에 의한 호출의 정의를 안다.

14) 인수가 없는 경우와 있는 경우의 차이와 사용법을 안다.

15) 실인수와 가인수의 관계 – 개수, 자료형, 이름 –을 안다.

16) 변수의 사용 범위가 어디인지 안다.

17) 배열 이름이 실인수인 경우 값이 바뀔 수 있음을 안다.

10-1) 기초 (basics)

10-1-1) 정의

자주 사용되는 문장을 실행하도록 설계된 독립적인 정서

10-1-2) 장점

10-1-2-1) 같은 내용을 여러 번 실행시 편리

자주 실행하는 내용을 함수로 만들면 필요할 때마다 호출하여 여러 번 실행하기 편하다. 만일 자주 실행하는 내용을 함수로 만들지 않는다면 같은 내용을 필요할 때마다 또 정서에 추가해야 하므로 불편하다.

10-1-2-2) 큰 정서를 작은 함수들로 분할

큰 정서를 만들 때 역할별로 작은 함수로 분할하면 편리하게 큰 정서를 만들면 만들기 편리하며 이해하기도 쉽다.

10-1-2-3) 추가 삭제의 편리

함수별로 기능이 구분되어 있으므로 기능을 추가할 때는 함수를 추가하면 되고, 기능을 삭제할 때는 함수를 삭제하기만 하면 되므로 편리하다.

10-1-3) 호출의 필요성

함수는 호출해야만 실행한다. 주함수는 C 정서가 실행되면 자동으로 실행되지만, 그 외의 모든 함수는 실행하기 위해서는 반드시 호출해야 한다.

10-1-4) 용어

아래의 C 정서의 예를 보고 몇가지 용어의 정의를 알아보자.

```
int z(b)
{
      return (2*b);
}
int main()
{
      z(3);
}
```

z(3);는 주함수가 z함수를 호출하는 문장이다. 전달되는 값이 현재 1개인데, 없을수도 있고 1개가 아니라 여러개일 수도 있다.

10-1-4-1) 호출함수 (calling function)

z(a);라는 문장은 주함수 안에 있으므로, 즉 주함수가 z 함수를 호출했으므로 호출함수는 주함수이다.

10-1-4-2) 피호출함수 (called function)

z(a);라는 문장은 z로 시작되므로, 즉 주함수가 z 함수를 호출했으므로 피호출함수는 z 함수이다.

10-1-4-3) 실인수 (actual parameter)

호출함수의 () 안에 있는 변수 z(3);에서 () 안에 있는 것은 3이므로 실매개변수는 3이다. 실매개변수라고도 한다.

10-1-4-4) 가인수 (formal parameter)

피호출함수의 () 안에 있는 변수 z(b)에서 () 안에 있는 것은 3이므로 가인수는 b이다. 형식매개변수라고도 한다.

10–1–5) 함수 동작 과정

10-1-5-1) 호출

실행하라고 하는 문장이다.

10-1-5-2) 매개 변수 전달

호출함수의 실인수가 피호출함수의 가인수로 전달된다.

다음 2가지 방식이 있다.

(1) 값에 의한 호출 (call by value)

(2) 참조에 의한 호출 (call by reference)

10-1-5-3) 함수 실행

피호출함수의 문장이 실행된다.

10-1-5-4) 함수 이름의 값 전달

return에 의해서 함수 이름의 값이 호출함수로 반환된다.

10-2) 2가지 형식 (two forms)

최소 정서는 다음과 같다.

```
# include "stdafx.h"
②
int main()
{
①
}
③
```

본 장에서 공부하는 사용자 정의 함수 정서는 ①, ② 또는 ①, ②, ③ 위치에 정서를 추가한다. 본서에서는 두 가지를 다음과 같이 정의하기로 한다.

1형식 : ①, ②에 정서 추가

2형식 : ①, ②, ③에 정서 추가

추가할 수 있는 것은 2가지 – 선처리기, 사용자 정의 함수 – 이다.

10-2-1) 1형식

위에서 말한 바와 같이 ①, ②에 정서 추가한다.

그런데, ②에 뭘 추가하는지에 따라 1, 2, 3으로 나누기로 한다.

1형식1 : ②에 선처리기만 추가

1형식2 : ②에 사용자 정의 함수만 추가

1형식3 : ②에 선처리기, 사용자 정의 함수 추가

10-2-2) 2형식

위에서 말한 바와 같이 ①, ②, ③에 정서 추가한다.

그런데, ②에 뭘 추가하는지에 따라 1, 2, 3으로 나누기로 한다.

2형식1 : ②에 선처리기만 추가

2형식2 : ②에 사용자 정의 함수만 추가

2형식3 : ②에 선처리기, 사용자 정의 함수 추가

참고로 ③에는 선처리기 추가될 수 없고 사용자 정의함수만 추가된다.

10-3) 3가지 종류 (three kinds)

10-3-1) 주 (main)함수

주함수는 함수명을 main이라고 붙인 함수이다. 주함수는 C 정서에 반드시 존재해야 하며 그 개수는 한 개이다. 이 주함수가 다른 종류의 함수 – 도서관 함수 또는 사용자 정의 함수 –를 호출하면서 정서가 수행된다.

10-3-2) 도서관 (library) 함수

이 함수는 C 번역기(compiler)에서 지원해주는 함수이다. 이 도서관 함수는 이미 만들어져 있는 번역기와 함께 제공되는 함수이기 때문에 그 함수의 사용법만 알면 편하게 이용할 수 있는 함수이다. 그러므로, 이 함수들은 번역기마다 다르다. C 언어에서는 묶음철 함수, 수학 함수, 문지열 함수 등의 다양한 종류의 도선관 함수들을 제공하고 있다. 이와 같이 번역기와 함께 제공되고 있는 함수를 표준 도서관 함수라고 한다. 각각의 표준 도서관 함수를 이용할 때에는 이용하려는 도서관 함수의 본체가 있는 header file을 반드시 정서에 먼저 포함시키고 사용해야 한다. 예를 들어 printf(), putchar(), puts(), scanf(), getchar(), gets() 함수들 중 하나라도 이용하기 위해서는 이들 함수가 있는 stdafx.h를 포함시켜야 한다. 즉 # include "stdafx.h"가 있어야 한다. 본절에서는 수학 함수에 대해서 알아보기로 한다. # include "math.h" 필요하다.

자주 사용하는 수학 함수는 다음 표 10-1과 같다.

종류	함수	설명
지수	exp(double x)	e^x
	log(double x)	ln x
함수	log10(double x)	log_10 x
삼각	sin(double x)	정현
	cos(doluble x)	여현
함수	tan(double x)	정접
기타	pow(double x, double y)	x^y
함수	sqrt(double x)	$\sqrt{x}$

표 10-1 자주 사용하는 수학 함수

실행할 정서 10-1)

```
# include "math.h" 없을 때 sqrt(4) 계산

# include "stdafx.h"

int main()
{
    printf("sqrt 4 = %f\n",sqrt(4));
}
```

1) 위 정서를 실행하자. 오류가 발생한다. 이유는 뭔가?

2) 위 정서가 잘 실행되기 위해서는 뭐가 필요한가?

3) sqrt(4)의 값이 얼마인가?

10-3-3) 사용자 정의 함수 (user defined function)

사용자가 필요에 따라 직접 함수를 정의하여 사용하는 함수이다. 10-4)부터 자세히 설명이 있다.

10-3-4) 함수의 개수

10-3-4-1) 주함수의 개수

오로지 한 개가 반드시 존재해야 한다.

10-3-4-2) 도서관 함수

한 개도 필요 없을 수도 있고 여러개가 필요할 수도 있다. 필요할 함수가 있다면 # include "filename.h"가 있어야 한다.

10-3-4-3) 사용자 정의 함수

한 개도 없을 수도 있고 여러 개가 있을 수도 있다.

10-4) 3가지 요소 (three components)

함수는 다음 3가지 요소 – 정의, 호출, 선언 – 로 구성된다.

사용자 정의 함수의 경우 정의와 호출은 반드시 있어야 하나 선언은 없어도 되는 경우도 있다.

10–4–1) 정의 (definition)

10-4-1-1) 정의의 역할

다음과 같은 것을 보인다.

a. 함수에서 하는 일
b. 함수명
c. 함수명의 자료형
d. 인수명
e. 인수의 자료형

참고) 주 함수의 예

```
int main()
{
    문장;
}
```

위의 사항을 위의 주(main)함수에서 보면
a. 함수에서 하는 일은 문장이다.

b. 함수명은 main이다

c. 함수명의 자료형 int이다.

d. 인수의 이름과 e. 인수의 자료형은 (와) 사이에 있어야 하나 사용하지 않으므로 생략했다.

10-4-1-2) 정의의 형식

함수의 정의는 다음과 같은 모양을 가진다.

```
반환 자료형 함수명
(가인수1 선언, 가인수2 선언,...)
{
      문장
      return();
}
```

10-4-1-2-1) 반환 자료형 (return data type)

함수명이 가지는 값의 자료형, 함수명을 값을 가질 수도 있고 가지지 않을 수도 있다.

10-4-1-2-2) 함수명 (function name)

함수의 이름이다. 함수도 식별자(identifier)이므로 '3장 6절 식별자명(identifier name)'에서 정한 규칙이 적용된다.

10-4-1-2-3) 가인수1 선언, 가인수2 선언,...(declaration of formal argument)

호출 함수에서 피호출 함수로 넘겨지는 값 또는 주소이다. 함수를 호출하면 호출함수에서 피호출 함수로 값 또는 주소가 전달된다. 가인수는 없을 수도 있고, 1개 2개 등 필요한만큼 여러 개 있을 수도 있다. 형식 매개변수(formal parameter)라고 하는 책도 있다.

10-4-1-2-4) 문장 (statement)

함수에서 하는 일이다.

10-4-1-2-5) 반환 값 (return value)

함수명이 가지는 값을 return 다음의 (와) 사이에 적는다. 'return 값'도 가능하다.

10-4-2) 호출 (call)

함수를 부르는 부분이다.

```
int a()
{
      문장1;
}

int b()
{
      a();
      문장2;
}
```

예를 들면 위와 같이 a함수와 b함수가 있을 때 a();는 b함수가 a함수를 호출하는 문장이다.

참고) 주함수는 C 언어가 실행되면 자동적으로 호출되는 함수이다.

10-4-3) 선언 (prototype)

10-4-3-1) 선언의 형식

반환 자료형 함수명
(가인수1 선언, 가인수2 선언,...)

참고) 정의에서

```
{
    문장
    return();
}
```

을 제외하면 된다.

10-4-3-2)

선언이 필요한 경우와 필요없는 경우 호출과 정의의 상대적인 위치에 따라 필요없을 수도 있다.

10-4-3-2-1)호출이 정의보다 아래에 있는 경우
선언이 없어도 된다.

10-4-3-2) 호출이 정의보다 위에 있는 경우

선언이 있어야 한다. 만약 선언 없음 건설 실패다.

실행할 정서 10-2) 호출이 정의보다 아래에 있는 경우

```
# include "stdafx.h"
void f()
{
```

```
    printf("f main\n");
}
int main()
{
    f();
}
```

위 정서를 실행하시오.

1) 'f 함수의 정의'는 무엇인가?

2) 'f 함수의 호출'은 무엇인가?

3) 'f 함수의 선언'은 있는가?

4) 'f 함수의 호출'이 'f 함수의 정의'보다 아래에 있는가? 위에 있는가?

5) 위 정서를 실행하자. 잘 되나?

실행할 정서 10-3) 호출이 정의보다 위에 있는 경우1-건설 실패

```
# include "stdafx.h"
int main()
{
    f();
}
void f()
{
    printf("main f without declaration\n");
}
```

1) 'f 함수의 정의'는 뭐인가?

2) ‘f 함수의 호출’은 뭐인가?

3) ‘f 함수의 선언’은 있는가? 있다면 뭐인가?

4) ‘f 함수의 호출’이 ‘f 함수의 정의’보다 아래에 있는가? 위에 있는가?

5) 위 정서를 실행하자. 건설 실패다. 이유는 뭔가?

실행할 정서 10-4) 호출이 정의보다 위에 있는 경우 2-건설 성공

```
# include "stdafx.h"
void f();
int main()
{
      f();
}
void f()
{
      printf("main f with declaration\n");
}
```

1) 실행할 정서 8－3과 다른 점은 무엇인가?

2) ‘f 함수의 선언’은 무엇인가?

3) 위 정서를 실행하자. 잘 실행된다. 실행할 정서8－3과 달리 잘 실행되는 이유는 뭔가?

10-5) 함수명의 값 (the value of a function name)

10-5-1) 유무

함수명의 값은 없을 수도 있고, 있을 수도 있다. 언제 없고 언제 있느냐 묻는다면 없는 게 좋으면 없게 만들고, 있는 게 좋으면 있게 만들면 된다.

10-5-2) 2가지가 달라진다.

함수명이 있느냐 없느냐에 따라 다음 2가지 – 함수형, return 오른쪽 값 – 가 달라진다.

10-5-3) 함수형

함수명 왼쪽에 있는 단어가 함수형이다.

10-5-3-1) 함수명의 값 없을 때

void가 있어야 한다.

10-5-3-2) 함수명의 값 있을 때

다음 11가지 중 1가지가 와야 한다.

1) char
2) unsigned char
3) short
4) unsigned short
5) int
6) unsigned
7) long
8) unsigned long
9) float
10) double
11) long double

10-5-4) return;

10-5-4-1) 함수명의 값 없을 때

다음 2가지 중 한가지이다

1) return 없다.

2) return 오른쪽 값 없다.

10-5-4-2) 함수명의 값 있을 때

다음 2가지 중 한가지이다. return 오른쪽 값 있어야 하는데, () 없을 수도 있고 있을 수도 있다.

1) return 값;

2) return (값);

10-5-5) return;의 다른 기능

return;은 함수가 끝났다는 역할도 한다.

본 절에서는 함수명의 값이 없을 때에 대한 실행할 성서를 보인다.

10-5-3) 함수명의 값의 유무

10-5-3-1) 함수명의 값이 없을 때

void를 써 주어야 한다.

10-5-3-2) 함수명의 값이 있을 때

변수명과 같이 다음 11가지 중 하나를 써 주어야 한다.

(1) char

(2) unsigned char

(3) short

(4) unsigned short

(5) int

(6) unsigned

(7) long

(8) unsigned long

(9) float

(10) double

(11) long double

10-5-4) 예약어 return

10-5-4-1) 역할

(1) 함수명에 값을 할당한다.

(2) 함수를 끝내고 호출 함수로 돌아간다. 그러므로, return 뒤에 실행문이 있어도 실행되지 않는다.

10-5-4-2) 사용방법

다음 3가지 방법이 있다. 다음 중 (1)은 함수명의 값이 없는 경우 사용하고, (2), (3)은 함수명의 값이 있는 경우 사용한다.

(1) return;

(2) return 값;

(3) return (값);

결과를 정리하면 다음 표 10-2와 같다.

함수명의 값	없을 때	있을 때
함수 이름 앞	void	1) char 2) unsigned char 3) short 4) unsigned short 5) int 6) unsigned 7) long 8) unsigned long 9) float 10) double 11) long double 중 하나
return	1) 없어도 됨 2) return; 중 하나	1) return 값; 2) return (값); 중 하나

표 10-2 함수명의 값이 없을 때와 있을 때 차이

실행할 정서 10-5) 자료형 필요성

```
# include "stdafx.h"
z()
{
      printf("necessity of data type\n");
}
int main()
{
      z();
}
```

1) 위 정서를 실행하자. 건설 실패다. 이유는 뭔가?

2) error 오른쪽에 있는 글 쓰시오.

3) warning 오른쪽에 있는 글 쓰시오.

4) z()를 void z()로 바꾸자. 잘 실행되나?

5) z()를 int z()로 바꾸자. 잘 실행되나?

6) z() 앞에 추가하면 잘 실행되는 것이 void와 int 제외하면 10가지 있다. 다 쓰시오.

(1) (2) (3)

(4) (5) (6)

(7) (8) (9)

(10)

실행할 정서 10-6) void 1 - return 없을 때

```
# include "stdafx.h"

void z()
{
	printf("vd 1 - without return\n");
}

int main()
{
	z();
}
```

1) 위 정서를 실행하자. 뭐 출력되나?

2) z 함수가 실행되는 것을 뭘 보고 알 수 있나?

실행할 정서 10-7) void 2 - return 사용법

```
# include "stdafx.h"
void z()
{
```

```
    printf("vd 2 - usage of return\n");
    return 9;
}
int main()
{
    z();
}
```

1) 위 정서를 실행하자. 건설 실패다. 이유는 뭔가?

2) 위 정서를 건설 성공으로 바꾸는 방법이 2가지 있다. return 9;를 뭐로 바꿈 되나?

2－1)

2－2)

실행할 정서 10-8) void 3 - return 뒤 문장

```
# include "stdafx.h"
void z()
{
    printf("vd 3 - before return\n");
    return;
    printf("after return\n");
}
int main()
{
    z();
}
```

1) 위 정서를 실행하자. after return이 출력되지 않는다. 출력되지 않는 이유는 뭔가?

2) after return이 출력되게 하려면 printf("after return\n");를 어디로 옮겨야 하나?

실행할 정서 10-9) void 4 - 함수 z 값 출력되나?

```
# include "stdafx.h"
void z()
{
    printf("vd 4 - print z?\n");
}
int main()
{
    printf("z()=%d\n",z());
}
```

1) 위 정서를 실행하자. 건설 실패다. 건설 실패인 이유는 뭔가?

2) 위 정서를 건설 성공으로 바꾸는 방법은 2가지다. 쓰시오.

2-1) z 함수를 바꾸는 방법

2-2) 주함수를 바꾸는 방법

실행할 정서 10-10) ()의 필요성

```
# include "stdafx.h"
int z()
{
    printf("necessity of parenthesis\n");
    return 2;
}

int main()
```

```
{
      printf("z=%d\n",z);
}
```

1) 위 정서를 실행하자. 출력은 뭔가?

2) 2가 출력되지 않는 이유는 뭔가?

3) 2가 출력되게 하려면 ()를 추가하면 된다. 어디에 추가해야 하나?

실행할 정서 10-11) char 1 - return의 필요성

```
# include "stdafx.h"
char z()
{
      printf("char 1 -");
      printf("necessity of return\n");
}
int main()
{
      printf("z()=%d\n",z());
}
```

1) 위 정서를 실행하자. 건설 실패다. 이유는 뭔가?

2) z 함수 안에 return이 포함된 문장을 추가해서 z=9가 출력되게 하려고 한다. 어디에 어떤 문장을 추가해야 하나?

실행할 정서 10-12) char 2 - 미국 표준 부호

```
# include "stdafx.h"
char z()
```

```
{
      printf("char 2\n");
      printf("ASCII:American Standard Code");
      printf("for Information Interchange\n");
      return 97;
}
int main()
{
      printf("z=%c\n",z());
}
```

1) 위 정서를 실행하자. 뭐가 출력되나?

2) 97을 다음과 같이 바꾸자 뭐가 출력되나?

2-1) 'a'

2-2) 98　　　　　　2-3) 'a'+1

2-4) 96　　　　　　2-5) 'a'-1

실행할 정서 10-13) short - %d

```
# include "stdafx.h"

short z()
{
      printf("overflow\n");
      return 2;
}

int main()
{
      printf("z=%f\n",z());
}
```

1) 위 정서를 실행하자. 2가 출력되지 않는다. 그 이유는 뭔가?

2) 2가 출력되게 하려면 %f를 뭐로 바꿈 되나?

실행할 정서 10-14) short - 범위

```
# include "stdafx.h"
short z()
{
      printf("overflow\n");
      return 32767;
}
int main()
{
      printf("z=%f\n",z());
}
```

1) 위 정서를 실행하자. 뭐가 출력되나?

2) 32767을 다음과 같이 바꾸자. 뭐가 출력되나?

2−1) 32768

2−2) 32769

2−3) 32767.9

2−4) −32767.9

실행할 정서 10-15) float - %f

```
# include "stdafx.h"

float z()
{
      printf("floating point number\n");
```

```
    return 9;
}

int main()
{
    printf("z=%d\n",z());
}
```

1) 위 정서를 실행하자. 9가 출력되지 않는다. 이유는 뭔가?

2) %d를 뭐로 바꿈 9가 출력되나?

실행할 정서 10-16) float

```
# include "stdafx.h"
float z()
{
    printf("floating point number\n");
    return 9;
}
int main()
{
    printf("z=%f\n",z());
}
```

1) 위 정서를 실행하자. 뭐가 출력되나?

2) 9를 'a'로 바꾸자. 뭐가 출력되나?

3) 9를 1e2으로 바꾸자. 뭐가 출력되나?

10-6) 값에 의한 호출 (call by value)

```
# include "stdafx.h"


char z(int w)
{
      return w+1;
}


int main()
{
      printf("z()=%d\n",z(2));
}
```

위의 간단한 정서의 예로 알아보자.

10-6-1) 인수 (parameter)

호출함수와 피호출함수의 ()안에 있는 상수 또는 변수를 인수라 한다. 다음 2가지 인수가 있다. 매개변수라고 하는 책도 있다.

10-6-1-1) 실인수 (actual parameter)

함수를 호출하는 쪽 즉 호출함수의 ()에 있는 값이다. 위의 예에서는 2다.

10-6-1-2) 가인수 (formal parameter)

함수를 호출받는 쪽 즉 피호출함수의 ()에 있는 값이다. 위의 예에서는 int w이다.

10-6-2) “값에 의한 호출(call by value)”의 정의

함수를 호출할 때 호출함수의 값, 즉 실인수가 피호출함수의 값, 즉 가인수에 전달되는 방법이다. 가장 많이 쓰이는 호출방법이며 이해하기도 가장 쉽다. 이에 의해서 호출하면 함수가 실행되면서 실인수의 값이 바뀌지 않는다는 특징이 있다.

참고) “참조에 의한 호출(call by reference)” 방식도 있다. 이에 의하여 함수를 호출하면 함수가 실행되면서 실인수의 값이 바뀔 수도 있다. 그러므로 값에 의한 호출보다 좀 더 어려워서 본서에서는 생략한다.

10-6-3) 인수의 유무

함수의 인수는 있을 수도 있고 없을 수도 있다. 아직까지는 인수가 없는 경우였다. 그러나, 본 절의 정서는 인수가 있는 경우이다.

10-6-3-1) 인수가 없는 경우

다음 2가지 방법이 있다.

(1) () 사이에 아무 것도 안 쓴다.

(2) () 사이에 void, 즉 (void)라고 쓴다.

10-6-3-2) 인수가 있는 경우

인수는 상수, 변수, 수식이 가능하다.

(1) 호출함수에 실인수를 쓴다.

(2) 피호출함수에 가인수를 쓴다.

10-6-4) 실인수과 가인수의 관계

10-6-4-1) 개수

실인수와 가인수의 개수가 같아야 한다. 다르면 오류, 경고 등이 발생할 수 있다.

10-6-4-2) 자료형

실인수와 가인수의 자료형이 같은 것이 좋다. 다르면 오류, 경고 등이 발생할 수 있다.

10-6-4-3) 이름

실인수와 가인수의 이름이 같아도 한다. 이 경우 두 변수를 각각의 함수에서만 효력이 있는 함수로서 이름은 비록 같더라도 다른 함수에서 사용되므로 아무런 문제 없다.

실행할 정서 10-17) 용어의 정의

```
# include "stdafx.h"
char z (long w)
{
      return w+1;
}
int main()
{
      printf("z(2)=%d\n",z(2));
}
```

1) 위 정서를 실행하자. 출력은 뭐인가?

2) 호출함수는 뭐인가?

3) 피호출함수는 뭐인가?

4) 실인수는 뭐인가?

5) 가인수는 뭐인가?

실행할 정서 10-18) 선언 1 - 필요성

```
# include "stdafx.h"
int main()
{
      printf("z(2)=%d\n",z(2));
}
char z(long w)
{
      return w+1;
}
```

1) 위 정서에서 함수 z의 정의는 뭐인가?

2) 위 정서에 함수 z의 선언이 있는가? 없는가?

3) 위 정서를 실행하자. 건설 실패다. 건설 실패의 이유는 뭐인가?

실행할 정서 10-19) 선언 2 - 선언하는 방법

```
# include "stdafx.h"
char z(long);
int main()
{
      printf("z(2)=%d\n",z(2));
}
char z(long w)
{
      return w+1;
}
```

1) 위 정서는 실행할 정서 8－18)과 달리 z 함수의 선언이 있다. 적

으시오.

2) 위 정서에서 z 함수의 선언이 필요한 이유는 뭐인가?

3) char z(long);을 다음과 같이 바꾸자. 건설 성공하나? 실패하나?

3－1) z(long);

3－2) int z(long);

3－3) char z(short);

3－4) char z(long w);

실행할 정서 10-20) 주함수와 z 함수에서 변수 이름이 x로 같은 경우

```
# include "stdafx.h"

void z(long x)
{
      printf("x=%d before ++ at z\n",x);
      x++;
      printf("x=%d after ++ at z \n",x);
}

int main()
{
      char x=3;
      printf("x=%d before z at main\n",x);
      z(x);
      printf("x=%d  after z at main\n",x);
}
```

1) 위 정서를 실행하자. 다음 x 값은 얼마인가?

1－1) x＝before z at main

1-2) x=before ++ at z

1-3) x=after ++ at z

1-4) x=after z at main

2) 위 정서에서 주함수와 z 함수에서 변수 이름이 x로 같다. 문제 있나?

3) 위 정서에서 z 함수에서 변수 x의 값이 3에서 4로 바뀌었으나 주함수에서는 변수 x의 값이 3 그대로다. 이유는 뭔가?

실행할 정서 10-21) 주함수와 z 함수에서 변수 이름이 다른 경우

```
# include "stdafx.h"

void z(long q)
{
      printf("q=%d before ++ at z\n",x);
      q++;
      printf("q=%d after  ++ at z \n",x);
}

int main()
{
      char x=3;
      printf("x=%d before z at main\n",x);
      z(x);
      printf("x=%d  after z at main\n",x);
}
```

1) 위 정서는 실행할 정서 8-20)과 변수 이름 하나가 바뀌었다. 어느 함수에서 변수 이름이 뭐에서 뭐로 바뀌었나?

2) 위 정서를 실행하자. 다음 x 값은 얼마인가?

2－1) x＝before z at main

2－2) x＝after z at main

3) 위 정서를 실행하자. 다음 q 값은 얼마인가?

1－2) q＝before ＋＋ at z

1－3) q＝after ＋＋ at z

실행할 정서 10-22) 실인수와 가인수의 자료형이 다른 경우

```
# include "stdafx.h"


void z(char q)
{
      printf("q=%d at z\n",q);
}


int main()
{
      double v=1.9;
      z(v);
      printf("v=%f at main\n",v);
}
```

1) 위 정서에서 실인수

1－1) 뭐?

1－2) 자료형?

1－3) 값?

2) 위 정서에서 가인수

2－1) 뭐?

2－2) 자료형?

2－3) 값?

3) 위 정서에서 실인수와 가인수 비교

3－1) 자료형은 같은가? 다른가?

3－2) 값은 같은가? 다른가?

3－3) 이런 경우 어떤 문제가 있나?

4) 위 정서를 실행하자. 출력되는 다음 값들은 얼마인가?

4－1) q＝at z

4－2) v＝at main

5) 위 정서에서 경고가 발생한다. 이유는 뭔가?

실행할 정서 10-23) 실인수 2개, 가인수 1개일 때

```
# include "stdafx.h"

void z(char q)
{
    printf("q=%d at z\n",q);
}

int main()
{
    char v=9,x;
    z(v,x);
    printf(v=%d at main\n",v);
}
```

1) 위 정서에서 실인수

1－1) 몇 개인가?

1－2) 뭐인가?

2) 위 정서에서 가인수

2－1) 몇 개인가?

2－2) 뭐인가?

3) 위 정서를 실행하자. 건설 실패다. 이유는 뭔가?

4) 위 정서가 건설 성공하게 다음 2가지 방법으로 수정하시오.

4－1) 실인수와 가인수가 전부 1개

4－2) 실인수와 가인수가 전부 2개

실행할 정서 10-24) 실인수 1개, 가인수 2개일 때

```
# include "stdafx.h"

void z(char q, char x)
{
    printf("q=%d at z\n",q);
}

int main()
{
    char v=9;
    z(v);
    printf(v=%d at main\n",v);
}
```

1) 위 정서에서 실인수

1－1) 몇 개인가?

1－2) 뭐인가?

2) 위 정서에서 가인수

2-1) 몇 개인가?

2-2) 뭐인가?

3) 위 정서를 실행하자. 건설 실패한다. 이유는 뭔가?

4) 위 정서가 오류 성공하게 다음 2가지 방법으로 수정하시오.

4-1) 실인수와 가인수가 전부 1개

4-2) 실인수와 가인수가 전부 2개

실행할 정서 10-25) 가인수에서 const

```
# include "stdafx.h"

void z(const char q)
{
      printf("q=%d \t at z before ++\n",q);
      q++;
      printf("q=%d \t at z after ++\n",q);
}


int main()
{
      char v=9;
      z(v);
      printf("v=%d \t at main\n",v);
}
```

1) 위 정서를 실행하자. 건설 실패하는 이유는 뭔가?

2) 위 정서에서 한 단어 없앰 건설 성공한다. 무슨 단어?

3) 위 정서에서 한 문장 없앰 건설 성공한다. 무슨 문장?

4) const가 있을 때와 없을 때의 차이는 뭔가?

5) 가인수의 값이 바뀌는 것을 원하지 않을 때는 가인수 앞에 뭐 쓰나?

10-7) 6.0과 2010 전문가용의 차이

함수 부분에서 보이는 씨 6.0과 보이는 씨 2010 전문가용의 차이가 많다. 본 절에서는 이에 대해서 설명한다. 본 절에서는 6.0에서 실행되는 정서를 실행할 정서 앞에 6.0이란 이름을 붙여서 보인다.

10-7-1) 자동 입력 여부

보이는 씨 6.0에서는 자동으로 정서에 입력되지 않았으나 보이는 씨 2010 전문가용에서는 표준 입출력함수 포함과 주함수의 최소가 자동 입력된다. 그러므로, 이 면에서 2010 전문가용이 좀 더 편리하다.

6.0 실행할 정서 10-1)

```
main()
{
}
```

1) 보이는 씨 6.0에서 위 정서를 실행하자. 잘 실행되나?
2) 주함수의 함수형이 있나? 없나?

실행할 정서 10-26) 2010 전문가용에서 자동 입력되는 부분

// 0402토.cpp : 콘솔 응용 프로그램에 대한 진입점을 정의한다.
//

```
#include "stdafx.h"
```

```
int _tmain(int argc, _TCHAR* argv[])
{
      return 0;
}
```

1) '0402토'라고 프로젝트명을 입력함 위와 같이 입력된다. 위 정서를 실행하자. 잘 실행되나?

2) int를 없애고 실행하자. 잘 실행되나?

10-7-2) 표준 입출력함수 포함과 주함수형 명시 여부

가장 기본적인 차이는 다음 표와 같다.

	6.0	2010 전문가용
표준 입출력 함수 포함	# include <stdio.h>	# include "stdafx,h"
주함수형	main()	int main()

10-7-2-1) 표준 입출력 함수 포함

6.0에서 # include <stdio.h>가 2010 전문가용에서 # include "stdafx.h"로 바뀌었다.

10-7-2-2) 함수이름 앞에 함수형 포함

6.0에서는 함수이름 앞에 함수형이 없어도 경고만 하고 실행되었으나 2010 전문가용에서는 함수이름 앞에 반드시 함수형이 있어야 한다. 없음 건설 실패다.

6.0 실행할 정서 10-2)

```
# include <stdio.h>
```

```
main()
{
    printf("c program\n");
}
```

1) 보이는 씨 6.0에서 위 정서를 실행하자. 잘 실행되나?

2) 뭐가 출력되나?

3) 주함수의 함수형이 있나? 없나?

4) main을 int main으로 바꾸고 실행하자. 잘 실행되나?

5) 3)과 4)의 결과로 보아 6.0에서 함수이름 앞에 함수형이 있어야 하나? 없어도 되나?

실행할 정서 10-27)

```
# include "stdafx.h"

main()
{
    printf("c program\n");
}
```

1) 위 정서를 봄 6.0 실행할 정서 8 − 2)와 2가지 차이가 있다. 뭔지 쓰시오.
   1 − 1)
   1 − 2)

2) 위 정서를 실행하자. 건설 실패다. 이유는 뭔가?

3) 위 정서가 건설 성공하게 하려면 한 단어를 추가함 된다. 어디에 뭘 추가해야 하나?

10-7-3) 함수에서 3가지 큰 차이

보이는 씨 6.0과 보이는 씨 2010 전문가용을 다음 표와 같이 3가지 큰 차이를 보인다. 3가지 다 6.0에서 경고였으나 2010 전문가용에서는 건설 실패다.

	6.0	2010 전문가용
함수명 앞에 자료형 없을 때	경고 int로 간주	건설 실패
선언 있어야 하나 없을 때	경고	건설 실패
실인수와 가인수 개수 다른 경우	경고	건설 실패

6.0 실행할 정서 10-3)

```
# incldue <stdio.h>
z()
{
      printf("necessity of data type\n");
}
main()
{
      z()
}
```

1) 보이는 씨 6.0에서 위 정서를 실행하자. 경고가 발생한다. 이유는 뭔가?

2) 경고가 발생하지 않게 하려면 2단어를 추가함 된다. 뭔가?
   2-1) _ 함수 앞에 _
   2-2) _ 함수 앞에 _

실행할 정서 10-28)

```
# include "stdafx.h"
z()
{
      printf("necessity of data type\n");
}
int main()
{
      z();
}
```

1) 위 정서를 실행하자. 건설 실패다. 이유는 뭔가?

2) 건설 성공으로 바꾸려면 한 단어를 추가함 된다. 어디에 뭐 추가해야 하나?

6.0 실행할 정서 10-4)

```
# include <stdio.h>
int main()
{
      z()
}
char z()
{
      printf("necessity of declaration")
}
```

1) z 함수의 '정의'는 뭔가?

2) z 함수의 '호출'은 뭔가?

3) z 함수의 ‘호출’은 ‘정의’보다 위에 있나? 아래에 있나?

4) 보이는 씨 6.0에서 위 정서를 실행하자. 경고가 발생한다. 이유는 뭔가?

5) 경고가 발생하지 않게 하려면 선언을 추가해야 한다. 어디에 뭐 추가함 되나?

실행할 정서 10-29)

```
# include "stdafx.h"
int main()
{
        z()
}
char z()
{
        printf("necessity of declaration")
}
```

1) z 함수의 ‘정의’는 뭔가?

2) z 함수의 ‘호출’은 뭔가?

3) z 함수의 ‘호출’은 ‘정의’보다 위에 있나? 아래에 있나?

4) 위 정서를 실행하자. 건설 실패다. 이유는 뭔가?

5) 건설 성공되게 하려면 선언을 추가해야 한다. 어디에 뭐 추가함 되나?

6.0 실행할 정서 10-5) 실인수 1개, 가인수 2개

```
# include <stdio.h>

void z(char q, long r)
{
      printf("formal parameter : 2);
}

int main()
{
      char s=9;
      z(s);
      printf("actual parameter : 1\n");
}
```

1) z 함수의 실인수는 몇 개인가?

2) z 함수의 가인수는 몇 개인가?

3) z 함수의 실인수와 가인수의 수는 같은가? 다른가?

4) 위 함수를 보이는 6.0에서 실행하자. 경고가 발생한다. 이유는 뭔가?

5) 위 정서를 경고가 발생하지 않게 바꾸려고 한다. 다음 2가지 방법으로 바꾸시오
   5-1) 실인수와 가인수가 전부 1개
   5-2) 실인수와 가인수가 전부 2개

실행할 정서 10-30) 실인수 1개, 가인수 2개

```
# include "stdafx.h"

void z(char q, long r)
{
      printf("formal parameter : 2);
}

int main()
{
      char s=9;
      z(s);
      printf("actual parameter : 1\n");
}
```

1) z 함수의 실인수는 몇 개인가?

2) z 함수의 가인수는 몇 개인가?

3) z 함수의 실인수와 가인수의 수는 같은가? 다른가?

4) 위 정서를 실행하자. 건설 실패다. 이유는 뭔가?

5) 위 정서를 건설 성공하게 바꾸려고 한다. 다음 2가지 방법으로 바꾸시오.
   5-1) 실인수와 가인수가 전부 1개
   5-2) 실인수와 가인수가 전부 2개

6.0 실행할 정서 10-6) 실인수 2개 가인수 1개

```
# include <stdio.h>

void z(char q)
{
    printf("formal parameter : 1);
}

int main()
{
    char s=9;
    long t=8;
    z(s,t);
    printf("actual parameter : 2\n");
}
```

1) z 함수의 실인수는 몇 개인가?

2) z 함수의 가인수는 몇 개인가?

3) z 함수의 실인수와 가인수의 수는 같은가? 다른가?

4) 위 함수를 보이는 6.0에서 실행하자. 경고가 발생한다. 이유는 뭔가?

5) 위 정서를 경고가 발생하지 않게 바꾸려고 한다. 다음 2가지 방법으로 바꾸시오.
   5－1) 실인수와 가인수가 전부 1개
   5－2) 실인수와 가인수가 전부 2개

실행할 정서 10-31) 실인수 2개 가인수 1개

```
# include "stdafx.h"

void z(char q)
{
      printf("formal parameter : 1);
}

int main()
{
      char s=9;
      long t=8;
      z(s,t);
      printf("actual parameter : 2\n");
}
```

1) z 함수의 실인수는 몇 개인가?

2) z 함수의 가인수는 몇 개인가?

3) z 함수의 실인수와 가인수의 수는 같은가? 다른가?

4) 위 정서를 실행하자. 건설 실패다. 이유는 뭔가?

5) 위 정서를 건설 성공하게 바꾸려고 한다. 다음 2가지 방법으로 바꾸시오.

   5-1) 실인수와 가인수가 전부 1개

   5-2) 실인수와 가인수가 전부 2개

10-8) 변수의 사용 범위 (scope of variable)

10-8-0-1) 함수에서 변수의 사용 범위를 공부하는 이유

변수가 어디에서 선언되었느냐에 따라 변수를 사용할 수 있는 범위가 달라지기 때문이다.

10-8-0-2) 사용 범위의 차이

10-8-0-2-1) 함수 내부냐, 외부냐

변수가 함수 내부에서 선언되었느냐 함수 외부에서 선언되었느냐에 따라 사용 가능한 범위가 다르다.

10-8-0-2-2) { }의 내부냐, 외부냐

{}가 여러 개 있을 때 안에 있는 {}의 외부냐 내부냐에 따라 사용 가능한 범위가 다르다.

10-8-0-3) 선언되는 위치에 따른 변수의 종류

다음과 같이 3가지로 나눌 수 있다.

a. 함수 내부에서 선언되는 지역 변수 (local variable)
b. 함수 외부에서 선언되는 전역 변수 (global variable)
c. 함수 선언과 같이 선언되는 함수 선언 변수 (function−prototype variable)

10-8-1) 지역 변수 (local variable)

함수 내부에서 선언되는 변수 그 함수 내부에서만 이용되는 것이 보통이다. 가장 많이 사용된다. 선언된 중괄호 안에서만 값을 가지고 선언된 중괄호를 벗어나면 값이 소멸된다.

10-8-1-1) 모든 함수에 { }가 1개만 있는 경우

다른 함수에서 같은 변수이름을 가져도 다른 변수이므로 아무런 문제가 없다.

실행할 정서 10-32)

```
# include "stdafx.h"
void f()
{
      char h=3;
      printf("f h=%d\n",h);
}
int main()
{
      char h=2;
      f();
      printf("main h=%d\n",h);
}
```

1) 위 정서를 실행하자. 다음 뒤에 출력되는 다음 값은 무엇인가?
   (1) f h=
   (2) main h=

2) f 함수와 main 함수에서 같은 h라는 변수를 사용해도 아무런 문제가 없는가?

10-8-1-2) { }가 2개 이상 있는 함수가 존재하는 경우

바깥에서 선언된 변수는 안에서 이용할 수 있으나 안에서 선언된 변수는 바깥에서 이용할 수 없다.

```
{
      선언문 1;
```

```
        1)
        {
                선언문 2;
                2)
        }
}
```

위에서 선언문 1;에서 선언된 변수는 1)과 2)에서 모두 이용이 가능하나, 선언문 2;에서 선언된 변수는 1)에서는 이용할 수 없고 2)에서는 이용이 가능하다.

실행할 정서 10-33) 바깥에서 선언된 변수

```
# include "stdafx.h"

int main()
{
        char h=2;
        printf("1h=%d\n",h);
        {
                printf("2h=%d\n",h);
        }
}
```

1) 위 정서를 실행하자. 출력은 무엇인가?

2) 바깥쪽에서 선언된 변수는 안쪽에서도 이용 가능한가?

실행할 정서 10-34) 안에서 선언된 변수

```
# include "stdafx.h"
int main()
```

```
{
    printf("1h=%d\n",h);
    {
        char h=2;
        printf("2h=%d\n",h);
    }
}
```

1) 위 정서를 실행하자. 오류가 발생한다. 오류를 적고 번역하시오.

2) 오류가 발생하는 이유는 무엇인가?

3) char h=3;을 어디에 넣으면 오류가 없어지나?

10-8-2) 전역 변수 (global variable)

함수 밖에서 선언되는 변수 선언된 이후 모든 함수에서 사용될 수 있다. 초보 C 인이 사용자들은 모든 함수에서 사용할 수 있어서 좋다고 생각할 수 있으나, 정서가 복잡해질수록 값이 여러 곳에서 바뀔 수 있어서 예상하지 못한 값이 할당되어 있는 경우 어디서 잘못되었는지 그 이유를 찾기가 힘들어서 장점보다는 단점이 많다. 함수내부에 같은 이름의 지역 변수가 존재하는 경우 그 함수 내에서 그 이름 지역 변수의 값으로 간주된다.

단, 상수의 경우 값이 변화하지 않으므로 사용이 편리할 경우가 많다.

실행할 정서 10-35) f 함수의 선언이 없는 경우

```
# include "stdafx.h"
void f()
{
    printf("f h=%d\n",h);
}
short h=2;
```

```
int main()
{
      f();
      printf("m h=%d\n",h);
}
```

1) 위 정서를 실행하자. 오류가 발생한다. 오류가 발생하는 이유는 무엇인가?

2) main() 위의 short h=2;를 없애고 대신 f() 위에 short h=2;를 추가하고, 다시 실행하자. 잘 출력되나?

실행할 정서 10-36) f함수의 선언이 있는 경우

```
# include "stdafx.h"
void f();
int main()
{
      f();
      printf("m h=%d\n",h);
}
short h=3;
void f()
{
      printf("f h=%d\n",h);
}
```

1) 위 정서를 실행하자. 오류가 발생한다. 오류가 발생하는 이유는 무엇인가?

2) f() 위의 short h=2;를 없애고 대신 main() 위에 short h=2;를 추가하고, 다시 실행하자. 잘 출력되나?

실행할 정서 10-37) 동일한 이름의 전역 변수와 지역 변수

```
# include "stdafx.h"

short h=2;

void f()
{
      printf("f h=%d\n",h);
}

int main()
{
      f();
      printf("m h=%d\n",h);
}
```

1) 위 정서를 실행하자. 아래 다음 출력되는 값은 얼마인가?
   (1) f h=
   (2) m h=

2) printf("f h=%d\n",h); 위에 short h=3;을 추가하자. 이 경우 f h= 다음 출력되는 값은 얼마인가?

3) f(); 위에 short h=4;를 추가하자. 이 경우 m h= 다음 출력되는 값은 얼마인가?

10-8-3) 함수 선언 변수 (function-prototype variable)

함수 선언에서 보여지는 변수이다. 이 변수들은 함수 선언이 끝나면 전혀 사용할 수 없다. 그러므로, 안 쓰는 것이 좋다.

실행할 정서 10-38) 함수 선언 변수

```
# include "stdafx.h"

void f(short w);
printf("w=%d\n",w);

int main()
{
      printf("value = %d\n",f(2));
}

void f(short z)
{
      return 2*z+3;
}
```

1) 위 정서를 실행하자.
   오류가 발생한다. 오류가 발생하는 이유는 무엇인가?

2) printf("w=%d\n",w);를 없애고 실행하자. 잘 출력되나?

3) printf("w=%d\n",w);를 없애고 f(short w);에서 w를 없애고 f(short);로 바꾸어 다시 실행하자.

4) w가 있을 때와 없을 때의 차이가 있나?

10-9) 배열이름이 실인수 (array name is real parameter)

함수의 실 매개 변수로 배열이름을 이용할 수 있다. 주소에 의한 호출(call by reference)이므로 배열 요소의 값이 피호출 함수에서 바뀔 수 있다.

피호출 함수에서 바뀌는 것이 싫다면 형식 매개 변수의 앞에 const를 붙이면 된다.

실행할 정서 10-39)

```
# include <stdio.h>
f(short g[2])
{
    printf("execute function f\n\n");
    g[1]=34;
}
main()
{
    short h[2]={11,12};
    printf("before call function f\n");
    printf("h[0]=%d\n",h[0]);
    printf("h[1]=%d\n",h[1]);
    printf("\n");
    f(h);
    printf("after call function f\n");
    printf("h[0]=%d\n",h[0]);
    printf("h[1]=%d\n",h[1]);
    printf("\n");
}
```

1) 위 정서를 실행하자. f 함수를 호출하기 전의 주함수의 다음 값

은 얼마인가?

(1) h[0]

(2) h[1]

2) 위 정서를 실행하자. f 함수를 호출한 후의 주함수의 다음 값은 얼마인가? 1)과 값이 바뀐 것은 무엇인가?

(1) h[0]

(2) h[1]

3) f(short g[2])를 f(const short g[2])로 바꾸어 다시 실행하자. 이 경우 오류가 발생한다. 오류를 적고 번역하시오.

4) 3)의 경우 오류가 발생하는 이유는 무엇인가?

10-x) 절의 변화 (change of paragraph)

전 책의 '제8장 함수'가 '제10장'으로 장 번호가 바뀌었다.

1) '10-2) 2가지 형식'이 신설되었다.

2) '10-9) 배열명이 실인수'는

전 책의 '9-8 배열명이 실인수'가 이동했다.

10-y) 개념 문제 (concept problem)

1) 개요

1-1) 함수의 정의는 뭔가?

1-2) 함수의 3가지 장점은 뭔가?

1)

2)

3)

1-3) 함수의 동작 과정 4가지를 쓰시오.

1)

2)

3)

4)

1-4) 가장 많이 사용되는 인수 전달과정 2가지를 쓰시오.

※ 1-5~6) 다음은 뭔가?

```
# include "stdafx.h"
void z(q)
{
      return 2*q;
}
```

```
int main()
{
      z(3);
}
```

1-5) a 함수가 b 함수를 호출했다.

1) a

2) b

1-6) c의 값이 d의 값에 전달됐다.

1) c

2) d

3) 3가지 종류

3-1) 3가지 종류의 함수가 있다. 뭐인가?

1)

2)

3)

3-2) C 정서가 오로지 한 개의 함수로만 구성되어 있다면 무슨 함수인가?

3-3) C 정서가 시작함 자동적으로 실행하는 함수는 뭐인가?

3-4) 목적 번역기(compiler)에서 제공한 함수를 이용하려면 무엇이 있어야 하나?

3-5) 보이는 C 정서 2010 전문가용에서 처음부터 자동 사용되는 선처리기는 뭐인가?

3-6) 수학 함수를 사용하려면 필요한 선처리기는 뭐인가?

3-7) C 정서에서 다음 함수들의 표현을 쓰시오.

종류	함수	설명
지수 함수		e^x
		ln x
		log_10 x
삼각 함수		정현
		여현
		정접
기타 함수		x^y
		$\sqrt{x}$

3-8) 다음 계산을 C 정서로 하시오.

1) e^4
2) ln 3
3) log_10 2
4) log_10 3
5) log_10 4
6) log_10 5
7) log_10 6
8) sin(π/6)
9) cos(π/6)
10) tan(π/6)
11) sin(π/4)
12) cos(π/4)
13) tan(π/4)
14) sin(π/3)
15) cos(π/3)
16) tan(π/3)
17) 10^2
18) $\sqrt{2}$

3-9) 오로지 한 개가 반드시 존재해야 하는 함수는 무슨 함수인가?

3-10) # include가 필요한 함수는 무슨 함수인가?

3-11) 다음 함수는 무슨 함수인가?

1) # include 필요 없음

2) 한 개도 없을 수도 있고 여러 개 있을 수도 있음

4) 3가지 요소

4-1) 사용자 정의 함수의 3가지 요소는 뭐인가?

1)

2)

3)

4-2) 함수의 정의에서 보이는 것은 5가지이다. 뭐인가?

1)

2)

3)

4)

5)

4-3) 다음 정서에서 다음 것들을 쓰시오.

```
void z(char w)
{
 printf("fctn z\n");
}
```

1) 함수명의 자료형

2) 함수명

3) 인수의 자료형

4) 인수명

5) 함수에서 하는 일

4-4) 실인수는 뭐라고 부르기도 하나?

4-5) 가인수는 뭐라고 부르기도 하나?

4-6) 선언은 정의에서 뭐를 제외함 되나?

4-7) 선언이 필요한 경우와 필요하지 않는 경우가 언제인가?

1) 선언이 필요하지 않은 경우

2) 선언이 필요한 경우

5) 함수명의 값

5-1) 함수명은 값을 가져야 하나? 가지지 말아야 하나?

5-2) 함수명의 값이 없을 때는 함수명 앞에 뭐 써야 하나?

5-3) 함수명의 값이 있을 때는 뭐 써야 하나? 11가지 다 쓰시오.

1)

2)

3)

4)

5)

6)

7)

8)

9)

10)

11)

5-4) return의 2가지 역할 쓰시오.

1)

2)

5-5) 함수명에 값을 할당하기 위해서는 뭐가 필요하나?

5-6) 뭐를 만나면 함수를 끝내고 호출함수로 돌아가나?

5-7) 함수명 앞에 void 있음

1) return 필요한가? 필요하지 않나?

2) return 있음 뒤 값 없어야 하나? 있어야 하나?

5-8) 함수명 앞에 void 외 단어 있음

1) return 필요한가? 필요하지 않는가?

2) return 있음 뒤 값 없어야 하나? 있어야 하나?

5-9) return 뒤 값에 ()가 없어야 하나? 있어야 하나?

5-10) return 뒤 문장은 실행되나? 실행되지 않나?

5-11) 다음 표의 빈 칸을 채우시오.

함수명의 값	없을 때	있을 때
함수명 앞		1) 2) 3) 4) 5) 6) 7) 8) 9) 10) 11)
return	1) 2)	1) 2)

6) 값에 의한 호출

6-1) 값에 의한 호출하면 실인수의 값을 바꿀 수 있나?

6-2) 주소에 의한 호출하면 실인수의 값을 바꿀 수 있나?

6-3) 인수가 없는 경우 ()안에 쓴다면 뭐 씀 되나?

6-4) 실인수와 가인수의 변수명이 같음 되나? 안 되나?

6-5) 실인수와 가인수의 개수 다름 어떻게 되나?

7) 6.0과 2010 전문가용의 차이

7-1) 6.0과 2010 전문가용의 가장 기본적인 차이는 빈 칸과 같다. 빈 칸을 채우시오.

	6.0	2010 전문가용
표준 입출력 함수 포함		
주함수형		

7-2) 함수에서 6.0과 2010 전문가용은 다음 표와 같이 3가지 큰 차이가 있다. 빈 칸을 채우시오.

	6.0	2010 전문가용
함수명 앞에 자료형 없을 때		
선언 있어야 하나 없을 때		
실인수와 가인수 개수 다를 때		

8) 변수의 사용 범위

8-1) 변수의 사용 범위는 뭐에 따라 달라지나?

8-2) 본서에서는 다음과 같이 3가지로 변수를 구분했다. 뭐라고 하나?

1) 함수 내부에서 선언한 변수

2) 함수 외부에서 선언한 변수

3) 함수 선언에서 선언한 변수

8-3) 다른 함수에서 같은 이름의 변수를 사용함 되나? 안 되나?

8-4) { }가 2개 이상 있을 때

```
{
        변수 선언 q1;
        {
                변수 선언 q2;
        }
}
```

1) 밖에서 선언된 변수 즉 q1은 안, 즉 변수 선언 q2 아래에서 사용할 수 있나?

2) 안에서 선언된 변수 즉 q2는 밖, 즉 변수 선언 q1 아래에서 사용할 수 있나?

8-5) 함수 밖에서 사용된 변수는 어디서 사용될 수 있나?

8-6) 함수 선언 변수는 사용할 수 있나? 없나?

8) 배열명이 실인수

8-1) 함수의 실인수로 배열명을 쓰면 호출방식은 뭔가?

8-2) 함수의 실인수로 배열명을 쓸 때 배열 요소의 값이 바뀌지 않게 하려면 a 앞에 b를 쓰면 된다.

a

b

10-z) 정서 만들기 (make program)

※ 10-1~2) 섭씨 온도(centigrade)와 화씨 온도(fahrenheit)의 관계

10-1) 화씨 온도 = 9/5*섭씨 온도+32의 관계가 있다.

섭씨 온도 c를 실인수로 해서 0도부터 100도까지 10도 간격으로 화씨 온도 f를 출력

10-2) 반대로 화씨 온도 f를 주었을 때 섭씨 온도 c를 구하는 식을 구하자.

화씨 온도를 몇 도 간격으로 해야 섭씨 온도 10도 간격으로 출력되는가?

10-3) 이차 방정식 1

$ax^2+bx+c=0$ (a,b,c는 정수)의 a,b,c가 주어졌을 때 판별식 D를 구하는 정서

10-4) 이차 방정식 2

$ax^2+bx+c=0$ (a,b,c는 정수)의 a,b,c가 주어지고 $D>0$일 때 두 근 α,β를 구하는 정서

10-5) 이차 방정식 3

$ax^2+bx+c=0$ (a,b,c는 정수)의 a,b,c가 주어지고 $D<0$일 때 두 근 α,β를 구하는 정서

10-6) 일차 함수

$y = ax + b$ (a,b는 정수)의 a와 b가 주어졌을 때 다음을 구하는 정서

1) 기울기

2) y절편

3) x절편

10-7) 이차 함수

$y = ax^2 + bx + c$ (a,b,c는 정수)의 a,b,c가 주어졌을 때 다음을 구하는 정서

1) 대칭축

2) 최솟값

3) 최댓값

4) 꼭지점

10-8) sin 함수의 값

1) $\sin(0)$

2) $\sin(\frac{\pi}{6})$

3) $\sin(\frac{\pi}{4})$

4) $\sin(\frac{\pi}{3})$

5) $\sin(\frac{\pi}{2})$

10-9) cos 함수의 값

1) $\cos(0)$

2) $\cos(\frac{\pi}{6})$

3) $\cos(\frac{\pi}{4})$

4) $\cos(\frac{\pi}{3})$

5) $\cos(\frac{\pi}{2})$

10-10) tan 함수의 값

1) $\tan(0)$

2) $\tan(\frac{\pi}{6})$

3) $\tan(\frac{\pi}{4})$

4) $\tan(\frac{\pi}{3})$

10-11) sin 함수

$y = a \times \sin(bx+c)$ (a,b,c는 정수)의 a,b,c가 주어졌을 때

1) 주기

2) 주파수

3) 각속도

4) 최솟값

5) 최댓값

10-12) cosine 함수

$y = a \times \cos(bx + c)$ $(a, b, c$는 정수)의
a, b, c가 주어졌을 때

1) 주기

2) 주파수

3) 각속도

4) 최솟값

5) 최댓값

10-13) tangent 함수

$y = a \times \tan(bx + c)$ $(a, b, c$는 정수)의 a, b, c가 주어졌을 때

1) 주기

2) 주파수

3) 각속도

10-14) 삼각형의 넓이(면적) 1

밑변 a와 높이 h가 주어졌을 때 삼각형의 넓이(면적)을 구하는 정서

10-15) 삼각형의 넓이(면적) 2

두 변의 길이 a, b와 그 사잇각 C가 주어졌을 때 삼각형의 넓이(면적)을 구하는 정서

10-16) 삼각형의 넓이(면적) 3

헤론의 공식 세 변의 길이 a, b, c가 주어졌을 때 삼각형의 넓이(면적)을 구하는 정서

부록 A

미국 표준 부호 (ASCII: american standard code for information interchange)

- C 언어에서는 모든 문자를 0부터 127까지의 128개의 숫자와 1대1 대응시키고 있다.

0 ~ 15

10진	16진		
0	0		
1	1	┌	
2	2	┐	
3	3	└	
4	4	┘	
5	5	│	
6	6	─	
7	7		
8	8		
9	9		
10	A		
11	B		
12	C	♀	
13	D		
14	E	♬	
15	F	☼	

0 ~ 15

10진	16진		
0	0	NUL	null
1	1	SOH	start of heading
2	2	STX	start of text
3	3	ETX	end of text
4	4	EOT	end of transmission
5	5	ENQ	enquiry
6	6	ACK	acknowledge
7	7	BEL	bell
8	8	BS	backspace
9	9	TAB	horizontal tab
10	A	LF	line feed, new page
11	B	VT	vertical tab
12	C	FF	form feed
13	D	CR	carriage return
14	E	SO	shift out
15	F	SI	shift in

16 ~ 31

10진	16진		
16	10	DLE	data link escape
17	11	DC1	device control 1
18	12	DC2	device control 2
19	13	DC3	device control 3
20	14	DC4	device control 4
21	15	NAK	negative acknowledge
22	16	SYN	synchronous idle
23	17	ETB	end of trans. block
24	18	CAN	cancel
25	19	EM	end of medium
26	1A	SUB	substitute
27	1B	ESC	escape
28	1C	FS	file separator
29	1D	GS	group separator
30	1E	RS	record separator
31	1F	US	unit separator

32 ~ 47

10진	16진		
32	20	space	digit select
33	21	!	exclamation point
34	22	"	double quotation mark
35	23	#	number sign
36	24	$	dollar sign
37	25	%	percent sign
38	26	&	ampersand
39	27	'	apostrophe
40	28	(	left parenthesis
41	29	)	right parenthesis
42	2A	*	asterisk
43	2B	+	addition sign
44	2C	,	comma
45	2D	-	subtraction sign
46	2E	.	period
47	2F	/	right slash

48 ~ 63

10진	16진		
48	30	0	
49	31	1	
50	32	2	
51	33	3	
52	34	4	
53	35	5	
54	36	6	
55	37	7	
56	38	8	
57	39	9	
58	3A	:	colon
59	3B	;	semicolon
60	3C	<	less than
61	3D	=	equal
62	3E	>	greater than
63	3F	?	question mark

64 ~ 79

10진	16진		
64	40	@	at sign
65	41	A	
66	42	B	
67	43	C	
68	44	D	
69	45	E	
70	46	F	
71	47	G	
72	48	H	
73	49	I	
74	4A	J	
75	4B	K	
76	4C	L	
77	4D	M	
78	4E	N	
79	4F	O	

80 ~ 95

10진	16진		
80	50	P	
81	51	Q	
82	52	R	
83	53	S	
84	54	T	
85	55	U	
86	56	V	
87	57	W	
88	58	X	
89	59	Y	
90	5A	Z	
91	5B	[	left bracket
92	5C	\	left slash, backslash
93	5D	]	right bracket
94	5E	^	hat, circumflex, carat
95	5F	_	underscore

96 ~ 111

10진	16진		
96	60	`	grave accent
97	61	a	
98	62	b	
99	63	c	
100	64	d	
101	65	e	
102	66	f	
103	67	g	
104	68	h	
105	69	i	
106	6A	j	
107	6B	k	
108	6C	l	
109	6D	m	
110	6E	n	
111	6F	o	

112 ~ 127

10진	16진		
112	70	p	
113	71	q	
114	72	r	
115	73	s	
116	74	t	
117	75	u	
118	76	v	
119	77	w	
120	78	x	
121	79	y	
122	7A	z	
123	7B	{	left brace
124	7C			logical or, vertical bar
125	7D	}	right brace
126	7E	~	similar, tilde
127	7F	DEL	delete

부록 B

소개 (introduction)

B-1) 전뇌의 구성 요소 (component of computer)

컴퓨터(computer)는 영어 단어 compute+er로 구성되며 본서에서는 전뇌라고 부르기로 한다. (전기로 만든 뇌라는 뜻이다). 전뇌의 정의는 "전자적으로 계산을 수행하는 장치"라는 뜻이다. 전뇌는 사람과는 달리 창조적으로 사용할 수 있는 능력이 없으며, 단순히 주어진 명령들만을 수행한다.

1-1-1) 본체 (hardware)

물리적 부분 – 중앙 처리 장치, 입력 장치, 출력 장치, 보조 기억 장치 – 들을 의미한다. 정서가 있어야만 일을 한다.

1-1-2) 정서 (software)

본체에 행동을 지시하는 명령어들의 집합을 의미한다. C 언어도 정서의 일종이다. 다음과 같은 대표적인 정서가 있다.

편집기	메모장, ms-word, 한글
표	excel
발표 도구	powerpoint
범용	C, C++, JAVA
자료 구조	SQLserver
운영 체제	DOS, window, unix, linux

B-2) 정서가 필요한 이유 (reason for using software)

B-2-1) 정서가 없다면

우리는 전뇌를 사용하여 많은 작업을 할 수 있다는 것을 알고 있다. 문서를 작성하거나 회계 장부를 정리하거나 사진을 편집할 수 있다.

이러한 작업들은 본체만 있다고 해서 할 수 있는 일이 아니다.

이러한 작업들이 가능하기 위해서는 전뇌에 "한글"과 같은 word processor나 "excel"과 같은 spread sheet program, 또는 "photoshop" 같은 image 편집 정서가 설치되어 있어야 한다. 만약 전뇌에 정서가 하나도 없고 단지 본체만 있다면 어떤 기능을 할 수 있을 것인가?

전뇌 조립을 손수 해본 사람들은 느꼈겠지만 본체 조립이 끝났다고 해서 바로 전뇌를 사용할 수 있는 것은 아니다.

"window"와 같은 운영 체제 정서를 설치하고, 여기에 추가로 여러 가지 응용 정서를 설치해야만 비로소 우리가 유용하게 사용할 수 있는 전뇌가 되는 것이다.

정서가 없다면 전뇌는 그저 약간의 열과 소음을 발생시키는 쓸모없는 기계에 불과하다. 물론 난방을 위해서 사용할 수는 있지만 난방을 위해서라면 전기 난로가 훨씬 더 좋다.

B-2-2) 정서 없이 바로 동작되는 전뇌를 만들지 않는 이유

왜 가전 제품처럼 정서 설치 없이 바로 동작되는 전뇌를 만들지 않는 것일까?

전뇌는 가전 제품과 달리 범용 기계라는 점이다. 사용자에 따라서 원하는 정서가 다른데 이를 알 수가 없으므로, 만들 때 설치하지 않고 사용자가 설치하는 것이 효과적이다.

가전 제품은 미리 정해진 일만 하지만 전뇌는 정서만 바꾸어 주면 다양한 작업을 할 수 있다.

예를 들면 우리는 전뇌에서 "한글" 정서를 실행시켜서 문서를 편집하기도 하고, "window media player"라는 정서를 실행시켜서 영화를 보기도 한다.

동일한 본체에서 정서를 바꾸어가면서 다양한 작업을 할 수 있다는 것은 전뇌가 가진 강력한 장점이다. 전뇌에 정서가 없으면 우리가 할 수 있는 일은 거의 없다고 해도 과언이 아니다.

전뇌는 근본적으로 미리 설치된 정서를 단순히 실행하는 기계인 것이다.

B-2-3) 전뇌가 생각이 있다면

공상 과학 영화에서는 인공 지능이나 감정을 가지고 있는 전뇌를 볼 수 있지만, 현실에서는 그저 시키는대로만 일한다.

만약 전뇌로 문서를 작성해야 하는데 전뇌가 감정이 있어서 거부한다면 오히려 불편할 것이다.

B-3) 가능한 일 (possible things)

C 언어는 원래 UNIX와 같은 운영 체제를 만들기 위해서 개발된 언어이나, 정서로 할 수 있는 일은 거의 다 가능한 범용 언어이다.

C 언어로 가능한 일은 아래와 같이 대단히 많다.

1) 과학 기술 계산

2) 운영 체제

3) 게임

4) tool

5) utility

6) CAD

7) application

8) business

B-4) 필요한 것 (requirement)

다음과 같이 전뇌 본체, 운영 체제, 편집기, 번역기의 4가지가 필요하다. 번역기에 편집기나 내장된 경우 편집기가 없어도 않다.

B-4-1) 운영 체계 (OS : operating system)

```
MS-DOS(microsoft disk operating system)
windows
unix
```

B-4-2) 편집기 (editor)

window에 메모장이 내장되어 있어서 이를 이용하면 편리하다. visual C에는 편집기가 내장되어 있으므로 없어도 된다.

B-4-3) 번역기 (compiler)

다음과 같이 여러 가지의 번역기가 있는데, 본서는 현재 가장 많이 사용되는 visual C 6.0을 기준으로 한다.

B-4-3-1) turbo C

a. DOS용

b. borland사에서 개발

c. DOS 시절 가장 널리 사용됨

d. http://community.borland.com/article
/images/20841/tc201.zip에서
무료로 download 가능

B-4-3-2) borland C

a. turbo C 기능에 C++ 번역 기능, window program 개발 기능을 추가한 C/C++ 번역기
b. borland사에서 개발
c. visual C/C++에 밀려 현재는 거의 사용되지 않음
d. http://www.borland.co.kr/products
/downloads/index.html에서
무료로 download 가능

B-4-3-3) visual C/C++

a. visual studio라는 이름의 C/C++ 번역기
b. microsoft사에서 개발
c. window 운영 체제에서 가장 많이 사용되는 C/C++ 번역기
d. http://msdn.microsoft.com/visual
/vctoolkit2003/에서
무료로 download 가능

B-4-3-4) gcc

a. GNU에서 만든 공개용 C/C++ 번역기
b. window용도 존재하나 주로 linux나 unix 환경에서 많이 사용됨
c. http://www.gnu.org/directory/devel
/compilers/gcc.html에서
무료로 download 가능

B-5) 특징 (features)

C 언어를 사용하는 이유는 한 마디로 C 언어가 다른 언어에 비해 많은 장점을 가지고 있기 때문이다. 정서로 할 수 있는 모든 일이 다 가능하다고 해도 과언이 아닐 정도이다.

B-5-1) 다양한 내장 함수를 가지고 있다

많은 내장 함수를 가지고 있으므로 새로 정서를 작성할 필요 없이 이미 작성된 내장 함수를 쉽게 이용할 수 있다.

B-5-2) 고급 언어의 특징을 가지고 있다

고급 언어의 특징을 가지고 있으므로 인간이 이해하기 쉬운 장점이 있다.

B-5-3) 저급 언어의 특징을 가지고 있다

저급 언어의 특징을 가지고 있으므로 지시자(pointer)를 이용하여 전뇌를 직접적으로 제어할 수 있다.

B-5-4) 간결하다

불필요한 것들은 과감히 생략하여 최대한 짧게 만들었다.

B-5-5) 실행 전뇌 철이 작고 빠르다

C 언어는 다른 언어에 비해 매우 적은 용량을 차지한다.

B-5-6) 다양한 연산자를 가지고 있다

45개라는 많은 연산자를 가지고 있다.

B-5-7) 영어 소문자를 기반으로 한다

B-5-8) 위치에 크게 제한을 두지 않는다

선처리기, 식별자를 제외한 대부분은 어느 위치에 있어도 크게 관계 없다.

B-6) 역사 (history)

B-6-1) ALGOL 60 (ALGOrithmic Language)

1960년 international committee에서 제작하였다.

B-6-2) CPL (Combined Programming Language)

1963년 cambridge 및 london 대학에서 제작하였다.

B-6-3) BCPL (Basic Combined Programming Language)

1967년 cambridge의 martin richards가 제작하였다.

B-6-4) B 언어

1970년 bell 연구소의 ken thompson에 의해서 제작되었다.

B-6-4) C 언어

C 언어는 AT&T 벨 연구소에서 Dennis Ritchie에 의해 최초로 개발된 언어이다.

이 언어의 개발 목적은 강력하고 쓰기 쉬운 기능을 사용하여 쉽게 UNIX 운영 체제에 이식시키기 위해 고급(high-level) 언어를 사용하는 것이었다.

이를 위해 여러 가지 영향력을 지닌 언어들이 개발되었는데 그 중에서 가장 중요한 것이 BCPL 언어였다.

이러한 영향으로 B 언어를 통해 C 언어가 간접적인 영향을 받아 계속 발전되었다. 최초로 C란 말을 사용하게 된 것은 운영 체제에 사용되기 시작해서부터이다.

번역기(compiler)나 운영 체제가 모두 C로 쓰여지게 되었고 이것이 더욱 C언어의 사용을 가속화시켰으며 현재에는 여러 가지 형태의 전뇌 운영 전반에 걸쳐 사용되고 있다.

B-6-5) ANSI C

1983년까지 표준화가 어느 정도 요구되는 수준까지 성숙되었다.

이러한 목적을 위해 ANSI (American National Standards Institute) 위원회 X3J11은 1983년 C 언어를 표준화하였고 ANSI－C라는 표준이 나오게 되었다.

이후 여러 회사에서 출시된 대부분의 C 번역기 제품은 최초로 사용된 C가 아닌 ANSI－C표준을 적용하여 만들고 있다.

B-7) 다른 언어 (another languages)

C는 2010년 현재 정서 중 가장 기본인 전뇌 언어이다.

각 언어에는 장점과 단점이 있다.

현재 사용되고 있는 전뇌 언어는 수천 가지 종류가 있습니다. 각각의 언어마다 특성이 있고, 사용 방법이 다르다.

이런 언어를 전부 익힐 필요는 없지만 몇몇 중요한 언어는 간단하게라도 알아두는 것이 좋다.

여러 가지 전뇌 언어를 공부하는 이유는 다음과 같다.

a. 주어진 문제를 해결하는데 필요한 가장 좋은 언어를 선택할 수 있다.
다양한 프로그래밍 언어를 알고 있으면 용도와 기능에 맞는 최적의 프로그래밍 언어를 선택할 수 있다.
중소 기업체의 인사, 회계, 영업 관리 등과 같은 경우에는 visual basic을 사용하고, 하드웨어 제어를 위해 C 언어를 사용하여 프로그래밍 할 수 있다.

b. 더 효율적인 프로그래밍이 가능해진다.
프로그래밍 언어마다 기능과 특성이 다르기 때문에 원하는 기능을 지원하는 프로그래밍 언어를 선택해서 사용한다면 더 효율적인 프로그래밍이 가능해진다.

c. 또 다른 언어를 익히는데 도움이 된다.
프로그램에 대한 기본적인 지식을 갖고 있다면 대부분의 프로그래밍 언어가 비슷한 체계를 유지하기 때문에 새로운 프로그래밍 언어를 더 빨리 익힐 수 있다.

d. 프로그래밍 능력을 향상시킬 수 있다.
현재 사용하고 있는 프로그래밍 언어는 지원하지 않지만 다른 언어에서 제공하는 더 효율적인 기능을 모방하여 프로그래밍할 수 있다. 그러면 더 강력한 기능을 구현하는 데 도움이 된다.

많은 프로그래밍 언어를 사용할 수 있는 능력이 되면 앞에서와 같은 도움이 된다. 하지만 수많은 언어를 전부 알기는 너무나 힘들다. 본서에서 다루는 C 언어를 자유자재로 사용할 수 있는 능력을 키운 후에, 이를 바탕으로 새로운 언어를 공부하는 것이 좋다.

C 이외 중요한 전뇌 언어는 다음과 같다.

B-7-1) C++

1980년대에 되어서 "객체 지향"의 필요성이 생겼다. 객체 지향이란 한 마디로 정보에 처리를 부가하는 사고 방식이 아니라 정보 자신이 스스로 생각하는 것처럼 정서를 만들어가는 것이다.

bjarne stroustrup은 씨 언어에 객체 지향의 개념을 도입한 "씨++ 언어"을 개발하였다. "++"은 씨 언어의 연산자의 하나로서 "1 증가시킨다"란 의미를 가지고 있다. 그래서, 씨 언어보다 약간 발전한 언어란 의미가 이 이름에는 포함되어 있다.

이와 같은 말을 들으면, 씨 언어는 벌써 시대에 뒤져 필요 없고 씨++ 언어를 공부해야만 하는 착각을 할 수도 있다.

그러나, 씨++ 언어는 씨 언어와 호환성을 유지하면서 확장된 언이로, 객체 지향을 추가한 것에 불과하다.

반대로 이야기하면, 객체 지향이 필요하지 않는다면, 굳이 씨 ++ 언어가 필요하지 않고, 씨 언어로도 충분한 것이다.

그리고, 씨 ++ 언어가 필요하다고 하더라도 씨 언어와 비슷한 점이 대부분이므로 씨 ++ 언어가 필요하더라도 씨 언어를 공부한 후에 씨 ++ 언어를 공부하는 것이 더 좋다.

마치, 수학에서 미분 방정식이 필요하더라도 미분과 방정식을 먼저 공부한 다음에 미분 방정식을 공부하는 것이 더 효과적인 것과 비슷하다고 할 수 있다.

B-7-2) JAVA

인터넷 환경에서 프로그램을 수행하기가 쉽다. 완벽한 객체 지향 언어로서 꼭 필요한 부분들만 적용시켜 간편하게 프로그래밍할 수 있도록 하며, 또한 'write once, use anywhere'로 어떤 운영체제에서든지 수정 없이 사용할 수 있도록 개발되었다.

21세기 가장 핵심 기술 중 하나인 'JAVA programming' 기술은 개발 속도를 높여줄 뿐만 아니라 향후 60% 이상의 개발자들이 'JAVA'를 이용할 것이라는 전망이 나올 정도로 유망하다.

B-7-3) visual basic

그래픽 인터페이스로 쉽게 배울 수 있으며, 비교적 간단하게 프로그램을 제작할 수 있다. 프로그래밍을 처음 접하는 사람도 어렵지 않게 배울 수 있도록 문장 표현이 간결하며 대화형 언어로 문법을 단기간에 익힐 수 있으며, 시각화되어진 편집 기능을 갖추고 있다. 제작 방식이 쉬워 생산성이 높으며, 오류 발생시 잘못된 행에서 진행을 멈추기 때문에 디버깅이 쉽다. DB 관리나 ASP 웹사이트, 오피스 제품군과 호환성이 높아 다른 언어들보다 쉽게 접근할 수 있다.

B-8) 개념 문제

부록B. 소개 (introduction)

B-1) C 언어가 필요한 이유는 무엇인가?

B-2) C 언어로 가능한 일 3가지만 쓰시오.

B-3) C 언어를 실행하기 위해서 필요한 4가지는 무엇인가?

B-4) C 언어의 특징 3가지를 쓰시오.

B-5) 객체 지향을 위해서 만들어진 언어는 무엇인가?

부록 C

오류 수정 (error correction)

C-0) 학습 목표 (learning objective)

1) 오류의 정의를 안다.

2) 오류 수정의 정의를 안다.

3) 건설시 2가지 문제 – 건설 실패, 경고 – 를 알고 이 문제의 해결 방법을 안다.

4) 최적화시 문제 – 벌레 잡기 오류 – 를 알고 이 문제의 해결 방법을 안다.

5) 주석을 이용해 문제가 되는 부분을 찾는 방법을 안다.

C-1) 소개 (introduction)

0−3) 정서 실행 과정을 보면 정서 실행 과정은 다음 5가지 단계로 이루어진다.

1단계) 보이는 씨 실행

2단계) 정서 만들다

3단계) 저장

4단계) 건설

5단계) 최적화

그런데, 2단계)에서 정서를 만드는데 이를 잘 못 만들면 4단계) 또는 5단계)에서 뭔가 문제가 생길 수 수 있다. 이를 오류라고 정의했다.

본 절에서는 어떤 경우 4단계) 또는 5단계)에서 왜 문제가 생기는지, 이 문제를 어떻게 해결할 수 있는지를 공부한다. 문제를 해결하는 것을 오류 수정이라고 정의했다.

이는 전 책의 '1−6) 오류 수정' 부분이다.

C-2) 건설시 (when build)

건설시에는 다음 2가지 경우를 공부한다.

C-2-1) 건설 실패

성공 0, 실패 1 보이는 경우이다. 심각한 실패이어서 최적화 안 되므로 반드시 수정해야 한다. ~가 보이고 글로 실패 사유가 보이므로 이를 참고해서 수정하면 된다.

실행할 정서 C-1)

```
# include "stdafx.h"
int main()
{
      printf("c")
}
```

1) 위 정서를 실행하시오. error 오른쪽에 보이는 것을 쓰시오.

2) 건설했나? 또는 건설하지 못했나?

3) 빌드 오른쪽에 뭐가 보이나?

실행할 정서 C-2)

```
# include "stdafx.h"
int main()
{
      printf("c");
}
```

> 1) 실행할 정서 C-1)에 뭐가 추가되었나?
>
> 2) 위 정서를 실행하시오. 건설했나? 또는 건설하지 못했나?
>
> 3) 빌드 오른쪽에 뭐가 보이나?

실행할 정서 C-1)에서 문장의 제일 오른쪽에 ;(semicolon)이 없어서 건설 실패였는데 실행할 정서 C-2)에서 ;을 추가해서 건설 성공으로 바뀐 경우이다.

C-2-2) 건설 성공 그러나 경고

성공 1, 실패 0 보이는 경우이다. 그러나, 위에 경고(warning)가 보인다. 최적화시 벌레 잡기 오류(debug error)가 발생하므로 수정하는 것이 좋다.

실행할 정서 C-3)

```
# include "stdafx.h"
int main()
{
    int s;
    printf("s=%d\n",s);
}
```

> 1) 위 정서를 실행하자. 건설 성공인가? 건설 실패인가?
>
> 2) warning가 보인다. 그 오른쪽에 뭐라 써 있나?
>
> 3) 최적화하자. 벌레 잡기 오류(debug error)가 발생한다. 이유는 뭔가?

실행할 정서 C-4)

```
# include "stdafx.h"
int main()
{
      int s=3;
      printf("s=%d\n",s);
}
```

1) 실행할 정서 C－3)에 뭐가 추가되었나?

2) 위 정서를 실행하자. 건설 성공인가? 건설 실패인가?

3) 최적화하자. 벌레 잡기 오류(debug error)가 발생하는가? 이유는 뭔가?

실행할 정서 C－3)에서 변수 s의 초깃값을 주지 않아서 건설시 경고가 발생하고, 최적화시 벌레 잡기 오류(debug error)가 발생했으나 실행할 정서 C－4)에서 초깃값을 주어서 경고가 발생하지 않고, 최적화시 벌레 잡기 오류가 발생하지 않음을 볼 수 있다.

C-3) 최적화시 (when optimization)

건설은 잘 되었으나 최적화시 벌레 잡기 오류(debug error)가 발생할 수 있다. 이 경우, 수정하는 것이 좋다.

scanf로 %d, %o, %x, %u로 정수 입력시

다음 변수형으로 입력하면 벌레 잡기 오류(debug error)가 발생한다.

1) char
2) unsigned char
3) short
4) unsigned short

다음 변수형으로 바꾸면 벌레 잡기 오류(debug error)가 발생하지 않는다.

5) int
6) unsigned
7) long
8) unsigned long

실행할 정서 C-5)

```
# include "stdafx.h"
int main()
{
      char   s;
      scanf("%d",&s);
      printf("s=%d\n",s);
}
```

1) 위 정서를 실행하자. 벌레 잡기 오류(debug error)가 발생한다. 이유는 뭔가?

2) char를 다음으로 바꾸고 실행하자. 벌레 잡기 오류(debug error)가 발생하나?

2－1) unsigned char

2－2) short 2－3) unsigned short

실행할 정서 C-6)

```
# include "stdafx.h"
int main()
{
	int s;
	scanf("%d",&s);
	printf("s=%d\n",s);
}
```

1) 위 정서가 실행할 정서 C－5)와 한 단어만 바뀌었다. 뭐에서 뭐로 바뀌었나?

2) 위 정서를 실행하자. 벌레 잡기 오류(debug error)가 발생하지 않는다. 이유는 뭔가?

3) int를 다음으로 바꾸고 실행하자.
벌레 잡기 오류(debug error)가 발생하나?
3－1) unsigned
3－2) long 3－3) unsigned long

C-4) 주석 활용 (using comment)

건설 실패이면 반드시 수정해야 한다.

그런데, 어느 부분 때문에 건설 실패인지 알기 어려울 경우가 있다. 이 때 일부를 주석으로 바꾸어 실행하면 이를 알 수 있다.

예를 들어 정서가 A(건설 실패)+B(건설 성공)으로 구성되어 있다고 하자. 이 정서를 실행하면 A 때문에 건설 실패한다. 만약 A를 주석으로 바꾸고 실행하면 건설 성공이다.

결론적으로 긴 정서가 건설 실패일 때, 일부 부분을 주석으로 바꾸어 건설 성공이면 주석으로 바꾼 부분을 수정해야 한다.

정서가 너무 길어 건설 실패인 부분을 찾기 어려우면 이 방법을 활용하면 좋다.

삭제하지 않고 주석으로 바꾼 이유는 복구할 때 어렵기 때문이다.

예를 들어

```
A : printf("c\n")
B : printf("d\n");
```

라 하면 A 제일 오른쪽에 ;(semicolon) 없으므로 A 때문에 건설 실패다. 그런데, A를 주석으로 바꾸면 건설 성공이다.

이를 다음 정서로 보자.

실행할 정서 C-7)

```
# include "stdafx.h"
int main()
{
      printf("c\n")
```

```
    printf("d\n");
}
```

1) 위 정서를 실행하자.
   건설 성공인가? 건설 실패인가?

2) printf("c\n") 왼쪽에 //를 추가해 rintf("c\n")로 바꾸어 실행하자.
   경우 건설 성공이다. 이유는 뭔가?

3) 1)과 2)를 보면 건설 실패가 발생하는 이유는 다음 3-1)과 3-2) 중 어느 부분 때문인가?
   3-1) printf("c\n")
   3-2) printf("d\n");

부록 D

구성 요소 (components)

D-0) 학습 목표 (learning objective)

1) C 정서가 4가지 부분으로 구성됨을 안다.

2) 4가지 부분의 유무를 안다.

3) 4가지 부분의 순서를 안다.

4) 선언문의 정의, 형태, 위치를 안다.

5) 도입부가 3가지 부분으로 구성되어 있음을 안다.

6) 선처리기의 5가지 특징을 안다.

7) 2가지 선처리기 – # include, # define – 를 안다.

8) 주함수의 특징을 안다.

9) 주석의 주목적, 표시를 안다.

D-1) 기초 (basics)

D-1-1) 4가지 부분

씨 정서는 다음 4가지 부분으로 구성된다.

(1) 도입부 (introduction)

(2) 주함수 (main function)

(3) 사용자 정의 함수(programmer defined function)

(4) 주석 (comment)

D-1-1-1) 유무

(1) 도입부는 없을 수도 있으나 보통 있다.

(2) 주함수는 항상 있다.

(3) 사용자 정의 함수는 필요하면 있고 필요하지 않으면 없다.

(4) 주석은 이해하기 쉽게 하기 위한 것으로 보통 있는 것이 좋다.

D-1-1-2) 순서

(1) 도입부는 제일 앞에 온다.

(2) 주함수와 사용자 정의 함수의 순서는 사용자가 편한대로 하면 된다.

(3) 주석은 실행되지 않으므로 어디에든 있을 수 있다.

D-1-2) 선언문 (declaration)

- 3장 변수에서 공부할 예정이다.
- 도입부와 주함수 안 2군데에서 사용 가능하므로 먼저 공부한다.

D-1-2-1) 정의

변수형과 변수명을 정하는 것

D-1-2-2) 형태

변수형 변수명(=초깃값);

()는 생략 가능한 부분이다.

D-1-2-3) 위치

(1) 도입부 가능

(2) 주함수 안 가능

실행할 정서 D-1)

```
# include "stdafx.h"
int main()
{
        char s=97;
        printf("%c\n",s);
}
```

1) 위 정서를 실행하자.

2) 선언문은 무엇인가?

3) 선언문을 도입부 즉 int main() 위로 옮기자. 잘 실행되나?

4) 2)와 3) 결과를 보아 선언문은 2가지 위치에 있을 수 있다. 어디인가?

(1)

(2)

D-2) 도입부 (introduction)

도입부는 다음 3가지로 구성된다.

(1) 선처리기

(2) 선언문

- 3장 변수에서 공부할 예정

(3) 사용자 함수 선언

- 8장 함수에서 공부할 예정

D-2-1) 선처리기 (preprocessor)

전처리기, 선행처리기라고도 한다. 본서에서는 가장 많이 쓰는 # include와 # define만 공부한다.

D-2-2) 특징

1-1) #로 시작한다.

1-2) 끝에 ;은 필요없다.

1-3) 한 줄에 적어야 한다.

1-4) 주함수 위에 보통 있다.

1-5) 대부분 # include "stdafx.h"가 있다.

D-2-3) # include

뒤에 있는 묶음철이 주함수에 포함된 것으로 생각하여 처리된다. 본서에서는 다음 3가지만 공부한다.

D-2-3-1) # include "stdafx.h"

– 항상 있어야 한다.

실행할 정서 D-2)

```
int main()
{
      printf("c\n");
}
```

> 1) 위 정서를 실행하자. 건설 실패다. 왜 이유는 무엇인가?
>
> 2) 건설 성공으로 바꾸려면 어디에 무엇을 추가해야 하나?

D-2-3-2) # include "math.h"

– 수학 함수를 사용하기 위한 것
– 8장 함수에서 공부할 예정이다.
– sin, cos, tan 등의 함수를 사용할 때 쓴다.

D-2-3-3) # include "string.h"

– 문자열 처리를 위한 것
– 9장 배열에서 공부할 예정이다.
– strcpy 함수를 사용할 때 쓴다.

D–2–4) # define

기호 상수를 정의하기 위해서 사용된다.
형식은 # define 상수명 상수값이다.
예를 들면 # define pi 3.141592

실행할 정서 D-3)

```
# include "stdafx.h"
main()
{
      float r=1.;
      printf("원둘레는 %f\n", 2*3.141592*r);
      printf("원의 넓이는 %f\n", 3.141592*r*r);
}
```

1) 위 정서를 실행하자.

2) 위 정서에서 3.141592가 몇 번 있나?

실행할 정서 D-4)

```
# define pi 3.141592
# include "stdafx.h"
main()
{
      float r=1.;
      printf("원둘레는 %f\n", 2*pi*r);
      printf("원의 넓이는 %f\n", pi*r*r);
}
```

1) 위 정서를 실행하자.

2) 위 정서에 3.141592가 몇 번 있나?

3) 위 정서에 있는 선처리기를 쓰시오.

D-3) 주함수 (main function)

D-3-1) 특징

(1) 씨 언어가 실행되면 자동으로 실행되므로 반드시 있어야 한다.

(2) 다음을 의미한다.

```
자료형 main(){}
```

(3) 자료형

3－1) 6.0에서는 자료형을 안 써도 경고만 있고 실행되었으나, 2010 전문가용에서는 오류이어서 실행이 안 되므로 꼭 있어야 한다.

3－2) 자료형은 다음 12가지가 가능하다.

(1) void

(2) char (3) unsigned char

(4) short (5) unsigned short

(6) int (7) unsigned

(8) long (9) unsigned long

(10) float

(11) double (12) long double

(4) (와) 사이에 인수가 있을 수도 있으나 보통 생략된다.

(5) {와 } 사이에 보통 문장 － 선언문과 실행문 － 이 있다.

D-3-2) 실행문 (execution)

선언문 이외의 문장이며 반드시 함수 안에 있어야 한다.

실행할 정서 D-5)

```
# include "stdafx.h"
int main()
{
	char s=97;
	printf("%c\n",s);
	printf("t\n");
}
```

1) 위 정서에는 선언문이 1개 있다. 무엇인가?

2) 위 정서에는 실행문이 2개 있다. 무엇인가?

(1)

(2)

3) 위 정서를 실행하자.

4) char s=97;을 int main() 위로 옮기고 다시 실행하자. 잘 실행되나?

5) printf("t\n");을 int main() 위로 옮기고 다시 실행하자. 잘 실행되나?

D-4) 주석 (comment)

D-4-1) 주 목적

이해를 쉽게 하기 위함이다.

D-4-2) 주석의 표시

- /*과 */ 사이에 적는 것이다.
- 한 줄에 있으면 왼쪽에 //를 적어도 된다.

D-4-3) 실행 안 됨

- 번역기에 의해서 번역되지 않는다.
- 실행에 영향을 미치지 않는다.

D-4-4) 위치

- 실행되지 않으므로 위치는 어디나 올 수 있다.

D-4-5) 오류 수정

오류 수정을 위해 사용될 수 있다.

실행할 정서 D-6) 실행되지 않음 //

```
# include "stdafx.h"
int main()
{
	printf("a\n");
	printf("b\n");
	printf("c\n");
}
```

1) 위 정서를 실행하시오. 뭐가 출력되나?

2) printf("a\n");의 왼쪽에 //를 추가해서 //printf("a\n");로 바꾸어 실행하시오. 뭐가 출력되나?

3) printf("b\n");의 왼쪽에 //를 추가해서 //printf("b\n");로 바꾸어 실행하시오. 뭐가 출력되나?

실행할 정서 D-6) 실행되지 않음 /* */

```
# include "stdafx.h"
int main()
{
	printf("a\n");
	printf("b\n");
	printf("c\n");
}
```

1) 위 정서를 실행하시오. 뭐가 출력되나?

2) printf("a\n");의 왼쪽에 /* 오른쪽에 */를 추가해서 /*printf("a\n");*/로 바꾸어 실행하시오. 뭐가 출력되나?

3) printf("b\n");의 왼쪽에 /* 오른쪽에 */를 추가해서

/*printf("b\n");*/로 바꾸어 실행하시오. 뭐가 출력되나?

4)

printf("a\n");

printf("b\n");

의 왼쪽에 /* 오른쪽에 */를 추가해서

/* printf("b\n");

printf("b\n);*/

로 바꾸어 실행하시오.

뭐가 출력되나?

부록 E

구두점 (putctuation)

- 구분자(separator), 문장 부호라고도 불리운다.

E-0) 학습 목표
E-1) ;
E-2) {}
E-3) ()
E-4) *
E-5) ,
E-6) [ ]
E-7) :

E-0) 학습 목표 (learning objective)

1) 구두점 7개 – ; (semicolon), {} (brace), () (parenthesis), * (asterisk), ,(comma) , [ ] (square bracket), : (colon) –의 사용법을 안다.

E-1) ; (semicolon)

C 언어에서 가장 많이 쓰이는 구두점이다.

E-1-1) 문장을 끝낼 때

선언문과 실행문을 끝낼 때 쓰인다.

예 1) char c;

예 2) c=1;

예 1)은 선언문의 예이고

예 2)는 실행문의 예이다.

다음 예 3과 같이 선처리기(preprocessor)를 종결할 때는 쓸 필요 없다.

예 3) # include "stdafx.h"

E-1-2) for문의 식들을 구분할 때

for 다음에는 (초기식;조건식;증감식)의 순서로 식들이 오는데 이 식들을 구분하기 위해서 쓰인다. 식들은 생략할 수 있으나 ;는 생략하면 안 된다.

예 4) for(n=1;n<10;n++)

예 5) for(; ;)

예 4)는 초기식, 조건식, 증감식들이 모두 존재하는 경우이며 예 5)는 초기식, 조건식, 증감식들이 모두 존재하지 않는 경우이다.

E-2) { } (brace)

E-2-1) 함수의 영역을 표시할 때

모든 함수의 영역이 존재하는데 이 영역을 표시하기 위해서 쓰인다. {와 } 사이에 함수에서 하는 일을 적는다.

예 1)
```
int main()
{
}
```

{와 } 사이에 선언문과 실행문을 쓰면 된다.

E-2-2) 흐름 제어의 영역 표시

선택문(if, else, switch)과 반복문(while, do-while, for)의 영역을 표시하기 위해서 쓰인다. 실행문이 하나이면 생략이 가능하다. 실행문이 하나가 아니라 여러 개인 경우 반드시 써야 한다.

E-2-3) 변수의 영역 구분

{}안에서 선언한 변수와 {}밖에서 선언한 변수의 사용 범위가 달라지므로, 변수의 영역을 구분하기 위해서 이용될 수 있다.

E-2-4) 배열의 초기화

배열을 선언하면서 초기화할 때 이용할 수 있다. 문자 배열의 경우는 더 좋은 방법이 있으므로 정수나 실수 배열의 초기화시 많이 이용된다.

예 2) short r[]={11,12,13}

E-3) () (parenthesis)

E-3-1) 함수의 인수 표시

(와) 사이에 함수의 인수를 쓸 수 있다.

예 1) 주함수에 인수가 없는 경우

int main()

(와) 사이에 아무 것도 없으므로 주함수의 인수가 없다.

예 2) 주함수에 인수가 있는 경우

int main(int argc, _TCHAR* argv[])

위와 같이 (와) 사이에 인수를 쓰여진 int argc와 _TCAR* argv[]를 인수로 이용할 수 있으나, 이용하지 않는 경우가 훨씬 더 많다.

예 3) 사용자 정의 함수

함수명(인수) 형식으로 쓸 수 있다.

E-3-2) 연산의 우선 순위 지정

연산자의 우선 순위가 지정되어 있는데, 이 우선 순위를 바꾸어 () 안을 가장 먼저 실행하도록 한다.

예를 들어 1+2*4와 (1+2)*4를 비교하자.

1) 1+2*4

*이 +보다 우선 순위가 앞서므로

*를 +보다 먼저 해서

1+2*4=1+8=9이다.

2) (1+2)*4

+를 *보다 먼저 하도록 ()가 있으므로

(1+2)*4=3*4=12가 된다.

E-3-3) 흐름 변화의 조건식

E-3-3-1) 조건문

if, switch 다음의 () 사이에 조건식이 있어서 문장을 할지 말지 한다면 어느 문장을 할 것인지를 정하도록 한다.

E-3-3-2) 반복문

while, for 다음의 () 사이에 조건식이 있어서 문장을 반복할지 아닐지를 정한다.

E-4) * (asterisk)

E-4-1) 곱하기

앞과 뒤에 피연산자가 있는 경우 곱셈 연산자가 된다. 즉 2*3은 2 곱하기 3이 되어 6이 된다. 아래 2가지 경우는 * 앞에는 피연산자가 있으나 * 뒤에는 피연산자가 없다.

E-4-2) 지시자 선언

char *p;은 char형 지시자 변수 p를 선언한 것이다.

E-4-3)

지시자 변수가 가리키는 기억장소의 값

```
int *p, a;
a=1;
p=&a;
```

위와 같은 C 정서에서
*p는 a의 값

E-5) , (comma)

E-5-1) 여러 변수들의 선언

```
char h, i;
```

E-5-2) 여러 변수들의 초기화

```
char h=1, i=2;
```

E-5-3) 배열의 초기화

```
short h[]={3,4}
```

E-5-4) 함수의 매개 변수 여러 개 선언

h가 정수형 변수인 경우

```
printf("%d\n",h)
```

E-6) [ ] (square bracket)

이 구두점은 배열에서 이용된다.

E-6-1) 선언시

예) char c[9];

E-6-2) 요소에 접근할 때

예) char c[2]='z';

E-7) : (colon)

다음 2가지 단어의 오른쪽에 항상 있다.

1) case

2) default

case와 default는 전부 switch문에서 쓰인다. 한 개의 switch문에서 case는 2개 이상 여러 개 있고, default는 없거나 1개 있다.

저자 소개

김태현

2022년 2월 명지전문대 전기과 교수로 재직 중

4가지 정서로 배우는 C언어

2022년 2월 28일 1판 1쇄 펴냄
지은이 김태현
펴낸이 류원식 | 펴낸곳 교문사

편집팀장 김경수 | 표지디자인 신나리 | 본문편집 홍익 m&b

주소 (10881) 경기도 파주시 문발로 116(문발동 536-2)
전화 031-955-6111~4 | 팩스 031-955-0955
등록 1968. 10. 28. 제406-2006-000035호
홈페이지 www.gyomoon.com | E-mail genie@gyomoon.com
ISBN 978-89-363-2324-0 (93560)
값 35,000원